Christine Swientek

Ins wilde, weite Land des Alterns

HERDER spektrum

Band 5595

Das Buch

Das wilde, weite Land des Alterns – was wird es bringen? Befindet man sich in der Belohnungsphase oder auf dem Abstellgleis? Gibt es (noch) etwas zu erwarten? Und wenn ja, was? Christine Swientek, die Erfolgsautorin von „Mit 40 depressiv, mit 70 um die Welt", zeigt, wie das geht: nicht mehr müssen, nur noch wollen. Sie erlebt es nicht nur selbst, jeden Tag, was es heißt, die unbekannte Freiheit zu gestalten: Selbst aussuchen, was man tun und lassen mag. Beziehungen und Freundeskreis, Hobbys und Engagement – all dies will neu ausbalanciert werden. Auch sich selbst sieht man mit neuem Blick. Und es geht auch darum, mit Beeinträchtigungen kreativ und gut umzugehen. Eine Reise in ein „unbekanntes, weites, wildes Land, steinig, morastig, gebirgig, sanft hügelig, bewohnt oder menschenleer, Wüsten mit oder ohne Oasen... Pfade, Wege, breite Straßen... Ein Land gut oder schroff zu den Menschen, die eintreten, verwöhnend oder versagend – das Land „'Ruhestand'" (Christine Swientek). Informationen und Erfahrungen, damit diese Reise gut gelingt. Als „Reisevorbereitung" ebenso geeignet wie als „Reiselektüre": Erhellend, pointiert und weiterführend.

Die Autorin

Christine Swientek, Dr. phil., ist Erziehungswissenschaftlerin und lehrte als Professorin an der Universität Hannover. Zahlreiche Publikationen. Bei Herder u. a.: Mit 40 depressiv, mit 70 um die Welt. Wie Frauen älter werden.

Christine Swientek

Ins wilde, weite Land des Alterns

Eine Routenbeschreibung

HERDER

FREIBURG · BASEL · WIEN

Gedruckt auf umweltfreundlichem,
chlorfrei gebleichtem Papier

www.herder.de
Satz: Rudolf Kempf, Emmendingen
Herstellung: fgb · freiburger graphische betriebe 2005
www.fgb.de
Umschlaggestaltung und Konzeption:
R·M·E München / Roland Eschlbeck, Liana Tuchel
Umschlagmotiv: © Edward Hopper (1882-1967);
South Carolina Morning, 1955. Oil on canvas, 30 9/16 x 40 $^{1}/_{4}$ in.
(77,63 x 102,24 cm) Frame 38 $^{1}/_{8}$ x 48 $^{1}/_{8}$ in.
Whitney Museum of American Art, New York;
Given in memory of Otto. L. Spaeth by his Family 67.13
Photography by Sheldan C. Collins, N.Y.
Detail
ISBN 3-451-05595-3

Inhalt

Prolog: Der erste Sommer, der erste Winter

„Nach Stürmen landest du, und alles ruht …"
(Herman Melville: Die seligen Inseln)

Das erste Jahr ist um, die neue Zeit ist angebrochen, die so ganz andere, nie gehabte und so sehr ersehnte! Freiheit! Das erste Jahr in meinem langen Leben, in dem ich nichts „musste". Kindergarten, Schulen, Ausbildungen, Arbeitsverhältnisse – endlos, pausenlos, gnadenlos. Die Maschine, die mit drei Jahren angeworfen worden war, lief und lief und lief. Und nun: Ein Jahr nichts!

Die Mahnungen und Warnungen meiner Umwelt waren krass und deutlich gewesen: „Du willst aufhören? Bloß nicht! Hast du es dir gut überlegt? Das überstehst du gar nicht! …" Als ob ausgerechnet ich in den Sielen sterben müsste. Ich war „in Rente" gegangen!

Natürlich hatte ich den Fehler gemacht, den viele machen. Vor lauter Panik, in „das große schwarze Loch" zu fallen, hatte ich mich mit Verpflichtungen eingedeckt, die ich dann plötzlich nicht mehr wollte. Ich wollte nur noch eines: Erst mal Ruhe! Aber von der totalen Freiheit war auch sonst nichts zu spüren. Ich schleppte Altlasten mit mir herum, von denen ich nie geahnt hatte, dass es sie gab. Sie umgaben mich wie die unausgepackten Kartons drei Jahre nach dem letzten Umzug. Hingeschleppte Termine, ein monströser und schlecht organisierter Auszug aus dem Dienstzimmer, Fehleinschätzungen darüber, dass auch der Tag eines Ruheständlers 24 Stunden hat … und in vorderster Linie die Erkenntnis, dass mein Leben zugekleistert war vom Ballast der sechs Jahrzehnte: Anforderungen, Erwartungen anderer, Schuldgefühle, wenn ich mal nichts tat, eine preußische Erziehung, bei der die Pflichterfüllung die erste Geige spielte, gepaart mit der Panik, dass ich einen schnellen sozialen Tod sterben würde, wenn ich nicht weiterhin überall mitmischte.

Das erste Jahr war eine schwer verdauliche Mischung aus überströmenden Glücksgefühlen, Dankbarkeit „es geschafft" zu haben, Unruhe, Übermüdung, Zerrissenheit, Euphorie und der beständigen Überlegung, was jetzt „noch lohnt".

Der Sommer hatte traumhafte Tage, wie ich sie meinte, nie erlebt zu haben. Ich „durfte" auf der Veranda sitzen und den Vögeln zuhören. Ich „durfte" innehalten bei der Arbeit (!) am provisorischen Schreibtisch, wenn die Beeren der Eberesche mit lautem Plopp auf den Sonnenschirm knallten. Ich „durfte" in den Nächten, wenn es sich endlich abgekühlt hatte, im Liegestuhl liegen und in die Sterne gucken. Ich sah zum ersten Mal in meinem Leben eine Sternschnuppe, ich sog den Duft der nächtlichen Petunien und des Geißblattes ein und ließ mich in Erinnerungen fallen … und wusste, dass am nächsten Morgen kein Wecker klingeln würde. Weite, Stille, Duft, das Rascheln des Igels, der das Katzenfutter suchte, das letzte Piepsen eines Vogels, bevor er schlafen ging … das war Sommerglück auf der Basis von Zeithaben, Muße haben, nichts müssen, aber sehr viel dürfen. Kein Blick auf die Uhr … aber am nächsten Morgen dann wieder das Gewissen, das mir sagte, dass ich meine kostbare Lebenszeit vergeude, dass es so viel zu tun gibt, dass man nicht einfach faulenzen darf und Haus, Garten, Ehrenamt und Korrespondenz gefälligst bearbeitet werden müssten.

Es gab Tage, an denen ich mich fühlte wie der berühmte Esel, der zwischen fünf Heuhaufen verhungerte, weil er sich nicht entscheiden konnte. Es gab so viel zu tun … und es gab so viel, was ich gerne getan hätte. Aber wer seine Pflichten nicht erledigt hat, darf auch keine Freizeit machen! Da ich die „Pflicht" nicht tat, gönnte ich mir auch nicht die „Kür" … und geriet mit mir selber in heftigen Zwist. Es gab Tage, an denen ich mich wie ein gelandeter Hubschrauber fühlte. 60 Jahre war er in der Luft gewesen, war ab und zu mal durchgesackt, hatte aber nie Bodenberührung erlangt. Nun stand er da, die Rotoren kreisten noch, aber der Pilot war schon ausgestiegen, weil sein Dienst beendet war. Ich hätte ihn so gerne noch mal in die Luft gekriegt, aber außer ein paar müden Hopsern brachte er nichts mehr zustande …

Es hat wohl kein Jahr in meinem Leben gegeben, in dem ich so ambivalent, so stimmungsabhängig, so hin- und hergerissen zwischen Euphorie und Schuldgefühlen, Irritationen und phlegmatischer Ruhe war.

Es war ein furchtbares Jahr.

Es war ein wunderschönes Jahr!

I. Anreise

„Reisen heißt leben lernen“
(Tuareg)

Vom Normendickicht ins wilde, weite Land …

„Wanderer, da ist kein Pfad.
Pfade entstehen durch Gehen."
(Spanisch)

Im Leben des westlich domestizierten Menschen gibt es nur drei wesentliche Ereignisse: seine Geburt, sein Eintreten in den Ruhestand und den Tod. In allen drei Fällen wird er ins Ungewisse entlassen, aber in einem Fall kann er das „Ungewisse" gestalten und füllen – die Zeit zwischen der Verrentung und dem Tod!

Von der Geburt bis zur Rente ist alles vorgezeichnet: was „man" tut, und wann und wie, und was geschieht, wenn „man" sich dem nicht fügt. Ab Geburt bewegt er sich auf ausgetretenen und ausgeschilderten Wegen zum Takt der gesetzlichen Vorschriften und ungeschriebenen Normen.

Von 0 bis 3 bestimmt Mama (und gelegentlich Papa), wo es im Leben langgeht: Stillen oder Fläschchen, Self-Demand-Prinzip oder alle vier Stunden, Balkon oder Spielplatz, Geschwisterchen oder solo, Fernsehen oder Bilderbücher. Die einzige Möglichkeit der Selbstbestimmung ist die lautstarke Vorverlegung der Trotzphase mit heftigem Zu-Boden-Werfen. Meist bringt das aber nicht viel …

Ab 3 bestimmt dann der Kindergarten: Von 8 bis 12 oder bis 14 oder bis 17 Uhr oder gar nicht, weil die staatlichen Mittel wieder nicht reichen, Naturholz oder Plastik, Spielen oder Englisch, Matsche oder Märchen … und ab 5 dann die gezielte Vorbereitung auf die schon lauernde nächste Phase, die Schule. Selbstbestimmung geschieht durch allmorgendliches Brüllen,

Verweigern, Anklammern, Beißen, wieder Einnässen. Meist bringt aber auch das nicht viel …

Ab 6 dann die Schule, der berühmte Ernst des Lebens, der die arme gequälte Kreatur ab dato nicht mehr verlassen wird bis … siehe oben … zur Rente. Stundenpläne, Klassenspiegel, Klausuren, Strafarbeiten, Halbjahreszeugnisse, versetzt werden oder sitzen bleiben, weiterführende Schule oder nicht, Nachhilfe in 1 bis 3 Fächern, väterlicher Zorn, mütterliche Tränen und die Hausaufgaben für 9 – 10 – 13 Jahre als täglichen Hausfriedensbruch. Der Selbstbestimmung wird scheinbar durch ein paar pädagogische Mätzchen Tribut gezollt – letztlich bleibt aber alles beim Alten. Auf Verweigerung stehen Sondermaßnahmen, auf nachhaltiges Schwänzen bittet der Staat zur Kasse oder ins Kittchen. Er bittet dann die Erziehungsverpflichteten.

Raus aus der Schule, rein in die Lehre (bei etwas Glück). Wer die Schule länger überstand, darf auf die Universität. In beiden gilt: Leistung, Scheine, Anpassung, Prüfungen, durchfallen und wiederholen, Abschlussprüfung … geschafft … für die nächsten 35 bis 40 Jahre!

Es ist wie eine breite asphaltierte Straße, die zwischen hohen Lärmschutzwänden hindurchführt. Gelegentlich gibt es Abzweigungen und Notausgänge. Dann muss man sehen, ob die irgendwohin führen außer in die Irre, oder man muss zurückfinden und wieder den Anschluss suchen. Wer die Wege verlässt, sich seitwärts in die Büsche schlägt und erst mal nicht wieder auftaucht, mag ein Abenteurer sein – ein beneideter und bewunderter. Aber er ist immer Außenseiter und trägt alle unangenehmen Folgen selber. Wer durch die Welt streift, statt auf der Straße von Ausbildung und Berufsausübung zu bleiben, kommt mit Sicherheit nie im rentengesicherten Ziel des Lebens an.

Wer Normen für das eigene Leben für ungültig erklärt, wird – ist er nicht gerade international anerkannter Künstler oder Mitspieler bei den oberen Zehntausend – aus der Gesellschaft ausgeschlossen. Das beginnt bei den Benimmregeln und endet beim Strafrecht.

Wer angemessen sozialisiert ist, fügt sich, bleibt auf der Straße – manchmal dennoch auf der Strecke, wechselt gelegentlich bei einer Kreuzung die Richtung, bleibt – weil straßentauglich – aber immer berechenbar für sich selber, für den Staat und für die Zukunft.

Und irgendwann dann am Horizont der Silberstreif: das Aufhören. Die Straße endet so abrupt wie manches Straßenbauprojekt, bei dem plötzlich das Geld ausging.

Dort beginnt das Niemandsland! Die Grenze darf überschreiten, wer einen Passierschein hat: den Rentenbescheid oder die Entlassungsurkunde.

Unbekanntes, weites, wildes Land – steinig, morastig, gebirgig, sanft hügelig, bewohnt oder menschenleer, Wüsten mit und ohne Oasen, urwaldähnliche Vegetation, üppig und fruchttragend, Pfade, Wege, breite Straßen … Ein Land, gut oder schroff zu den Menschen, die eintreten, verwöhnend oder versagend – das Land „Ruhestand"!

An seiner Grenze darf man endlich beginnen zu entscheiden – falls man das dann noch kann. „Endlich frei" kann der Reisende positiv wie negativ sehen: ausgespien aus dem Moloch Arbeitswelt und freigesetzt, weil zu nichts mehr zu gebrauchen, ausgedient, ins Ungewisse entlassen, an die Grenze abgeschoben … oder freigegeben, weil 40 Jahre tapfer durchgehalten, weil zuverlässig für vorangegangene und nachfolgende Generationen gesorgt und nun mit einer mehr oder weniger gut gefüllten Reisekasse in die Belohnungsphase des Lebens entlassen, die im Land hinter der Grenze endlich autonom gestaltet werden darf!

Der domestizierte Mensch ist ausgewildert. Nach ersten Schritten jenseits des Zaunes, nach ersten Irritationen über so viel Freiheit, Freizeit und Selbstverantwortung, nach ersten Krisen und Selbstwertdiskussionen … beginnt er zu schauen, zu planen, wählt sich eine Oase, legt sich ein Gärtchen an, hält nach anderen Reisenden und schon Angekommenen Ausschau oder entscheidet sich, das ganze weite, wilde Land des Alterns zu durchstreifen bis an die andere Grenze, die endgültige.

Wer sind „die Alten“ – wann und warum?

„Suche Leute im Grufti-Alter (30–40) für DoKo-Runde …“ (Anzeige)

„Bist du über 20, bist du raus aus der Musikszene“ (Musikveranstalter 6/05)

„Das Problem bei unseren jungen Schriftstellern ist, dass sie alle um die 60 sind.“ (William Somerset Maugham)

„Da sprach der Herr: ‚Mein Geist soll nicht immerdar im Menschen walten, denn auch der Mensch ist Fleisch. Ich will ihn als Lebenszeit geben 120 Jahre.‘ (1. Mose 6, 3)

„Trau keinem über 30!“ (Schlachtruf der „68er“)

„Mit 66 Jahren, da fängt das Leben an …“ (Schlager von Udo Jürgens)

„Unser Leben währet siebzig Jahre, und wenn es hoch kommt, so sind es achtzig Jahre …“ (Psalm 90)

„Eine Frau um die 20 ist wie Afrika – jung und unerforscht.

Eine Frau um die 30 wie Asien – geheimnisvoll und verführerisch.

Eine Frau um die 40 wie Amerika – frei und offen.

Eine Frau um die 50 wie Europa – verwüstet, aber gut.

Eine Frau um die 60 wie Australien – jeder kennt's, aber keiner will hin.“ (Verfasser unbekannt, sicher männlich!)

Zum Thema, wer wir eigentlich sind und wann wir anfangen, zu jener interessanten (gemessen an der Masse der Publikationen, die nur noch nach Zentnern zu erfassen sind!) und dennoch so geschmähten Bevölkerungsgruppe zu gehören, habe ich mit ein paar Altersbestimmungen eingeleitet. Mit Sicherheit ließe sich diese Sammlung beliebig fortsetzen.

Aber ebenso interessant sind auch die Bezeichnungen für „die Alten"! Weil sich dieser Begriff vielleicht unfreundlich anhören könnte (was ja egal ist, Hauptsache, man ist nett zu uns!), gibt es sprachliche Verrenkungen, die an einer grundlegenden Sympathie für uns zweifeln lassen. Sie hören sich so hergeholt an, dass man den Eindruck haben könnte, dass aggressive Grundtendenzen mit ihnen bemäntelt werden sollen. Vom „alten Knacker" und der „alten Hexe" einmal abgesehen, haben wir da „die ältere Generation", die besonders gerne von Rentenrechtlern und Politikern genutzt wird. Die „Senioren" (vor allem in der Erwachsenenbildung) werden aufgefächert in „Jungsenioren" und „Altsenioren". Ganz neu hinzugekommen sind die „Frischsenioren", für die es gesonderte Angebote gibt, weil sie ja erst ganz neu dazugestoßen sind zu diesem erlauchten Altenpool. Ähnlich ist es mit dem „Jungrentner" – wer den dem „Frischsenior" vorzieht, weiß ich nicht. In der Gerontologie, der Wissenschaft von uns Alten (ja, mit uns kann man auf allen Ebenen Geld verdienen!), geht man sachlich an das Problem heran: da wird unterschieden in „junges Alter", „mittleres Alter" und „altes Alter". Entsprechende Altersangaben fehlen. Was bei Goethe, der ja auch ganz schön alt wurde, ohne dass ihn bis heute jemand einen „alten Mann" nennt, ein „Greis" war … allerdings schon ab 60! … sind heute die „Hochaltrigen" – das gilt ab 80. Und dann gibt es neuerdings noch eine besonders interessante Variante, die sich nennt „50 + ". Diese findet Anwendung in zwei sehr unterschiedlichen Bereichen. Erfunden hat sie, glaube ich, die Pharmaindustrie mit ihren „Nahrungsergänzungsstoffen", mit denen sie uns jung, schlank, gesund, fit, attraktiv und sonstig schön machen will. Da ab 60/65 der Lack ja doch ziemlich ab ist und nicht nur ein paar reparable Kratzer hat, wollte man vermutlich nicht so lange warten, bis die Alten sagen: „Wirkt ja gar nicht!" Außerdem verfügen die „50 + "-Leute noch über entschieden mehr a) Geld und b) Illusionen als die Alten, bei denen mit der Rente oft auch die Weisheit durchbricht. Der zweite Bereich gehört wiederum eher in die Erwachsenenbildung. Sie ködert damit Arbeitslose, die noch nicht „alt" zu nennen sind, die auch noch keine Rentner sind und an die man etwas euphemistisch herantritt mit dieser Bezeichnung. Die Ausschreibungstexte legen die „Zielgruppe" dann offen. Das einzige Problem, das es mit dieser smarten Bezeichnung gibt, ist ein sprachliches: „Ich bin ein ‚50 + -Mensch' oder ein ‚50 + er' (gesprochen ‚Fünfzigplusser')." Also da muss die Pharmaindustrie mit ihren Werbefachleuten sich noch was einfallen lassen, wie soll ich mich sonst in der Apotheke „outen", wenn ich eines der Mittelchen möchte, die mich jung und knackig in die kritischen Altenjahre hinübergeleiten?

Aber abgesehen von all diesen Begriffen, die von der Phantasie und der (mühsam kaschierten) Einstellung ihrer Erfinder zeugen, ich bevorzuge – auch wenn ich sonst die Veramerikanisierung unserer Sprache nicht schätze - den „Oldie", der hört sich so zärtlich an!

In den Wissenschaften, die sich um Klarheit bemühen, gibt es den Begriff der „Operationalisierung". Er legt sprachlich fest, was gemeint ist, wenn man einen Begriff verwendet – und zwar in einer solchen Deutlichkeit, dass alle Dasselbe verstehen und meinen, wenn dieser Begriff genannt wird.

Bei „Alten" gibt es keine Definition (eine etwas abgeschwächtere Form und nicht unbedingt allgemein verbindlich), und schon gar keine Operationalisierung. Wer von „Alten" spricht, kann alles zwischen ca. 55 und 110 Jahren meinen. Ohne Weiteres lässt sich sagen: „Nichts Genaues weiß man nicht" – und man sollte jeden, der über „die Alten" spricht, fragen, wen er speziell meint.

Befragt man die einzelnen Professionen, kommt man der Sache schon etwas näher – darf aber ihre Grenzen nicht überschreiten, weil es dann wieder durcheinander geht.

Für die *Statistiker* beginnt der Mensch mit 60, alt zu sein. Etwas differenziertere Arbeiten werfen die 80-Jährigen noch gesondert aus, aber das ist nicht die Regel. Alt ist alt.

In der *Literatur* der vergangenen 200 Jahre war der 60-Jährige ein Greis, seine Frau passend dazu die Greisin oder auch die Muhme.

Die *Bibel*, die in ihrem Alten Testament mit lauter 180-, 600- und 900-Jährigen protzt, setzt eine realistischere Einstufung so etwa bei 70.

In der amerikanischen *Gerontologie*-Diskussion geht es noch schwammiger zu: der „Alte" beginnt mit dem Ausstieg aus dem Beruf, und der liegt in den USA unter Umständen sehr hoch. Da malochen manche 70-, 75-Jährigen noch in drei verschiedenen Jobs, weil sie entweder keine oder eine viel zu geringe Rente bekommen. So kann „der Alte" – trotz des scheinbar objektiven Kriteriums der Verrentung – irgendwo zwischen 60 und 75–80 angesiedelt werden. Die Nachfolgenden sind dann die Alt-Alten.

Die nervtötenden *Interviewer* und Fragebögen, die einem ständig ins Haus stehen – und hier schließt sich der Kreis zu den Statistikern –, haben stets eine feine Altersabstufung, wenn sie uns nach unserer Bettlektüre, der Margarinesorte und dem Reiseziel im nächsten Sommer fragen: unter 20, 20–30, 30–40 usw., und dann kommt „über 60". Danach gibt es nichts mehr. Da beginnt das Niemandsland. Mit 60 hört zwar nicht alles auf, aber es ist auch nicht mehr sonderlich interessant. So benutzt der 60-Jährige die Deutsche Bahn (sie befragte mich kürzlich!) vermutlich ebenso häufig und gerne wie der 97-Jährige. Das Gleiche gilt für die Internetbörsenzeitung und die Sportzeitschrift.

Die *Medizin* macht es kurz und knackig: „Der Mensch ist so alt wie seine Adern" (70er Jahre) und „Der Mensch ist so alt wie seine Gelenke" (90er Jahre).

Korrekt wie immer sind die Juristen, die Altersübergänge im Streitfall festmachen an der Mitternacht des Geburtstages. Sie kennen nur die Einteilung bis 14, 14–18, 18–21 und alles, was darüber ist, ist Erwachsener bis an sein bitteres Ende. Um Ausnahmen machen zu können, müssen die Juristen dann die Psychiater bemühen, wenn zum Beispiel der 88-jährige Opa seine umfangreichen Ersparnisse auf Tuvalu mit seiner 26-jährigen Flamme durchzubringen gedenkt, weil er es noch mal schön haben will im Leben, bevor er die endgültige Heimreise antritt. Meistens hat die schon wartende Erbengemeinschaft etwas dagegen und schaltet das Gericht ein.

Und was sagt das stets *unmündige Volk*? „Ein Mann ist so alt, wie er sich fühlt, und eine Frau ist so alt, wie sie sich anfühlt." Das stammt natürlich aus der männlichen Hälfte des Volkes. Ob die weibliche sich schon geäußert hat, weiß ich nicht.) Betroffenes Volk allerdings dazu befragt, ist der Auffassung, dass der Mensch altert, wenn seine Fähigkeiten abnehmen. Das tun sie aber schon sehr früh – welcher 21-jährige Jungmann bekommt seinen großen Zeh noch ebenso gut in den Mund wie als 5-Monate-Alter? (Da erhebt sich natürlich die Frage, was der Zeh im Mund auch soll!)

Wer ist nun also wann und warum „Alter"? Will man nicht zu einer situativen Eigendefinition greifen (wenn ich Hilfe im Garten brauche, bin ich alt – wenn ich noch mal auf die Piste will und mich dazu aufbrezle, bin ich es nicht!), gibt es nur eines, was der babylonischen Sprachverwirrnis entgegenzusetzen ist: das Rentenrecht. „Alt" ist man, wenn man „in Rente" ist, wenn man nicht mehr produziert, nichts mehr zum Bruttosozialprodukt beiträgt ... also irgendwie – ja, sprechen wir es ruhig aus – eigentlich zu nichts mehr so recht taugt, aber aus humanitären Gründen noch das Gnadenbrot bekommt.

Bei dieser Klassifizierung wird natürlich auch deutlich, wieso uns keine alten Minister, Bischöfe, Präsidenten, Kanzler, Kardinäle, Päpste und sonstige Staatenlenker regieren. *Sie sind nicht alt* ... sie bekommen (noch) keine Rente!

Exkurs: Vom Generationenvertrag zum Generationenkrieg

> „Wer eine Pension hat für sein Alter, der ist viel zufriedener und viel leichter zu behandeln … und insbesondere wird eine staatliche Rente auch den gemeinen Mann lehren, das Reich als eine wohltätige Institution anzusehen."
> (Bismarck 1881)

Die Geschichte der Rente und des Ruhestandes ist die Geschichte eines unendlichen Auf und Ab, des politischen Kalküls und stets erneuter Berechnungen, und es ist tröstlich zu wissen, dass die heutige Rentenreformdiskussion dereinst nur als ein kleines weiteres Kapitelchen in die Geschichte der Sozialpolitik eingehen wird … „Damals, zu Beginn des 3. Jahrtausends …"

Die staatliche Sozialversicherung geht auf Bismarck Ende des 19. Jahrhunderts zurück, sie hatte allerdings eine ganze Reihe Vorläufer. Etwas aufmüpfigere Lehrer erklärten uns Schülern seinerzeit, dass diese Absicherungen keineswegs nur Akte christlicher Nächstenliebe waren, sondern dass die erstarkende Sozialdemokratie mit ihnen beruhigt, geschwächt und untergraben werden sollte.

Am 17. November 1881 verlas Bismarck im Reichstag die kaiserliche Order mit der Kernbotschaft, dass „diejenigen, welche durch Alter und Invalidität erwerbsunfähig werden, der Gesamtheit gegenüber einen begründeten Anspruch auf ein höheres Maß an staatlicher Fürsorge haben, als ihnen bisher hat zu Theil werden können" (Schmitz 1885 in Ehmer 1990, S. 93).

Es dauerte dann noch acht Jahre, bis diese Idee, die viel Unmut im Parlament erzeugt hatte, gesetzlich realisiert wurde. (Im Parlament saßen damals wie heute offenbar überwiegend Menschen, die sich eine solche staatliche Rente ohnehin nicht 40 Jahre lang mit ihrer Hände Arbeit erwerben mussten!) Am 22. Juni 1889 wurde das Reichsgesetz über die Invaliditäts- und Alterssicherung der Arbeiter verabschiedet. Es war eine Pflichtversicherung, die Arbeiter, Gehilfen, Gesellen und Dienstboten betraf und andere Berufstätige, die weniger als 2000,– Mark im Jahr verdienten. Selbständige, Industrielle und Besserverdienende mussten sich freiwillig selber versichern. (Auch darin hat sich bis heute nichts geändert.) Die Angestelltenversicherung wurde rund 30 Jahre später geordnet.

Invaliditäts- und Altersrente wiesen eine Koppelung auf. Die Altersrente stand allen ohne weitere Bedingungen zu, die das 70. (!) Lebensjahr erreicht und mindestens 30 Jahre Versicherungsbeiträge gezahlt hatten. Um Invaliditätsrente zu beziehen, musste die Erwerbsfähigkeit auf ein Drittel gesunken sein. Die Arbeiter zahlten 0,5 bis 1 Prozent des Wochenverdienstes in die Versicherung ein und erhielten später eine Rente, die etwa einem Achtel bis einem Sechstel der Arbeiterlöhne entsprach.

Die Arbeitgeber zahlten den gleichen Anteil und bei der Auszahlung der Rente beteiligte sich der Staat mit einem jährlichen Betrag von 50,– Mark pro Rente.

Dieses Rentenmodell funktioniert in seinen Grundstrukturen seit nunmehr rund 115 Jahren. Geändert haben sich die jeweiligen Prozentsätze, die Anrechnungsmodalitäten und die Altersgrenze in unzähligen Neuverordnungen, Rentenreformen und Anpassungen.

Mit der Alters- und Invaliditätsrente wurde ein Renten*anspruch* für die Bezieher begründet, die zuvor, wenn sie kein Kapital hatten, als Alte und Kranke von den Armenkassen der Gemeinden finanziert worden waren. Auch dazu gibt es noch heute eine Entsprechung: Wer keine oder zu wenig Rente bezieht, bekommt Sozialhilfe vom Staat – unabhängig davon, ob und ggf. wie viel/wie lange er in eine Rentenversicherung eingezahlt hat.

Das heutige Rentenprinzip ist im Wesentlichen noch identisch geregelt. Ein Rentenanspruch entsteht aus Versicherungsbeiträgen, die sich am monatlichen Bruttoeinkommen orientieren. Die Höhe der Rente errechnet sich dann aus der Anzahl der Versicherungsjahre, der Höhe des Steigerungssatzes für jedes eingezahlte Jahr und die Höhe der eingezahlten Beiträge. In Anbetracht der leeren Rentenkassen wird in Zukunft auch die allgemeine Einkommensentwicklung einbezogen werden (müssen). Wird allgemein weniger verdient (z.B. weil es immer mehr Niedrigverdiener und immer mehr Arbeitslose gibt, die nicht in die Rentenversicherung einzahlen), sinken die Einnahmen der Versicherungen und sie verordnen so genannte Nullrunden. Das bedeutet, dass die Renten ein, zwei oder mehr Jahre nicht steigen.

Das jährliche Steigen der Renten zwischen (früher) 7 und (vor kurzem noch) 1 bis 2 Prozent war für alle Rentner eine ebensolche Selbstverständlichkeit wie die jährlichen „automatischen" Lohn- und Gehaltssteigerungen, weil sie an diese gekoppelt waren.

Als unsere Wirtschaft noch florierte, die Renten als sicher galten und niemand die eigentlich nicht zu überhörenden Prognosen ernst nahm, wurden auch noch Studien- und Ausbildungszeiten angerechnet. Diese Regelung wurde in den vergangenen Jahren peu à peu zurückgenommen, so dass derjenige, der lange ausgebildet wurde, im Alter schlechter gestellt ist.

Für Beamte gilt das Beamtenversorgungsgesetz. Sie zahlen keine Beiträge in die Rentenversicherung, dafür erhalten sie wesentlich geringere Bruttogehälter als Angestellte in der gleichen Funktion. Für den Staat sind sie also erheblich kostengünstiger, denn er behielt bislang die Differenz nicht etwa ein und sparte sie, um daraus später die Beamtenpensionen zu zahlen, sondern vertraute offenbar darauf, dass stets genug

Geld vorhanden sein würde, die Mäuler der Alt-Beamten zu stopfen.

Das gleiche „Vertrauen“ herrschte in Bezug auf die Renten: Die Kassen würden stets ausreichend gefüllt sein. Beides entpuppte sich als Fehleinschätzung. Der Staat ist schon lange pleite und die Reserven der Rentenversicherung, die 1965 noch für ein ganzes Jahr reichten, reichten Mitte 2005 gerade noch für eine halbe Woche!

Die Fehleinschätzung konnte unter anderem auch deshalb geschehen, weil das Rentensystem auf Vollbeschäftigung und dem Prinzip des Generationenvertrages basiert. Dieser Vertrag geht davon aus, dass die arbeitende Bevölkerung aus ihren *heute* gezahlten Beiträgen *heute* die nicht mehr arbeitende, sich im Ruhestand befindliche Generation via Rentenzahlung unterhält.

Es gibt also keinen Sparstrumpf, keinen angezahlten Milliardenpool, aus dem die Alten monatlich mit ihrem eigenen Geld alimentiert werden. Sie bekommen heute nicht das Geld heraus, das sie 20, 30, 45 Jahre eingezahlt und „angespart“ haben. Das einst eingezahlte Geld *ist weg!* Es wurde für die damals Alten ausgegeben. Was vom Januargehalt des Sohnes an Versicherungsbeiträgen eingezogen wurde, wurde im Februar als Rente an seine alte Mutter ausbezahlt ... um es vereinfacht auszudrücken.

Die jeweils „mittlere“ Generation sorgt also stets für drei Generationen: für sich selber, für die Kinder und für die Alten. Da das seit über 100 Jahren so geschieht, konnte sich niemand beklagen: Ich habe 20 bis 25 Jahre lang für meine Kinder in ihrer Aufwuchsphase Unterhalt gezahlt, ich habe 40 Jahre lang mit meinen Rentenbeiträgen für meine Vorfahren gezahlt ... und deshalb (!!) zahlen jetzt bis an mein Lebensende meine Nachfahren für mich.

Dieses Generationenmodell basiert(e) auf Vertrauen: Vertrauen, dass niemand sich vor seinen Verpflichtungen drückt, Vertrauen, dass niemand vorzeitig aussteigt, Vertrauen, dass im Wesentlichen alle Arbeitsfähigen tatsächlich arbeiten, Vertrauen, dass die Wirtschaft die Menschen einstellt, beschäftigt und sie so bezahlt, dass sie Sozialversicherungsleistungen erbringen (können) … und dass es immer eine ausreichend große Anzahl an Menschen der mittleren Generation geben wird, die sowohl ihre Vorfahren als auch ihre Nachfahren finanzieren.

Das Vertrauen erwies sich als blauäugig, und zahlreiche Sonderregelungen „entlasten" die Arbeitnehmer von ihrer Sozialversicherungspflicht. Ganze Bereiche arbeiten und wertschöpfen mit einem kleinen Arbeitnehmerstamm, der festangestellt ist und Versicherungsbeiträge zahlt, und einem ganzen Heer von geringfügig Beschäftigten, Zivildienstleistenden, ABM-Kräften, 1-Euro-Jobbern und einzugliedernden Sozialhilfeempfängern. Warum sollten sie nicht – wenn der Staat ihnen diese Möglichkeiten bietet und ihnen somit hilft, den Profit zu erhöhen? Aber der Staat hat offenbar nicht bedacht, dass er damit die Altersarmut auf der ganzen Linie befördert – sowohl für die regulär Geringverdienenden, die sich keine Rentenansprüche erwerben, wie für die derzeitige Rentnergeneration, die aus Kassen bezahlt werden muss, die jedoch leer sind, weil zu wenig Leute in sie einzahlen.

Wir haben unsere Möglichkeiten überzogen. Es wurden Prognosen nicht ernst genommen und es wurde nicht das beachtet, was jede Hausfrau in einem 4-Personen-Haushalt weiß: Es kann nicht mehr ausgegeben werden, als hereinkommt, und: Irgendwann sind Schuldenberge so hoch, dass es keinen Ausweg mehr gibt.

Das „Ende der Fahnenstange" wurde bereits vor 20 Jahren prognostiziert. Ein Blick auf die Entwicklung der Geburtenstatistiken, ein Blick auf die Beschäftigungsentwicklung und ein paar Blicke mehr auf die Entwicklungen internationaler Märkte hätten jeden Politiker die Notbremse ziehen lassen müssen. Aber Rentner sind Wähler und die Wahrheiten dürfen immer erst die nächsten Regierungen verkünden.

Mit diesem Szenario stehen wir jetzt vor einem *Generationenkrieg*. Der Begriff wird schon ordentlich strapaziert (Sprache schafft Bewusstsein!). Die ersten Scharmützel an den (Alters-) Grenzen haben wir bereits hinter uns. Seit ein noch studierender (und noch nie für die Allgemeinheit eingezahlt habender) Jungpolitiker die Frage nach der Finanzierbarkeit von künstlichen Hüftgelenken für Menschen ab einem bestimmten Alter gestellt hat, ist der Kampf eröffnet. Er wurde zwar in gespielter Entrüstung gerügt, aber andererseits gelobt dafür, dass er eine so wichtige Diskussion angeschoben habe. Inzwischen tritt er gehäuft in Podiumsveranstaltungen auf – sozusagen als Fachmann für Seniorenfragen ... und als Vertreter der ganz jungen Generation, die Angst um ihre Pfründe hat, weil die Alten das viele gute Geld entweder in teuren Pflegeheimen abwohnen oder auf Kreuzfahrten verprassen. Und immer mehr werden wir ... und immer älter!

Als einige Zeit später ein ebenso junger Mann einer anderen Partei einen ähnlichen Coup in Richtung Bekanntheitsgrad und Senioren-Experten-Karriere starten wollte mit der Aufforderung an die Alten, den Löffel abzugeben, war das Maß dann aber doch erst mal voll und es war für ihn aus mit dem Expertentum. Er habe, so rechtfertigte er sich später, die Alten nur zum Teilen und nicht zum Sterben („den Löffel abgeben" steht für den Tod!) auffordern wollen – sozusagen vom großen Tafelsilber, mit dem sie immer noch speisen würden, vielleicht ein kleines Kaffeelöffelchen abzugeben für die nächste, für seine Generation (die schon allein in Gedanken an die Zeit in 40 Jahren in Verhungerängste verfällt).

Immer weniger Arbeitnehmer zahlen für immer mehr Rentner in die Sozialversicherung ein – die junge Generation, die sich lautstark zu Wort meldet, ist diejenige Generation, die für sich ein völlig neues Rentenmodell schaffen muss – Zeit dafür hat sie!

Das *Gefährliche* an dieser Diskussion ist nun, dass sie die *Alten* trifft. Der Generationenkrieg wird nicht gegen die (Sozial-) Politiker geführt, die den Schlamassel sehenden Auges herbeigeführt haben, sondern gegen eine Generation, die ihre Pflichten gegenüber den Kindern und den Alten ihrer Ära voll erfüllt hat. Der Generationenvertrag ist von ihrer Seite aus eingehalten worden – einseitig. Jetzt müsste der Vertrag von der anderen Seite erfüllt werden – und das scheint ob der verantwortungslosen Arbeitsmarktpolitik nicht mehr geschehen zu können ... und die Jungpolitiker satteln noch drauf.

Was ist den Alten vorzuwerfen? Dass es ihrer so viele sind, weil unser Gesundheitssystem und der hohe Lebensstandard ein langes Leben ermöglicht?! Dass sie nicht vorzeitig/früh genug freiwillig abtreten? (Die Selbstmordrate Alter ist ohnehin schon die höchste, gemessen an allen anderen Altersstufen!) Oder dass ihre Renten und Pensionen zu hoch sind?

Nur an Letzterem ließe sich etwas ändern – und das geschieht bereits. Nur sollte der Staat sehr genau darauf achten, dass eine bestimmte untere Grenze nicht erreicht (und schon gar nicht unterschritten) wird – sonst erhalten Menschen, die zeitlebens gearbeitet und eingezahlt haben, nur unwesentlich mehr als Menschen, die als Sozialhilfeempfänger nie auch nur den allergeringsten Beitrag zum Bruttosozialprodukt geleistet haben.

Bisherige Änderungsversuche geschehen in kleinsten Schrittchen, um dem Wähler nicht wehzutun ... als ob er es nicht trotzdem merkte. Vor allem geschehen sie ohne die erforderliche Aufklärung über die Notwendigkeiten. Wenn ein Rentner sich im Fernsehen hoch erregt darüber beklagt, dass er durch einen „Reform"-Schritt (Zuzahlung zum Zahnersatz) von monatlich 1098,– auf 1092,– Euro abrutscht und auch seine Frau 6,- Euro weniger im Monat haben wird, liegt das Problem nicht nur am Anspruchsdenken mit Garantiecharakter, sondern insbesondere daran, dass der Staat sich scheut, seinen Bürgern reinen Wein einzuschenken in einer Sprache, die sie verstehen.

Zu viele Alte, die darüber hinaus auch noch viel älter werden, als die einstige Rentenformel mit ihren Durchschnittsberechnungen vorsah, rund fünf Millionen offizieller Arbeitsloser, die zu einer Rentenversicherung nicht beitragen – dazu geschätzte zwei Millionen, die in „Maßnahmen“ geparkt sind und auch nicht zahlen, und für die nächste Generation entschieden zu wenig Kinder ... das ist der Stoff, aus dem Jungpolitiker sich bedienen, die für ihre Generation das Ruder noch herumreißen könnten, und den Krieg ausrufen gegen eine Generation, die überwiegend mit 14, 15 oder 16 Jahren aus der Schule kam und drei Jahre später mit ihren Einzahlungen ins Sozialsystem begann.

Wer geht wann „in Rente“ und warum?

Im Prinzip gibt es exakte Regelungen, wann wer „gehen“ darf. Der Stichtag, der „eigentlich“ für alle gilt, ist der 65. Geburtstag bzw. „der nächste Erste“. Zusätzlich gibt es eine Reihe Ausnahmen für Schwerbehinderte und für Frauen. Diese werden aber mehr und mehr zurückgenommen und oft sehr kurzfristig und „überraschend“ per Order Mufti erlassen. Einspruch zwecklos! Die 65er-Regelung ist eine absolut künstliche Setzung, die weder etwas mit einem eventuellen biologischen Abbau des Arbeitnehmers, noch mit seiner Einsetzbarkeit zu tun hat. Sie beruhte ausschließlich auf Berechnungen der Finanzierbarkeit der Renten. Längere Schul- und Ausbildungszeiten, d.h. kürzere Beitragszeiten stoßen inzwischen auf ein früheres Aufhören als geplant. „Später kommen, eher gehen“, titelte schon vor Jahren eine Zeitung und zeigte auf, dass pro Arbeitnehmer gegenüber den ursprünglichen Berechnungen bis zu 15 Jahre fehlen.

Man kann Menschen nicht von längeren Ausbildungen abhalten, deswegen müssen die Beitragszeiten verlängert und die Versicherungsbeiträge angehoben werden. Beides stößt auf heftige Gegenwehr. Vor allem die Verlängerung der Lebensarbeitszeit sorgt für Aufregung bei den potentiell Betroffenen. Derzeit liegt der durchschnittliche Rentenbeginn in Deutschland bei 62 Jahren – drei Jahre zu früh.

Bei meinen Recherchen habe ich nur sehr wenige Menschen getroffen, die Mitte/Ende 50 waren und sich gut vorstellen konnten, länger als bis 65 zu arbeiten. So schnell wie möglich aufhören, war bei den meisten der Wunsch.

Alle diejenigen, die problemlos auch nach 65 weiterarbeiten

würden, haben eine Gemeinsamkeit: Sie sind entweder Selbständige oder sie wirken in Arbeitsbereichen, in denen sie ein hohes Maß an Selbständigkeit, freier Entscheidung, freier Zeiteinteilung und Ansehen haben. Die Macht im Kleinen wie im Großen spielt eine erhebliche Rolle.

Je geringer der Status, je abhängiger, je „unterdrückter", je schlechter bezahlt, je mehr Schichtdienst oder andere Unregelmäßigkeiten, umso eher wollen die Arbeitnehmer aufhören, selbst um den Preis hoher Abschläge. Unangenehme Vorgesetzte, ein schlechtes Betriebsklima, Angst und Druck, wenig Anerkennung und keinerlei Mitbestimmung geben den Menschen das Gefühl, in einer Maschine zermahlen zu werden und keine andere Chance zu haben, als so bald wie möglich auszusteigen.

Dabei fehlt in der momentanen Diskussion ein Fakt, der keine Berücksichtigung findet. Es kann nicht nur um den Zeitpunkt des Aufhörens gehen, sondern es müssen die gearbeiteten Beitragsjahre zugrunde gelegt werden.

Die derzeitige Neurentner-Generation ist zu 95 Prozent mit 14, 15 oder 16 Jahren aus der Schule entlassen worden. Sie standen sofort dem Arbeitsmarkt zur Verfügung. Wenn sie mit 65 aufhören, haben sie rund 50 Jahre gearbeitet und eingezahlt. Akademiker müssten entsprechend bis 75 oder 80 Jahre arbeiten, gehen aber auch mit durchschnittlich 62 Jahren.

Das Land Niedersachsen war eines der letzten, die Anfang der 60er Jahre des 20. Jahrhunderts die 9. Klasse als Pflichtschuljahr einführte. Zuvor konnte es geschehen – und war kein Einzelfall – dass Schüler nach 8 Schuljahren mit knapp 14 Jahren aus der Schule kamen!

Hier nur ein Beispiel: Gerd kam mit über 14 Jahren aus der Schule – Bäckerlehre – wegen Mehlstauballergie hörte er bald auf und ging als ungelernter Arbeiter in die Fabrik. Mit 38 Jahren Vorarbeiter im 3-Schichtdienst: 5 Tage früh, 5 Tage spät, 5 Nächte, 5 Tage frei … Mit 58 war er „am Ende". Es gab erste Alkoholprobleme. Mit 62 Jahren baute die Firma Personal ab und bot ihm einen Auflösungsvertrag an, den er sofort annahm.

„Viel länger hätte ich auch nicht durchgehalten“, sagt er. Diese Berufsbiographie ist eine Millionenfache!

Menschen gehen heute in den so genannten vorzeitigen Ruhestand, weil sie mit ähnlichen „Karrieren“ ausgebrannt sind. Sie gehen, weil ein neuer/junger Chef kommt, der alles anders macht und es nicht versteht, die Kapazitäten und Kompetenzen der langjährigen Mitarbeiter anzuerkennen und zu nutzen. Sie „gehen“, weil sie aus Angst vor der jüngeren Konkurrenz krank werden, weil sie meinen, sich nicht messen zu können und weil sie schlicht „untergebuttert“ werden … und in letzter Zeit hören manche überstürzt auf aus Angst, in die geplanten Verlängerungen einbezogen zu werden, wenn die Reform sie noch am Arbeitsplatz vorfindet. (Parallelen dazu kennen wir aus der Gesundheitsreform, als es einen Ansturm auf Zahnersatz und Optikerleistungen gab, bevor diese nach Ablauf des Jahres auf Kosten der Patienten abgerechnet werden sollten.)

Am Schreibtisch der Versicherungsstatistiker wird sich das Problem nicht lösen lassen – vielleicht aber mit etwas mehr demokratischer Selbstbestimmung der Arbeitnehmer. Wenn jeder von ihnen frei entscheiden kann, wann er in einem zuvor abgesteckten Rahmen aufhören darf (zwischen 58 und 72 …), wobei ihm bekannt sein muss, mit welcher Rentenhöhe er dann jeweils zu rechnen hat, würde sich manches für den Markt und die Versicherung „rechnen“. Es gibt zahllose Fachkräfte, die ihr Wissen und Können weiterhin für die Firma einsetzen wollen – wenngleich nicht unbedingt in einer 40-Stunden-Woche. Hier wäre Flexibilität angezeigt … zugunsten aller am Arbeitsgeschehen Beteiligten.

Wohl dem, der wählen kann …

Alles in allem ist die Wahlfreiheit doch noch ganz groß. Wie wenig aber manche Arbeitnehmer/innen über ihre Lebensarbeitszeiten bestimmen können und was trotz aller Pläne für einen Lebensabend dazwischenkommen kann, zeigen die beiden folgenden Falldarstellungen. Es sind keine Einzelschicksale, sondern eher schon Geschichten, wie sie sich regelmäßig ereignen.

Gerhard wurde „rausgemobbt“ und sein Chef hat die dahinterstehende Dynamik viel zu spät erkannt – möglicherweise, weil er gar nicht wusste, was Mobbing ist.

Elisabeth teilt ihr Schicksal mit unzähligen „Familienfrauen“, die keine oder eine abgebrochene oder eine sehr geringfügige Ausbildung hatten, sich Mann und Kindern widmeten und dann irgendwann vor dem Nichts standen.

In beiden Fällen gibt es kein Zurück, beide bleiben für ihr Alter „beschädigt“.

„Regelrecht rausgemobbt“

Es scheint unendlich viele Möglichkeiten zu geben, Menschen aus dem Arbeitsmarkt zu entfernen. Da sind es die großen, anonymen Bosse, dort die kleineren Chefs, die rationalisieren müssen oder wollen, damit es unterm Strich noch stimmt, und woanders wird „gemobbt“, bis der Mitarbeiter „freiwillig“ geht. Früher nannten wir es „rausgeekelt“ und es gab dafür keine irgendwie geartete Systematik oder Definition.

Heute scheint es ein so gängiges Verfahren zu sein, dass größere Behörden Mobbingbeauftragte beschäftigen, dass sich Selbsthilfegruppen bilden und das Thema vom Büchermarkt aufgegriffen worden ist.

Gerhard ist ein typisches Mobbingopfer. Er erfüllte schon vorher viele Voraussetzungen: still, verhalten, duldsam, schüchtern, klein und von zierlicher Statur, leicht gebückt gehend, stets ein verlegenes Lächeln im Gesicht – tu mir nichts, ich tu dir auch nichts! Es scheint Menschen zu geben, die auf so ein Wesen nicht anders reagieren können als mit Zutreten.

Gerhard arbeitete in einem mittelständischen Betrieb. Er war früher Handwerker gewesen, hatte aber keine Chancen, sich selbständig zu machen. Auch war er lieber „abhängig" in einem Bereich, in dem er keine Entscheidungen zu treffen brauchte. Er war ein ruhiger und gehorsamer Untergebener. Und er war mit seinem Job zufrieden ... jedenfalls so lange, bis ein alter Kollege in Rente ging und ein neuer an seine Stelle trat: Typ „Hallo, hier bin ich, Leute", Typ Aufmischer, Typ „Komm her, wenn du was willst".

Es begann damit, dass dieser Mann ein Riesenradio in die Halle mitbrachte und sagte: „So! Das stört ja wohl keinen! Hier kann man es vor Langeweile ja nicht aushalten." Ab diesem Tag wurde die Halle beschallt mit Hip-Hop und ähnlich geräuschintensiven Tönen, die für die Ohren 25-Jähriger geeignet sein mögen, für Mittfünfziger nicht mehr. Das Radio dröhnte den ganzen Arbeitstag über und am dritten Tag bat Gerhard, dass es ausgeschaltet würde. Er könne es nicht aushalten.

Der neue Mitarbeiter machte eine dumme Bemerkung und ließ es an. Gerhard bat ein zweites Mal, dann ging er zum Chef. Der kam, fand die Lautstärke unerträglich und plädierte auf einen Kompromiss: leiser stellen. Der Neue fügte sich scheinbar, aber jedes Mal, wenn er an dem Radio vorbeikam, drehte er es geringfügig lauter, so dass schnell die ursprüngliche Lautstärke erreicht war.

Gerhard tat alles, was in seiner Macht stand und was seinem Wesen entsprach: Er bat wieder. Er ging am Radio vorbei und drehte es leiser. Er ging wieder zum Chef. Als sich das wiederholte, herrschte dieser ihn an, er solle endlich Ruhe geben, er wolle keinen Ärger unter den Leuten, darunter würde die Qualität der Arbeit leiden. Dass er den Ärger schon hatte, merkte er nicht.

Die anderen Mitarbeiter schwiegen. Sie hatten innerlich zwar Stellung bezogen und bestärkten ihren jeweiligen Mann auch, wenn sie miteinander allein waren – aber in der Belegschaft gab es dieses Thema nicht.

Es schaukelte sich sehr schnell auf – ein Charakteristikum

des Mobbing. Der Neue machte scheinbar freundliche Bemerkungen, von denen jeder wusste, wie sie gemeint waren: „Na, wie hast du denn heute Nacht geschlafen?“, „Schön, dich so gesund heute wiederzusehen!“, „Echt toll, dich hier im Team zu haben!“, „Ich finde es geil, dass wir hier auch alte Arbeitnehmer haben“ … Sätze, an denen nichts auszusetzen ist – das fand auch der Chef! Die anderen schwiegen.

Dann wurde Gerhard in seinen Arbeitsabläufen gestört. Es fehlte plötzlich ein Arbeitsgerät, das er eben noch in der Hand gehabt hatte. Der Neue tat so, als suche er mit, und kommentierte: „Ja, meiner Oma passiert das in letzter Zeit auch immer öfter, dass sie was verlegt.“ Die anderen grinsten. Dann war der Toilettenschlüssel nicht am Haken, als Gerhard ihn dringend brauchte. Er bekam das falsche Material, mit seiner Stechuhr und der Karte gab es Durcheinander – scheinbar hatte er zwischendrin den Arbeitsplatz für eine Stunde verlassen … usw. usf.

Gerhard, der immer zuverlässig und pünktlich war, kam zu spät. Er hatte Magenschmerzen, er erbrach sich nach dem Aufstehen, er musste öfter zum Arzt.

Bei diesem fiel zum ersten Mal das Wort Mobbing. „Davon hatte ich noch nie gehört“, sagte Gerhard später. „Aber alles, was der Arzt da aufzählte, passte auf meine Situation. Es war, als ob er dabei gewesen wäre. Er riet mir, noch einmal in aller Ruhe mit dem Chef zu sprechen, der mich ja schon seit über 20 Jahren kannte. Das habe ich getan und dann wusste ich, dass ich verloren hatte. Er war sehr nett und schien das auch alles zu verstehen, aber als er dann auf mein Alter ansprach und darauf, dass ich in der letzten Zeit öfter gefehlt hatte und dass er auf junge Kräfte angewiesen sei, die eben auch andere Verhaltensweisen mitbrächten, auf die man Rücksicht nehmen müsse, da war für mich alles zu Ende! Er musste sich ja nicht Tag für Tag diesen Krach anhören!

Meine Frau hat mir damals als Einzige sehr geholfen. Sie hatte am Anfang immer gesagt, so seien junge Menschen nun mal und ich müsse mich gewöhnen. Aber sie hat dann schnell gesehen, dass es sich um viel mehr handelte. Sie war es dann, die als Erste vom Aufhören sprach, und sie hat mich dahin gebracht, dass ich auch Positives an einem Leben ohne Arbeit sehen konnte. Sie hat mir immer wieder erzählt, was wir dann gemeinsam machen würden. Als dann ganz plötzlich ein Nachbar mit knapp 60 starb, war die Entscheidung schnell gefallen. Das Leben kann so schnell zu Ende sein und meine Gesundheit hatte ganz schön was eingebüßt in der letzten Zeit!"

Gerhard hörte also auf. Sein Chef war immerhin so einsichtig, dass er ihm eine betriebsbedingte Kündigung ausstellte, so dass der materielle Schaden sich wenigstens in Grenzen hielt und Gerhard nach relativ kurzer Arbeitslosigkeit die Rente beantragen konnte.

Aber Gerhard ist angeschlagen. Er kann diesen Abgang nicht verwinden. Er wollte „durchhalten" und „als anständiger Mensch in Rente gehen und nicht mit eingekniffenem Schwanz"! Er weiß, dass es seiner Umwelt nichts ausmacht. Sie haben ihn alle gut verstanden, manche erzählten, dass ihnen am Arbeitsplatz Ähnliches widerfahren war. „Jeder sagt: Sei froh, dass du da mit einem blauen Auge davongekommen bist, wer weiß, was passiert wäre, wenn du länger geblieben wärst! Ich weiß das, aber trotzdem …"

Einige Zeit später treffe ich Gerhard zufällig wieder und frage, wie es ihm inzwischen geht. „Eigentlich geht es mir gut. Wir machen uns ein sehr schönes Leben, meine Frau und ich. Insofern kann ich nichts bereuen. Aber es nagt an mir. Als ich vor kurzem hörte, dass der Chef diesen jungen Mann gefeuert hat, weil er anhaltend den Betriebsfrieden störte, habe ich gedacht: ‚Warum so spät? Hätte er das nicht schon damals sehen können? Dann hätte ich doch bleiben können.' Der junge Kerl hat sich gleich, nachdem ich weg war, ein neues Opfer gesucht, und da sind auch die alten Kollegen aufgewacht. Wahrscheinlich haben sie geahnt, dass sie auch bald dran sein könnten. Als sich dann die Beschwerden von allen Seiten häuften, hat der Chef das Ganze endlich begriffen und hat schnell reagiert. Nun, für mich kam diese Maßnahme zu spät. Ich fühle mich beschädigt."

In der Zwickmühle

Elisabeth habe ich auf einer langen Zugfahrt einmal quer durch Deutschland kennen gelernt. Wir teilten das Abteil fast acht Stunden lang, ohne dass jemand zustieg. Das sind Situationen, in denen man sich gegenseitig das Leben anvertraut, wissend, dass man sich vermutlich nie wieder begegnen wird.

Elisabeth kam von einem Besuch bei ihren Kindern an der Küste und fuhr zurück nach Oberbayern zu ihrer Arbeitsstelle. Sie war voller Wehmut, voller Abschiedsgedanken und voller Irritationen, wie es nun weitergehen solle.

„Ja, ich war mal wieder zu Hause bei meinen drei Kindern. Ich war in meiner Kleinstadt, aus der ich stamme und in der ich mein ganzes Leben verbracht habe. Fast. Jedenfalls waren es die ersten 55 Jahre. Ich habe dort gemerkt, dass mein Leben mir aus den Fingern gleitet. Ich habe mich das erste Mal dort nicht mehr zu Hause gefühlt. Bei einem Einkaufsbummel bin ich keinem einzigen Menschen mehr begegnet, den ich kannte oder der mich kennt. So was habe ich in all den Jahren nicht erlebt.

Ich bin dort geboren, war im Kindergarten, in der Schule, habe meine Ausbildung angefangen, dort geheiratet, die Kinder bekommen. Die waren dann im Kindergarten und in der Schule – also eigentlich kannte ich die halbe Bevölkerung, mindestens. In den früheren Jahren, wenn ich dort war, hieß es überall auf der Straße und in den Geschäften: ‚Hallo Elsie, du bist ja mal wieder da. Wie geht es dir? Wie lange bleibst du? Wann kommst du zurück?' Und diesmal?

Ich bin jetzt seit 12 Jahren von zu Hause fort und ich kann es selber nicht glauben. Damals bin ich überstürzt von zu Hause los. Mein Mann hat mich die ganze Ehe über betrogen und ich habe es hingenommen, schließlich hatten wir drei Kinder. Außerdem war ich von ihm abhängig. Ich hatte ja keinen Beruf. Als ich im zweiten Lehrjahr war, wurde ich schwanger und wir haben gleich geheiratet. Das war damals so üblich. Ein nichteheliches Kind wäre eine furchtbare Schande gewesen in so einer kleinen Stadt, wo jeder jeden kennt. Außerdem liebte ich meinen Mann ja auch damals.

Dass ich keinen Berufsabschluss habe, habe ich inzwischen schon tausendmal bereut, aber was sollte ich machen? Als die beiden Großen aus dem Gröbsten heraus waren, wollte ich noch was machen. Da hatte ich auch noch genug Energie. Und da wurde ich mit der Kleinen schwanger. Irgendwie saß ich damit in der Klemme, aber ich habe sie trotzdem immer geliebt. Es war ja nicht ihre Schuld!

Mein Ältester hat später immer wieder gesagt ‚Schmeiß den Alten doch endlich raus!' Die Kinder haben seine Seitensprünge natürlich mitbekommen, er hat ja auch nie einen Hehl daraus gemacht. Er war sich meiner viel zu sicher. Er wusste doch, dass ich nicht weg kann. Als die Kinder alle aus dem Haus waren, überlegte ich wieder eine Trennung, aber ich habe es dann nicht geschafft. Es waren so eingefahrene Gleise und irgendwie habe ich vom Leben auch nichts mehr erwartet.

Und dann habe ich meinem Mann mit einer anderen Frau zu Hause in unserem Ehebett erwischt! Da war Schluss! Ich habe ihn aufgefordert, sofort auszuziehen, aber er hat nur gelacht. Mein großer Sohn wäre beinahe handgreiflich gegen seinen Vater geworden. Da wusste ich – hier gibt es keinen Ausweg mehr für mich und keine Zukunft.

Ich habe mir Hals über Kopf eine Stelle gesucht. Mir war das Wichtigste: So weit weg wie möglich, am liebsten nach Australien. Aber ich kann kein Englisch. Durch Zufall bin ich dann auf eine Stellenanzeige gestoßen, wo eine Betreuung für eine alte Dame gesucht wurde. Dass das in Bayern war, war mir ganz recht. Noch weiter weg hätte es gar nicht sein können.

Über den Zeitraum habe ich damals nicht nachgedacht. Als

ich ein paar Wochen dort war und mich eingelebt hatte, dachte ich so an ein bis zwei Jahre. Ich dachte, dass sich zu Hause dann alles irgendwie geklärt haben würde und ich zurückkehren kann. Als meine alte Dame dann 80 wurde – da war ich schon vier Jahre bei ihr – hat sie mir das Versprechen abgenommen, dass ich bis zu ihrem Tode bei ihr bleibe. Sie hatte sich so an mich gewöhnt und wir kamen sehr gut miteinander aus. Natürlich habe ich zugesagt und habe mir nichts dabei gedacht. Inzwischen ist sie 88 und ich bin seit 12 Jahren bei ihr. Und sie ist putzmunter!

Als ich jetzt zu Hause war, ist mir klar geworden, was das alles für mein Leben bedeutet. Ich bin nun 67 Jahre alt und eigentlich nirgendwo zu Hause. Mich kennt keiner mehr auf der Straße und in den Geschäften weiß niemand, wer ich bin.

Und in Bayern? Ich bin dort nie warm geworden. Zuerst habe ich das Ganze ja auch nur für vorübergehend angesehen und habe mich nirgendwo engagiert. Als ich dann länger da war, habe ich gemerkt, dass ich dort nie dazugehören würde. Ich bin eine Fremde. Die Menschen dort werden in drei Gruppen eingeteilt: in die einheimische Bevölkerung, die Touristen und das Personal – so in dieser Reihenfolge. Über die Touristen wird geschludert, obwohl sie das ganze Geld bringen und ohne sie dort gar nichts laufen würde. Ins Gesicht rein sind sie furchtbar freundlich und hinterm Rücken unmöglich. Irgendwie kommen mir die Einheimischen dort alle sehr verbogen vor – die können gar nicht mehr natürlich freundlich sein. Das ist alles nur geschäftsmäßig, schließlich soll der Gast nächstes Jahr ja wiederkommen.

Und das Personal? Das ist wirklich der letzte Dreck. Inzwischen sind es ja fast nur noch Ausländer. Ich bin wohl eine der wenigen Deutschen dort – von den Einheimischen abgesehen, die dort auch arbeiten, aber eben dazugehören. Dazu kommt, dass ich eine sehr privilegierte Stelle habe. Ich bin nur zuständig für die Versorgung meiner alten Dame und die macht es mir sehr leicht. Ich habe in ihrem Haus auch eine kleine Einliegerwohnung für mich alleine – das hat dort keiner, der arbeiten muss. Als die Tochter der alten Dame mal vorbeikam und merkte, dass ich nichts zu tun hatte, hat sie gefordert, dass ich bei ihr im Hotel mitarbeite in der restlichen Zeit. Da ist ihre Mutter aber sehr scharf geworden. Ich wäre für sie alleine da und basta. Die Tochter hat gekuscht und hat mich nie wieder darauf angesprochen. Aber seither ist sie noch weniger freundlich zu mir.

Und jetzt sitze ich in der Zwickmühle. Ich möchte gerne wieder nach Hause, bevor ich dort eine völlig Fremde bin. Ich möchte auch mal wieder Freizeit mit Freundinnen haben. Und inzwischen habe ich auch drei Enkelkinder, die ich nicht aufwachsen sehe. Das ganze Leben geht an mir vorbei.

Andererseits habe ich der alten Dame mein Wort gegeben, bei ihr zu bleiben. Sie kann sich nicht mehr umstellen. Wir merken es immer, wenn ich mal eine Woche in meine Heimat fahre. Dann muss ein Ersatz gefunden werden und das ist in so einem Touristengebiet gar nicht einfach. Dort ist immer Saison und da werden alle Kräfte für die Touristen benötigt. Und dann hat meine alte Dame ja auch ihre Eigenheiten. Ich habe mich schon lange daran gewöhnt und wir haben alles genau abgesprochen. Sie ist sehr anspruchslos und liebenswürdig. Aber wer macht ihr schon mittags um zwei ihr Frühstück und bringt sie abends um 11 mit allem möglichen Brimborium ins Bett?

Eigentlich geht es nie gut, wenn ich weg bin, und deswegen fahre ich auch immer mit schlechtem Gewissen. Sie weiß, dass ich Heimweh habe, und sagt auch, ich solle doch öfter fahren. Aber dabei guckt sie dann so traurig, dass ich es nicht über mich bringe. Dreimal im Jahr – das hat sich jetzt so eingespielt. Für sie ist es zu viel und für mich zu wenig.

Aber es kommt auch noch etwas anderes dazu. Solange ich bei ihr in Bayern arbeite, habe ich mein Auskommen. Ich bekomme nicht viel Bargeld, habe aber alles frei – Wohnung, Licht, Fernseher, Essen, Zeitungen. Im Grunde brauche ich nicht mehr, denn wo sollte ich da auch Geld ausgeben? Einkleiden tue ich mich, wenn ich zu Hause bin, und dafür und für das Fahrgeld geht auch das ganze Geld drauf.

Wenn ich jetzt nach Hause zurückgehen würde, hätte ich *nichts*! Mein Mann wohnt mit seinen Liebschaften noch immer in unserer Wohnung. Ich müsste mich auch erst mal scheiden lassen, damit ich Unterhalt bekäme. Er hat schon gesagt, das könne ich mir abschminken, schließlich könnte ich ja wieder zu ihm in die Wohnung ziehen. Lieber würde ich mich umbringen!

Dann hatte meine Jüngste eine Idee, die sie wohl auch mit den beiden Söhnen besprochen hat. Ich könnte umschichtig bei einem von ihnen wohnen und sie würden für mich sorgen. Ich war ja gerührt, denn sie haben alle drei selber nicht im Überfluss. Aber stellen Sie sich mal vor, ich sollte jeden Monat oder jedes Quartal erneut umziehen …"

An dieser Stelle ihrer Erzählung beginnt Elisabeth zu weinen. Es ist wirklich eine aussichtslose Situation – für diese Generation aber mit Sicherheit kein Einzelfall. Nachdem wir lange Zeit und viele Bahnkilometer über geschwiegen haben und sie zu weinen aufgehört hat, sagt sie abschließend und sehr resignativ: „Vielleicht mache ich mir ja völlig umsonst Gedanken. Vielleicht sterbe ich ja vor meiner alten Dame!"

Abschied I oder: Dringend Motto gesucht!

Mein Abschied vom Dienst ging in mehreren Etappen vor sich. Zunächst hatte ich mehrere Monate mit dem Gedanken eines vorgezogenen Ruhestandes gespielt. Dann begann die Phase der Erkundungen: Geht es? Wann geht es? Was muss ich alles tun? Welche finanziellen Folgen wird das Unternehmen haben? Wird es reichen? Und überhaupt: Will ich wirklich? Ganz wirklich?

Danach sprang ich vom 10-Meter-Brett ins kalte Wasser. Ich verkündete in einer Mitarbeiterkonferenz, dass ich definitiv zum X.X. gehen würde. Ab da gab es kein Zurück mehr. Die Reaktionen waren sehr unterschiedlich – was nicht kam, war: „Das machst du richtig." Es war ohnehin das Ende einer Ära, in der ich überhaupt etwas „richtig" machte. Ich trat nämlich bald darauf ohne mein Zutun in den Verein der Altersdummchen ein – was ich zu diesem Zeitpunkt aber noch nicht wusste.

Als dieser Schritt getan war, begann ich, meine Sachen zu sichten. 28 Jahre Bücher, Akten, Papier-Anhäufungen, die übliche Zettelwirtschaft … und nie etwas grundlegend aufgeräumt! Ich ging es langsam an, zu langsam. Die Uhr tickte und ich nahm sorgsam jedes Buch, jede Fachzeitschrift, jedes Zettelchen in die Hand und las mich fest. Was für Schätze mein Dienstzimmer doch barg – und von vielem hatte ich längst nichts mehr gewusst! Zur Abwechslung legte ich Videos ein – Mitschnitte von Fernsehsendungen für Seminare und Vorträge … und blieb bei diesem spannenden „Kino" hängen.

Ich begann vorsichtig wegzuwerfen – hier ein Zettel, da ein Papierchen … Irgendwann merkte ich, es reicht nicht, jeden Abend zwei Stunden an den Dienst anzuhängen. Auf diese

Weise würde ich Jahre brauchen. Irgendwann wurde mir auch klar, dass ich zu Hause gar nicht Platz für alles haben würde, denn dort standen noch die Kisten und Kasten unausgepackt vom letzten Umzug. Also gab es nur eins: wegwerfen und verschenken.

An diesem Punkt angelangt musste ich eine schwerwiegende Entscheidung treffen, die meine Zukunft anbelangte, die ich aber noch gar nicht hatte treffen wollen – vor allem nicht so früh! Was würde ich denn noch brauchen müssen ... später? Was würde ich noch wollen? Noch dürfen? Was würde ich nach meiner Pensionierung also noch tun? Wäre ich noch gefragt? Würde ich noch mitspielen? Zu welchen Themen und Arbeiten hätte ich Lust? Und was würde ich daraus machen? Ließen sich meine Arbeiten noch verwerten? Würden sie „Abnehmer" finden?

Mir war von Anfang an klar gewesen, ich mache weiter – aber ich hatte noch nicht entschieden, was und wie. Es sollte alles nur langsamer und gemütlicher vonstatten gehen. Unverhofft stand ich plötzlich an einer Weggabelung und musste mich entscheiden. Zu diesem Zeitpunkt gab es den ersten Abschiedsschmerz. Das alles, diese Zentner Papier, die waren mein Leben gewesen! Ich hatte Schriftstücke in der Hand, die meine Handschrift von vor 25 Jahren trugen, noch klein und ordentlich. Ich las Skripte mit meiner Unterschrift, von denen ich nie geglaubt hätte, dass sie von mir stammen. Ich nahm Protokolle aus Aktenordnern mit Namen, die ich lange schon vergessen hatte, die aber plötzlich Geschichten heraufbeschworen.

Wie Wetterleuchten tauchten Ereignisse vor meinem inneren Auge auf, Gesichter, Gespräche, Unannehmlichkeiten, nächtliche Telefonkonferenzen, Aufregungen ... und ich starrte darauf mit der Fassungslosigkeit des Menschen, der durch dieses alles offensichtlich hindurchgeeilt war und von nichts mehr wusste. Das alles war nun vorbei – und wenn sich „vorbei" steigern ließe, dann würde es vorbeier sein, wenn ich alles in den Reißwolf gab. Alles war Vergangenheit und ich musste sie mitnehmen oder verabschieden. Es war an manchen Tagen ein quälender Prozess. An manchen Tagen bedrückte es mich und nachts konnte ich nicht schlafen, weil es alles auf mich wirkte wie ein Abschied vom Leben. Und manchmal stürzte ich mich wagemutig in die Materialien mit einer Entdeckerfreude, die mich vergessen ließ, um was es eigentlich ging: um ein Ende!

Gleichzeitig lief wie ein roter Faden noch ein anderer Abschied nebenher: der Abschied von Illusionen. Früher hatte ich so gerne Prinzessin werden wollen. Daraus wurde nichts. Dann wollte ich mit Albert Schweitzer zusammen in Lambarene armen Negerkindern Gutes tun. Daraus wurde auch nichts. Alles in allem schwebte mir aber immer vor, es müsse sich aus meinem Leben etwas Großes, Bleibendes, Einzigartiges machen lassen. Ich hatte den „großen Wurf" im Auge ... Nun blickte ich inmitten meiner Papiermassen zurück und sah ... Kleinkram, mühseliges Kraxeln, tägliches Wurschteln, gelegentliche, kleine Erfolge, die sich aber immer wieder schnell in Dunst auflösten. Es war alles Alltag gewesen, nur Alltag! Keine Achttausender-Besteigung im Himalaya, immer nur Harz und Weserbergland und meistens nur die Norddeutsche Tiefebene.

Ich wäre so gerne XXL geworden, aber es hat nur zu M gereicht. Nun hieß es also auch noch Abschied nehmen von den narzisstischen Größenphantasien und zu überlegen, ob und wo noch „Größe" zu erreichen sein würde. Irgendwie – so hatte ich die Idee – ließe sich das alles übertragen auf mehr Selbstwert für die Zukunft!

Es gab eine realistische Chance: raus aus dem Beruf, in dem es um mehr Schein als Sein geht, in dem man sich keinen Fehler leisten, vor allem keinen zugeben darf. Ich wollte meine Kraft nicht mehr fürs Theaterspielen und für permanentes Aufrechtstehen vergeuden, sondern versuchen, sie einzusetzen zur Entfaltung von Möglichkeiten, von denen ich bisher noch gar nichts ahnte.

Ich bekam plötzlich Lust, mit meinem Leben und Können zu experimentieren und zu entdecken, wer ich *noch* bin – außer der Frau, die 40 Jahre lang wie der Frosch im Butterfass strampelte, um nicht unterzugehen.

In diese Abschiedszeit fielen dann die Kassandrarufe meiner Umwelt. Alle wussten von ihm – es lag lauernd wie ein Ungeheuer vor einem jeden und ich war die Erste, die sich ihm mutwillig, leichtsinnig und scheinbar unvorbereitet näherte und sich dabei in tödliche Gefahr brachte. Es war *Das große schwarze Loch!!!*

Alle hatten schon von ihm gehört, keiner hatte es je gesehen, aber es beschäftigte die Phantasien eines jeden Arbeitnehmers wie das Ungeheuer von Loch Ness. „Hast du dir schon überlegt … was wirst du tun … hast du Pläne … wirst du reisen … was wirst du den ganzen Tag machen …?"

Natürlich hatte ich keine Vorstellungen von der Freiheit und dem Land hinter der Grenze. Aber ich wollte hin und es erschien mir wie ein Gang in die aufgehende Sonne, wenn ich jetzt aufbrechen würde.

Und dann machte ich den Fehler, den fast alle machen, wenn sie die große Reise planen: Ich schaufelte das große schwarze Loch mit tausend Verpflichtungen, Terminen, Mitgliedschaften, Versprechungen zu. Ich erklärte mich bereit und dachte stets voller Unruhe: „Ob das jetzt wohl reicht?" Ich signalisierte überall und jedem: „Leute, ich bin (noch) da, es wird mich auch weiterhin geben!" Nur einer warnte. Die meisten Menschen würden sich vor lauter Angst vor der Leere der Zeit und des Kalenders völlig zuschütten. Und ich dachte: „Genau das tue ich gerade, dabei wollte ich doch eigentlich nur Ruhe."

Aber es war wie ein Sog. „Vom Fenster weg" und nicht mehr gefragt zu sein ist ein geradezu höllischer Antrieb. Es ging fast allen so. Sven nahm im Übermaß Nachhilfeschüler an, Georg ging in gleich drei Vorstände und Beiräte, Marita signalisierte überall, sie sei für jedes nur denkbare Ehrenamt zu haben …

(Im Nachhinein kann ich nur sagen: Alles Blödsinn! Jeder

projiziert seine Angst vor dem Unbekannten auf denjenigen, der sich gerade anschickt, sich auf den Weg zu machen. Nichts von allem stimmt … außer dass man sich später alle Mühe geben muss, die Aufgaben und Ämter wieder loszuwerden. Die Zeit bekommt einen so anderen Charakter, dass gar nichts mehr übrig bleibt.)

Ich bewegte alles in meinem beunruhigten Herzen und war mir sicher: das „Machen“ ist nicht das Problem. Zu tun habe ich genug bei tausend Ideen und einem verwilderten Garten. Aber es fehlte etwas anderes – eine Klammer um das Ganze, ein Thema, ein *Motto*! Ich brauchte ein Arbeitsmotto, ein Rentnermotto, ein Motto für die nächste Zeit als Wegweiser für den Reisebeginn. Aber mein Gehirn gab keines her.

Eines Tages, als ich wieder mal gefragt wurde, was ich denn eigentlich „machen“ wolle, sagte ich pampig: „Ich mach es mir schön!“ Damit war das Motto geboren, das Alter gerettet, die große Fahrt konnte beginnen.

Zugegeben – geistig mutete es ein wenig schlicht an. Es fehlte ihm jegliche Tiefe und sozial war es auch nicht gerade, aber für mein Leben war es etwas völlig Neues, etwas geradezu Revolutionäres: *Ich mache es mir schön!!!*

Alles sollte in Zukunft nur noch unter diesem Motto betrachtet werden: Mag ich das? Will ich das? Wirklich? Freut es mich? Stellt es mich zufrieden? Bereitet es mir Genugtuung? Tut es meinem Körper gut? Streichelt es meine Seele? Vor allem aber auch: Ist es endlich mal etwas Neues, das mich bereichern kann?

Außerdem: Die Größenphantasien brauchen ja auch noch gar nicht zu Grabe getragen werden. Das Gesamtkunstwerk Leben ist schließlich mit Beendigung der Berufsphase noch nicht abgeschlossen, sondern erst viel, viel später!

Pläne – Wünsche – Träume

„Leben heißt aussuchen."
(Kurt Tucholsky)

„Leben ist das, was passiert,
während du eifrig dabei bist,
andere Pläne zu machen."
(John Lennon)

Vor einiger Zeit hatte mich ein Fernsehsender eingeladen, in eine Sendung über Alte zu kommen. Ich glaube, sie stand unter dem albernen Titel „Mit 70 fängt das Leben erst an" – eine der üblichen neckischen Euphemismen, mit denen man so tut als ob … bis zur nächsten Sendung, in der dann über die reichen Rentner berichtet wird, die der Jugend ihre Lebensgrundlage rauben.

Normalerweise wird man vor solchen Live-Übertragungen immer genau instruiert (heute heißt das „gebrieft"): was gefragt wird, wie viel Zeit für die Antwort zur Verfügung steht und was man tunlichst im Sinne der Sendung antworten darf, kann, soll. Ob ich mal wieder nicht richtig aufgepasst hatte oder nicht richtig vorbereitet war – die Frage, „welche Pläne, Wünsche und Träume" ich fürs Alter noch hätte, überrumpelte mich. Ich hatte noch keine, so weit war ich in meiner Verrentungsplanung noch nicht gediehen. Auf alle Fälle ließ ich den Moderator wissen, dass da doch erhebliche Unterschiede bestünden und dass ich im Moment nur wisse, was für mich nicht mehr infrage käme, also allenfalls in den Bereich der

Träume gehöre – sozusagen in ein späteres Leben, falls es eine Wiedergeburt gäbe.

Da für jeden Studiogast immer nur ein paar kleine Minütchen zur Verfügung stehen und meine damit schon vorbei waren, musste ich mich vor Ort auch nicht mehr zu dieser schwerwiegenden Frage äußern.

Hatte ich denn schon Pläne? Ich hoffte inbrünstig, bald „gehen" zu dürfen, hegte diffuse Gefühle zwischen „hoffentlich bald" und „wenn das mal gut geht" und verfügte bereits seit mehr als 20 Jahren über ein umfangreiches Repertoire an Wunschträumen. Diese bezogen sich fast alle auf Reisen bzw. auf das Woandersseinalsichjetztbin. Mehr gab es nicht.

Aber man hatte mich aufgeschreckt! Ich fühlte mich fast geradezu verpflichtet, Pläne, Wünsche und Träume zu kreieren.

Konditioniert wie alle Menschen auf festgefügte Ereignisse mit vorgeschriebener Dauer – 3 Jahre Kindergarten, 10 bis 13 Jahre Schule, 3 Jahre Ausbildung, 5 Jahre Studium … und dann malochen bis zu einem gesetzlich vorgeschriebenen Datum – fiel mir als Erstes mit ziemlichem Schrecken ein, dass ich gar nicht weiß, welchen Zeitraum ich zum Verplanen denn überhaupt zur Verfügung habe! Wie lange lebe ich denn noch? Wie lange „kann" ich noch? Ich kann doch keine Pläne entwerfen, wenn ich sie nicht terminieren kann! Es ist doch ein Unterschied, ob ich noch 2 oder 20 Jahre zur Verfügung habe!

Wie soll ich (m)ein Leben ausschließlich auf der Basis statistischer Wahrscheinlichkeiten vorbereiten? Immerhin – sie sagen mir, dass ich noch rund 25 Jahre zum Verplanen haben würde. Dann kam mir eine der Lebensweisheiten meiner Mutter in den Kopf, von denen sie eine Menge hatte (überwiegend negativer Färbung): Wer vorher plant, plant zweimal. Und gleichzeitig brauchte ich mich nur umzuschauen, wie die Leute rings um mich her kurz vor oder kurz nach der Verrentung wegstarben. Und alle hatten sie Pläne gehabt – von manchen kannte ich sie!

Ich habe noch nie zu den fröhlichen Optimisten gehört, die am Montag noch ein Apfelbäumchen pflanzen, wenn sie sicher sind, dass am Dienstag die Welt untergeht.

Alles in allem fühlte ich mich genervt von dieser Art Zukunftsschau und den Fragen all meiner Lieben: „Und was willst du *machen*?“ Irgendwann sagte ich die Wahrheit: „Gar nichts!“, und erntete beleidigte Reaktionen, weil ich mich damit scheinbar der Diskussion entzog.

Tatsächlich – ich wollte „gar nichts“ machen! Nichts machen, nichts müssen, nichts sollen – und wenn überhaupt, dann nur wollen! Und was ich *wollte*, wusste ich: Ruhe! Endlich Ruhe, Muße, Pause, Frieden, Stille …

- müde sein dürfen
- alt aussehen dürfen
- alt werden dürfen
- faul sein dürfen
- krank sein dürfen
- bummeln dürfen
- ich sein dürfen …

Endlich mal sein dürfen, wie ich bin (wie bin ich nach 60 Jahren in der Maschinerie des vorgefertigten Lebens denn überhaupt?). Endlich mal sein dürfen, wie ich gerne wäre, endlich mal mich finden … falls ich mich nicht schon lange irgendwo auf der Strecke verloren habe! Ich will keine Konkurrenz mehr an mir nagen lassen. Ich will dem Wahn entkommen, immer fit, gefragt, „in“, „trendy“, obenauf, beliebt, gut drauf, immer auf der Höhe der Zeit (wie hoch ist die Zeit?) zu sein. Ich will mich nie wieder in Trab setzen, hetzen, annörgeln, anmeckern, drängeln, schubsen, kritisieren … lassen. Von all dem hatte ich mehr als genug.

Aus dem „Ich will das alles nicht mehr!“ ergab sich dann ganz konsequent und von ganz alleine der Plan aller Pläne: Ich werde (zunächst oder für immer?) in mein Häuschen verschwinden und dort in aller Ruhe alles tun, was über viele Jahre ungetan liegen geblieben ist. Ich will mit Vergnügen kramen und meine angesammelten Schätze betrachten und genießen, den Garten eu gestalten, die Garage aufräumen, den Keller ausmisten … alles in allem: Ordnung in die Dinge der Vergangenheit bringen – bei den Äußerlichkeiten angefangen mit einem möglichen Übergang in das Innere, die Seele, die Beziehungen, das ganze Unerledigte. Auf einem reinen Tisch lässt sich dann neues Leben ausbreiten.

Aber mit Sicherheit würde ich mich erst einmal mitten in meine Bücher setzen, sie zur Hand nehmen, abstauben, sie beschnuppern, neu sortieren, ihre Einbände und Illustrationen betrachten, mich in ihnen festlesen und mich berauschen an den angesammelten Schätzen zwischen zwei Buchdeckeln. „Ich habe mir das Paradies immer als eine Art Bibliothek vorgestellt“, schrieb Jorge Luis Borges. Ich werde es mir nicht vorstellen, ich werde es genießen.

Alles Weitere würde sich ergeben. Irgendwann werde ich aus meinen Wünschen Pläne erwachsen lassen, die ich dann langsam und genüsslich in die Realität umsetzen könnte. Da bekanntlich jeder Wunsch eine Vielzahl neuer gebiert, hatte ich auch keine Sorge, dass mir nichts mehr einfallen könnte.

Den üblichen Ratgeberbuch-Rat, so bald wie möglich noch alles zu tun, was irgendwann jenseits der 70 nicht mehr machbar sein werde, legte ich als zu stressig zu den Akten. Er erinnerte mich zu sehr an die Stellenjagd im Job, an das Kinderplanen und insgesamt an die Raffgier, mit der die Werbung uns einzufangen versucht: „Greifen Sie zu, bevor es zu spät ist … solange der Vorrat reicht … nur noch 44 Exemplare …“ „Es ist schon später, als du denkst“, der Satz hat mich schon ab Kindesbeinen stets in panikartige Schwingungen versetzt.

Als ich dann zufällig in einem Venedig-Buch einen kleinen Text von Tiziano Scarpa fand, hatte ich das Gefühl: genau das ist es, was ich will und brauche, und zwar nicht in Venedig, sondern für die kommende Zeit:

„Die erste und einzige Route, die ich dir empfehlen möchte, hat einen Namen. Sie heißt Zufall. Untertitel: Ohne Ziel. Sich verirren ist der einzige Ort, den anzusteuern sich lohnt.“

„Zufall“, ziellos und „sich verirren“ hat etwas Faszinierendes, wenn man ein Leben lang in der Spur lief. Aber Vorsicht ist geboten – im Gegensatz zu Venedig, dessen Irrwege immer irgendwo an einem überschaubaren Ufer enden, kann der Mensch sich in seiner Freiheit, die er nicht gewohnt ist, verlaufen wie in einem Dschungel.

Für Unentschlossene wie mich und für Menschen, die sich nicht schon wieder von sich selber verplanen lassen wollen, gibt es ein Zauberwort: *Optionen*!

Laut Duden sind Optionen der freie Wille, die freie (Aus-)Wahl, die freie Entscheidung – auch im Sinne einer Voranwartschaft. Es sind Möglichkeiten, die man sich gedanklich eröffnet und die man parat hat – für den Fall des Falles! Ob man diese Möglichkeiten dann wählt, ob man auswählt, ob man modifiziert oder letztlich ganz andere Ideen hat, wird sich später in der Situation zeigen. Aber man ist nicht unbedingt von einem Ereignis – und sei es ein anderes „Älterwerden“ als man sich vorgestellt hat – so überrascht, dass man handlungsunfähig wird. Hilflos einer neuen Situation ausgeliefert zu sein, das kennen wir aus unserem ganzen Leben, das ist kein „Vorrecht“ des Alters. Aber im Alter mag die innere und äußere Beweglichkeit eingeschränkter sein – und die sozialen Kontakte, die abrufbar zur Verfügung stehen.

„Was könnte ich tun, wenn …“ ist ein beliebtes Gesellschaftsspiel, das zweimal wöchentlich in Millionen deutscher Haushalte gespielt wird – dann nämlich, wenn es darum geht, dass der Lotto-Jackpot geknackt werden könnte.

Was tue ich, wenn ich krank werde im Alter … wenn mein Partner vor mir stirbt … wenn meine Kinder weit wegziehen … wenn ich den Haushalt nicht mehr alleine versorgen kann … wenn Behinderungen mich hindern (bzw. mein räumliches Umfeld so gebaut ist, dass es mich behindert …)? Das sind wichtige Gedankenspiele zur emotionalen Vorbereitung auf den Ernstfall. Von lockeren Zeitgenossen werden solche Überlegungen gerne als unerträglicher Alters-Pessimismus oder als neurotische

Aktionen apostrophiert. Aber niemand, der diese denkbaren Ereignisse einmal in Ruhe durchgespielt hat, kann so überrascht werden, dass er katastrophisch reagiert. (Das hilflose Dastehen können sich alleinstehende ältere Frauen sowieso nicht leisten, denn hinter uns steht selten der Kavalier der alten Schule, der uns liebevoll auffängt, wenn wir uns geschockt zu Boden fallen lassen.)

- Wohin könnte/möchte ich ziehen, wenn ich es alleine nicht mehr packe?
- Mit wem kann ich meine freie Zeit verbringen, wenn dieser und jener ganz oder für spezielle Aktionen ausfällt?
- Welchem Menschen kann ich mich und ggf. meinen Wohnungsschlüssel anvertrauen?
- Wo finde ich professionelle Hilfskräfte, die erreichbar sind oder ins Haus kommen?
- Wie verlässlich und einplanbar ist Nachbarschaftshilfe?
- Und nicht ganz unwichtig: mache ich eine Patientenverfügung oder überlasse ich den letzten Akt meines Lebens einer Hand voll unbekannter Ärzte und Pflegekräfte?

Die Beantwortung dieser Fragen ist harte seelische Arbeit, weil sie Auseinandersetzungen mit uns selbst erfordert, vor denen wir uns gerne drücken würden. Wir müssten uns auch Themen stellen, die sich als Illusion erweisen ... was wir im Prinzip schon lange ahnen. Vielleicht lauten die konkreten Antworten doch anders, als ich sie „überschlägig“ gegeben hätte? Vielleicht ist die „beste Freundin“ dann nicht mehr ganz so „best“, wenn es um den Härtefall geht? Vielleicht ist die Nachbarschaft vor allem freundlich und zugewandt, wenn es um gemeinsames Grillen geht, nicht aber um Einkäufe und Schneefegen? Vielleicht wollen die Kinder, Schwiegerkinder und Enkelkinder nur „die Alten“, solange sie gut drauf sind, keine Mühe machen und ab und zu zum Hausbau oder Taschengeld beitragen? Man sollte sich im Alter nichts mehr vormachen – je realistischer man seine Situation einschätzt, umso besser ist man auf die Zukunft vorbereitet. Und außerdem: Es kann alles wunderbar verlaufen in relativer Gesundheit, Harmonie, Aktivität … bis zum endgültig letzten Schnaufer mitten im Schlaf.

Wichtig ist, die Menschen, die wir einplanen wollen in unseren Katalog der Optionen, in die Diskussion hineinzunehmen und mit ihnen klar abzustimmen, was von und mit ihnen zu erwarten sein wird. Auch das schützt letztlich nicht vor bösen Überraschungen, gibt aber in vernünftigem Rahmen Sicherheit.

Pläne durch Optionen ersetzen … und dann bleiben immer noch die *Wünsche*! Das war schon etwas viel Umfangreicheres: Über Wünsche brauchte ich nicht nachzugrübeln. Ich brauchte in meiner Seele nur den Sack mit Wünschen zu öffnen, die sich über die Jahrzehnte angesammelt hatten. Ganz obenauf lag: zwei Wintermonate in Venedig, wenn die Stadt noch ruhig ist und die Kanäle noch nicht stinken. Mein Traum war eine kleine Wohnung über den Dächern der Stadt mit einem winzigen Balkon, der gerade Platz für einen Stuhl, mich und eine Tasse Kaffee bietet.

Gleich darunter kamen zwei Frühsommer-Monate an der See mit weiten Spaziergängen an einsamen Stränden …

Es gab noch viel mehr Wünsche – weiter unten liegend, fast vergessen und teilweise sehr angestaubt. Einige mussten besser gleich ins Land der Träume verbannt werden, weil sie eh nicht mehr erfüllbar schienen: Tango tanzen können, Klavier spielen können, Reiten können (meine Mutter hatte letzteren Wunsch mit dem Hinweis abgebogen, dass sie den Tierschutzverband anrufen würde, wenn ich je ein armes Pferd bestiege!). Ein Pferd hätte ich gerne – ein ganz bestimmtes. Ich habe es gesehen und mich unendlich verliebt – groß, pechschwarz und glänzend, wild und mit dicken Puscheln an den Beinen. Das oder keines! Aber ich bin nicht Pippi Langstrumpf, die ihr Ross einfach auf den Balkon hebt, wenn es geparkt werden muss.

Bestimmte Immobilien an bestimmten Stränden bestimmter Inseln gehören auch zu meinen Träumen ... und da lasse ich sie auch und hole sie hervor, wenn ich abends zum Einschlafen etwas Zauber brauche!

Pläne – Wünsche – Träume ... und Optionen sind letztlich ein Gerüst für die Jahre, die vor uns liegen und die niemand verplanen kann und darf außer uns selber. Die Tür in ein pulsierendes Leben muss offen gehalten werden, auch wenn man nicht mehr scharf darauf ist, sich permanent hineinzustürzen. Auch Menschen, die (erst mal) die große Freiheit brauchen, benötigen sofort nach „Dienstschluss" ein Korsett mit einem relativ verbindlichen „Programm". Erfahrungsgemäß lockert es sich sehr schnell von alleine, wenn die erste Zeit überstanden ist und sich ein unbezwingbares Bedürfnis nach mehr Muße einstellt.

Im Prinzip benötigt man zur Alters-„Planung" nur einige Grunddaten, über die Sicherheit besteht und die über das „Wozu habe ich noch Lust?" hinausgehen:

- Was will ich unbedingt noch erreichen?
- Welche Verpflichtungen stehen an (familiär/ehrenamtlich ...)?
- Wie viel Geld steht mir zur Verfügung?
- Sind Wohnraum und Wohnort angemessen?
- Wer spielt in meiner „Rentner-Band" noch mit?
- Wem bin ich noch etwas schuldig, wo habe ich noch etwas abzuleisten, gutzumachen?
- ...und vor allem: Was *kann* ich noch?

Seltsamerweise stellen sich diese Fragen tatsächlich nur Menschen in beruflichen Abhängigkeitsverhältnissen. Mit 60, 65 ist die große Zäsur angesagt und mit nichts zu umgehen. Für die anderen Menschen gibt es diesen künstlichen Einschnitt nicht. Da werden Planungen, Entscheidungen, Begrenzungen oder Grenzerweiterungen nach ganz anderen Kriterien gefällt – *wann* steht ein anderes Leben an, *wann kann* ich Veränderungen vornehmen, falls ich sie *will*. Die Übergänge sind so fließend, dass sie teilweise überhaupt nicht wahrgenommen werden.

Was will ich noch schaffen, wie viel Zeit steht mir noch zur Verfügung ... sind Fragen, die fast lächerlich anmuten, wenn man das Interview liest, das DIE ZEIT mit dem großen George Tabori, dem „dienstältesten Theatermacher der Welt“, gemacht hat. Darin sagt er: „Früher habe ich zwei oder drei Stücke im Jahr geschrieben. Ich hatte eine Idee, habe Peymann das erzählt, und nach sechs Wochen war das Stück fertig ... ein Stück pro Jahr, das würde jetzt genügen ... König Lear ist das beste Stück, das ich kenne. Das werde ich vielleicht noch machen. Außerdem noch zwei oder drei Stücke und meine Erinnerungen an die Kriegsjahre.“

Die Interviewerin: „Sie haben das Gefühl, Sie haben Zeit?“

Tabori lacht: „Na ja, Zola ist mitten im Satz gestorben.“

Dieses Interview fand anlässlich des 90. (!) Geburtstages von George Tabori statt!!

Aufhören, aber noch nicht ganz! – Das Schaffen fließender Übergänge

Es gibt Berufe, in denen man prinzipiell selber bestimmt, ob und wann man aufhört, ob man lieber zunächst reduziert oder ob man nicht doch noch ein kleines bisschen weitermacht.

Das abrupte Bremsen bis zum endgültigen Stillstand tut den meisten Menschen nicht gut. Manche würden ihre Berufstätigkeit lieber langsam auslaufen lassen – über „halb“, „stundenweise“ und dann vielleicht noch „ein kleines bisschen“.

Es geht vielen Menschen – zu Recht – auch nicht ein, wieso sie 30 oder 40 Jahre lang verantwortlich ihre Sache gut gemacht haben, und auf einmal wird nichts von all dem Wissen, dem Können und den Erfahrungen mehr benötigt. Früher hatte ich immer das deprimierende Gefühl, dass – wenn ein Mensch *stirbt* – er alles, alles was er je konnte und wusste, mit ins Grab nimmt. Heute habe ich das Gefühl, dass man gar nicht bis zur Todesstunde zu warten braucht, sondern dass der Hahn zugedreht wird, wenn der Mensch „aufhört“, „in Rente geht“, in den Ruhestand verabschiedet wird. Dann liegen die Kenntnisse aus einem ganzen Leben brach und keiner scheint sie mehr zu brauchen.

Nun habe ich im Laufe der Zeit unzählige Menschen getroffen, die genau das nicht wollten – um ihrer selbst willen nicht und weil sie davon überzeugt waren, dass sie der Welt noch etwas anzubieten haben. Dabei kam es stets auf eigene Phantasie und vor allem auf Eigeninitiative an. Von den Arbeitgebern oder dem Klientel, dem Kundenstamm … scheint keiner auf den Gedanken zu kommen, dass man nachfragen könnte. Das Signalisieren der Bereitschaft, das Auffächern der Möglichkeiten, das Darstellen eigener Pläne können die Basis für ein erfolgreiches „Weitermachen“ unter anderen Vorzeichen sein. In manchen Fällen sind dabei die Übergänge zum Ehrenamt fließend.

Einer der häufigsten Übergänge scheint das *Einarbeiten des Nachfolgers* zu sein. Hier liegen für alle Beteiligten gute Chancen ... falls die vielfältigen Fußangeln *vorher* gesehen und die Motive aller *vorher* geklärt sind.

Einarbeiten auf vertraglicher Ebene

Klaus hörte mit 63 Jahren zum 1. Oktober in seiner Firma auf. Er war ein geschätzter Kollege und Untergebener, aber er wurde der Firma zu teuer und ein Jüngerer, Billigerer sollte nachrücken. Nach kurzer Schmollphase willigte Klaus ein – er sah die Chance, sich endlich vermehrt seinen Hobbys widmen zu können. Weil er seinen Nachfolger kannte, der in derselben Firma, jedoch in einem völlig anderen Zusammenhang arbeitete, schlug er eine Einarbeitungszeit vor. Die Chefs waren einverstanden, die Reibungsverluste würden dadurch minimiert.

Zum Erstaunen aller bestand Klaus auf einer vertraglichen Vereinbarung. Es sollte nicht so aussehen, als ob er es aus Langeweile tat oder sich nicht von der Firma trennen könne. So wurden sechs Wochen penibel ausgehandelt – den Entwurf hatte er selber zu Papier gebracht: in welcher Woche wie viele Stunden mit welchen Einweisungen ... alles mit langsam auslaufender Tendenz, bis am Ende dann nur noch eine Art Rufbereitschaft für den Nachfolger zur Verfügung stand. Das traditionelle Herbstfest der Firma, dessen Organisation in den Zuständigkeitsbereich fiel, wurde in den Plan hineingenommen, ebenso wie die Vorbereitung der Jahresinventur. Kostenlos sollte die Firma diesen Service nicht bekommen – wobei es Klaus nicht ums Geld, sondern ums Prinzip ging.

Klaus stürzte sich ins Vergnügen. Der Nachfolger war zunächst extrem misstrauisch und trat auf die Bremse, bis er an einigen Stellen merkte, dass er wie der „Ochs vorm Scheunentor“ stand, und dankbar Hilfe annahm.

Für Klaus hatte das ganze Unternehmen einen positiven Nebeneffekt, den er zuvor gar nicht bedacht hatte: „Es war nicht mehr das Alte. Ich war innerlich und äußerlich völlig aufs Aufhören eingestellt, es lagen tatsächlich auch drei Wochen freie Zeit zwischen beidem, die mir sehr gut getan hatten. Mir gefiel ganz unerwartet mein neuer Status. Plötzlich lief ich dort wieder auf. Alle guckten blöd und fragten dumm, denn von der Vereinbarung war nichts durchgesickert. Das hörte sich so an wie: ‚Was willst du denn noch hier? Kannst wohl nicht genug kriegen, was? Hat deine Alte dich zu Hause nicht mehr ausgehalten? …‘ Der Widerstand des Nachfolgers hat mich auch irritiert.“ Es dauerte lange, bis er merkte, was das Ganze sollte: „Wenn ich den Vertrag nicht gemacht hätte, wäre ich einfach gegangen … so nach dem Motto: ‚Ihr könnt mich alle mal.‘ Das wäre im Nachhinein ein sehr schlechter Abgang gewesen.

Als die Zeit um war – es war am Ende alles noch ganz harmonisch gelaufen –, war ich so richtig froh. *Das* war nicht mehr meine Welt. Dort hatte ich nichts mehr zu suchen. So hatte diese Einarbeitung für mich einen sehr positiven Effekt gehabt – mein Abschied war sehr viel klarer und ich konnte ihn plötzlich aus ganzem Herzen bejahen. Es war einfach gut so!“

Zu Bedenken:

Bei der Einarbeitung eines Nachfolgers sollten sich alle stets über Aufgaben, Ziel und Rollenverteilung im Klaren sein.

Folgende Überlegungen *vor dem Vorschlag* und vor jeglicher Abstimmung könnten hilfreich sein:

- Geht es allen Beteiligten wirklich um eine zeitlich und inhaltlich begrenzte Übergabe?
- Soll nur der unvermeidliche Abschied hinausgezögert werden?

- Soll die Nachfolgerin „auf Linie gebracht“, auf exakt denselben Stil eingeschworen werden (ohne dass sie etwas davon ahnt)?
- Will ich als Gehende den Mitarbeitern noch einmal vorführen, wer die Gute, die Beste, die eigentlich Unersetzliche ist? Ist Eifersucht dabei im Spiel?
- Will ich noch einmal mit meinen Kompetenzen protzen und diese sich angenehm abheben lassen von den mangelhaften Fähigkeiten der Nachfolgerin?
- Oder ist es eine undifferenzierte Mischung von alledem, die in „Gutes tun“ für die Firma und für den Nachfolger sich kleidet?

Rollenkonfusionen

Wie schief so etwas gehen kann, habe ich im Freundeskreis erlebt. Die Basis ist ein in sich problematisches System, das vielfach in der freien Wirtschaft (Aufsichtsratssystem), vor allem aber im Sozialbereich anzutreffen ist. Ein Verein/Verband stellt mit dem Vorstand die Vorgesetzten, die sich Fachpersonal anstellen. Der Wechsel hin und her ist üblich … und tödlich! Das merken allerdings manche nie, viele zu spät.

„Irgendwie weitermachen“

Regina arbeitete 30 Jahre lang als leitende Psychologin in einer Beratungsstelle, die über die Jahrzehnte ein ungeheures Ausmaß angenommen hatte. An der Ausweitung – mehr und mehr Aufgabenbereiche und Personal hinzuzunehmen – war sie maßgeblich beteiligt. Sie war *die* Fachfrau, der der ehrenamtliche und fachfremde Vorstand bedenkenlos gefolgt war in allen Fragen.

Nun stand ihre Verrentung an. Sie hatte bis zum letzten Moment ausgeharrt und stets angezeigt, dass sie gerne „irgendwie“ weitermachen würde. Was lag da näher, als sie in den

Vorstand als beratendes Mitglied zu berufen? Der Vorstand war darüber sogar sehr glücklich – eine Fachfrau, die den Betrieb in- und auswendig kannte, konnte doch nur vorteilhaft sein! … dachten sie … (In der Regel mangelt es besonders den karitativen Vereinigungen an einem Minimum von Organisationssoziologie und -psychologie!)

Die ganze Sache ging hoffnungslos schief! Regina war zunächst für drei Wochen in Urlaub gefahren. Als sie wiederkam, krempelte sie die Ärmel hoch, begab sich in ihr altes Dienstzimmer … und brach den ersten großen Streit vom Zaun. Ihre Nachfolgerin hatte die Möbel umgestellt, manche ganz entfernt, die Grünpflanzen waren entsorgt (Reginas ganzer Stolz!), die Gardinen durch Metalljalousien ersetzt … und Regina hing ihre ganze Kritik (Kränkung!) daran auf, dass man dem zu beratenden Klientel eine gemütliche Atmosphäre schaffen müsse …

Der erste große Krach war da. Weitere folgten in enger zeitlicher Folge … denn Regina stand zwei- bis dreimal wöchentlich auf der Matte und „sah nach dem Rechten". Die anderen Mitarbeiter schwiegen, bezogen zu Reginas großem Ärger keine Position (vor allem eben nicht ihre Position) und der restliche Vorstand verstand nicht, um was es ging … waren sie doch froh, endlich eine kompetente Fachfrau zur Beobachtung des Personals zu haben.

Regina, unverheiratet und kinderlos, sah in dieser Arbeit nun ihre ganze Lebens-(Alters-)aufgabe und verteidigte diese mit Zähnen und Klauen. Nach einem dreiviertel Jahr war der ganze Verein praktisch handlungsunfähig. Jede fachkompetente Entscheidung „musste" von Regina abgesegnet werden, bevor sie das Haus verließ. Natürlich war keine Entscheidung nach ihrem Geschmack, wenn sie selber nicht die Finger darin gehabt hatte.

Das Personal arbeitete mehr und mehr hinter ihrem Rücken, was zur Folge hatte, dass zumindest bei späterem Schriftwechsel die ganze Sache aufflog und alles noch schlimmer wurde. Regina verlangte, jegliche eingehende Post als Erste auf den Tisch zu bekommen (sie hatte sich inzwischen ein eigenes kleines Büro eingerichtet), denn: Wer den Posteingang kontrolliert, hat die Macht. Im Zeitalter der E-Mails ist diese ein bisschen demokratischer verteilt.

Das ganze Drama endete nach knapp zwei Jahren, vielen Tränen, noch mehr Beschwerden, Abmahnungen und Kündigungen in einem Desaster. Weil auch der Stadtverwaltung die Vorkommnisse nicht verborgen blieben, wurde dem Vorstand die Pistole auf die Brust gesetzt: Solange die Zuständigkeiten nicht geklärt seien, würden die finanziellen Mittel für bestimmte Bereiche eingefroren … Da bekanntlich der empfindlichste Körperteil eines Menschen (und eines Vereins) das Portemonnaie ist, stellte sich sofortige Wirkung ein. Regina wurde schmählich aus dem Verein gekippt. Alle Beteiligten lecken sich seitdem die Wunden und Regina ist eine verbitterte, verbiesterte, vom Leben enttäuschte Frau geworden … die es doch eigentlich immer nur gut gemeint hatte!

Die Brotauslieferung

Etwas einfacher erscheinen da Initiativen, die den Beruf verlängern helfen, die aber andere Menschen nicht in diesem Ausmaß tangieren.

Herr J., der Bäcker, der sich nach Schilderungen seiner Frau so unendlich schwer tat mit der Übergabe seiner Backstube, die sein Leben war, fand nach einigen Wochen der Trauer eine akzeptable Lösung für sich … und für andere. Er reorganisierte seine früheren Überlandfahrten mit seinem alten Bäckerauto und belieferte Kunden in abgelegenen, bäckerlosen Gemeinden mit den Produkten seines Schwiegersohnes.

Als ich ihn kennen lernte, tat er das bereits seit knapp drei Jahren und überlegte gerade ein jetzt wirklich endgültiges Aufhören. Er schien darüber nicht traurig zu sein. Er erzählte mir: „Diesen Lieferwagen hat mein Bruder vor 20 Jahren für die Brotauslieferung ausgebaut. Regale, Tresen, Halterungen für die Körbe und die Klappe. Viel Glas hat er verbaut aus hygienischen

Gründen, denn ich musste ja alles behördlich genehmigen lassen. Die Anforderungen waren sehr hoch, aber als wir alles geschafft hatten, waren wir mächtig stolz. Neben unserem Laden sollte der Wagen ein weiteres Standbein sein.

Ich hatte bald einen festen Kundenstamm und es hat viel Spaß gemacht. Einmal pro Woche fuhr unser Geselle und samstags fuhr ich. Das war eine schöne Zeit.

Irgendwann haben wir dann aufgehört. Im Nachbarort machten gleich zwei Supermärkte auf mit Backabteilungen und die Kundschaft kam mit Autos und machte Großeinkauf. Das war eine sehr starke Konkurrenz, damals mussten wir deswegen sogar Personal entlassen. Außerdem war einer der Gesellen mit der Fahrerei sehr unzuverlässig geworden. Er fuhr nicht immer alle Adressen an und er hielt sich nicht an die vereinbarten Zeiten. Ich habe es erst sehr spät von den Kunden erfahren – zu spät, da war dann nichts mehr zu reparieren.

Als es jetzt bei der Übergabe an den Schwiegersohn darum ging, was mit dem alten Wagen werden soll, hatte ich die Idee, wieder die Auslieferung zu machen. Mein Bruder hat noch mal alles auf Vordermann gebracht und dann bin ich die alte Route gefahren. Einmal die Woche – immer am Samstag. Aber so richtig Freude wie damals hat es nicht mehr gemacht. Die alten Kunden von damals leben nicht mehr oder sind fortgezogen und mit den jungen … ach wissen Sie, mit denen komme ich nicht klar. Früher war ich der Bäckermeister, der ihnen ihr täglich Brot brachte, das er selber gebacken hatte. Heute bin ich der alte Opa, der Brot ausfährt. Das ist ein Unterschied!

Und dann diese Mäkelei der jungen Frauen, wenn sie ans Auto kommen! Ich führe acht Sorten Brot, acht bis zehn Sorten Brötchen, Baguette usw. und mindestens sechs Sorten Kuchen – wöchentlich wechselnd entsprechend der Jahreszeit. Aber nie ist es recht, nie ist es genug, immer wird gemeckert. Ein paar junge Mütter sind dann auch noch der Meinung, dass bei jedem Brotkauf für jedes Kind eine Puddingschnecke oder ein Teilchen abfallen müsste. Aber das mache ich nicht. Wegen der

Konkurrenz sind unsere Preise eng kalkuliert und die Lieferung in die Straßen ist schließlich ein kostenloser Service, den schlagen wir nicht drauf.

Ich habe mich jetzt entschlossen, ganz aufzuhören. Im Sommer müsste der Wagen durch den TÜV und das schafft er nicht mehr. Da noch zu investieren lohnt nicht mehr. Nun macht der Wagen Schluss und ich auch. Und es ist jetzt auch genug."

„Es ist genug", „Es ist gut so", „Nun reicht es" ... sind Äußerungen, die ich oft gehört habe, wenn es fließende Übergänge gab und/oder der Job noch ein bisschen über die Verrentung hinaus in die Länge gezogen worden war. Und sie alle waren's zufrieden. Sie hatten es sich und anderen noch mal bewiesen ... und Körper und Seele waren längst auf „Schluss" programmiert.

Angebote des Könnens

Zu den „fließenden Übergängen" können auch diejenigen Aktivitäten gezählt werden, bei denen die Frisch-Rentner ihre Fähigkeiten gezielt ehrenamtlich oder gegen eine geringe Gebühr anbieten. „Senioren-Handwerker helfen Senioren zu moderaten Preisen", habe ich kürzlich als Kleinanzeige gelesen. Das etablierte Handwerk wird's nicht freuen – im Gegensatz zu Senioren, die mit tropfenden Wasserhähnen, defekten Lichtschaltern und brüchigem Holzgeländer an den Rand der finanziellen Leistungsfähigkeit geraten können. Der letzte Wackelkontakt im Lichtschalter meiner Außenlampe hat mich lockere 93,14 Euro gekostet, Materialwert knapp unter 10 Euro! Auch für Auslandseinsätze in der Entwicklungshilfe werden sie gesucht – zeitliche und örtliche Begrenzung, schön überschaubar und auch zum zunächst „Reinschmecken".

Aber nicht nur Handwerker haben Ideen, wenn es darum geht, Wissen und Können nutzbringend über die eigentliche Berufstätigkeit hinaus einzusetzen. Vor einiger Zeit berichtete ein

Fernsehsender über einen älteren Arzt, der nach der Beendigung seines Krankenhausdienstes eine kleine bescheidene Praxis eröffnete, in der er kostenlos Patienten behandelt, die, aus welchen Gründen auch immer, nicht krankenversichert sind. Seine ganz neue (Lebens-)Erfahrung war, dass er plötzlich nicht mehr der Halbgott in Weiß ist, der mal eben hier und da anruft und um konsiliare Dienste des geschätzten Kollegen ersucht, sondern dass er selber in dieser „untergeordneten" Position zum Bittsteller wird. Er „überweist" nicht mehr einen Geldbringer, sondern erbettelt eine kostenlose Leistung.

Mir hat dieses Beispiel sehr gut gefallen – nicht nur, weil es eine schöne Abwechslung zum täglichen Grauen der internationalen Berichterstattung war, sondern weil es so anschaulich zeigte, wie sehr „alte" Menschen wesentliche Dinge im Leben hinzulernen können. Sie *tun* etwas auf einer neuen Ebene und ändern (ungewollt!) damit auch ihr *Sein.* Die Auseinandersetzung damit kann nur fruchtbar sein auf dem Wege in eine Vervollkommnung bis zum Sterben.

„Alt hilft jung" …

… heißt ein Verein, in dem sich „Wirtschaftssenioren" zusammengeschlossen haben. Ihre selbstgestellte Aufgabe: Sie wollen ihr lebenslang erworbenes Fachwissen an junge Menschen weitergeben, die sich anschicken, in die Selbständigkeit aufzubrechen. Damit sie nicht nur nach Versuch und Irrtum agieren, werden sie von den aus dem aktiven Berufsleben ausgeschiedenen Fachleuten begleitet und beraten.

Wie kompetent ihre Leistungen sind, habe ich selber erlebt. Auf der Suche nach Zukunft (was ist, wenn ich im Ruhestand nichts mehr zu tun habe?) hatte ich die Nummer des Vereins gewählt und gefragt, ob sie nicht nur „Jung" beraten, sondern auch „Alt"? „Bei der Suche nach einem Pflegeplatz können wir ihnen leider nicht behilflich sein", gab der smarte Herr am anderen Ende der Leitung zu verstehen … und mir wäre beinahe der Hörer aus der Hand gefallen. Das zu einem Zeitpunkt, als ich noch voll im Saft stand und mir gerade überlegte, mich selbständig zu machen!!!

Ich erklärte ihm mein Anliegen und er *kam*! Nach einstündiger Beratung auf heimischem Sofa – kostenfrei bei Erstattung der Spritkosten – hatte ich das leicht deprimierende Gefühl, dass mein Leben in den letzten 30 Jahren entschieden erfolgreicher verlaufen wäre, hätte ich diesen Wirtschafts*senior* früh genug in Anspruch genommen. Klar, präzise, unsentimental, exakte Fragen, überschlägige Kalkulation, ein Blick auf eine ins Auge gefasste Mietimmobilie („Da lassen Sie mal lieber die Finger davon!"), die Einbeziehung meiner alternden Psyche („als älterer Mensch braucht man ein Refugium, zu dem nicht alle möglichen Leute Zutritt haben") ... und am Ende der Stunde stand ganz klar vor meinen Augen: Entweder lasse ich die Finger ganz davon oder ich verhalte mich in einer ganz besonderen Weise.

Dieser Wirtschaftssenior – ihm gebührt ein Denkmal in meiner Biographie! – war schon lange „in Rente". Er war früher Bäcker- und Konditormeister gewesen, hatte mehrere Filialen aufgebaut ... und war in der Lage zu abstrahieren. Wirtschaft ist Wirtschaft – egal, ob Törtchen oder Beratung vermarktet werden sollen. Und genau das konnte dieser Mann leisten – der Alte, der Senior, der Rentner, der aus dem Arbeitsleben aus Altersgründen Herauskatapultierte!

Zum Abschied erzählte er mir stolz, dass er immer mal wieder eingeladen wird, wenn seine „Klienten" mit seiner Hilfe eine kleine Firma gegründet haben oder ihr erstes feierliches Jubiläum begehen.

Meinen eigenen fließenden Übergang brauchte ich mir nicht extra zu schaffen – ich habe einen Teil der Arbeit, der mich neben meinem eigentlichen Job umtrieb, zwangsläufig mit hinübergezogen ... ob ich wollte oder nicht. Der Grund war ein ganz einfacher: Das Thema war noch nicht erledigt, der Kampf noch nicht ausgestanden und „man" geht nicht einfach mittendrin von der Fahne, nur weil die ersehnte Belohnungsphase des Lebens Realität wird.

Irgendwann hatten wohlmeinende Menschen, denen der Überblick über manche fachlichen Daten fehlte, beschlossen, in Deutschland so genannte Babyklappen zu eröffnen, in die jedermann und jedefrau ungesehen und ungestraft ihr Neugeborenes einfach aussetzen können.

Gleicherweise wurde Frauen (und Paaren!) das Angebot gemacht, in zahlreichen Kliniken des Landes anonym zu entbinden, d. h. ohne Namensnennung das Kind zur Welt zu bringen und es dann im Krankenhaus zu hinterlassen. Diese Maßnahmen sollten der Kindesaussetzung und -tötung entgegenwirken und erhielten dadurch ein erhebliches Image. Uns Fachleuten war von Anfang an klar, dass das nur schief gehen konnte. Wir behielten Recht: Es werden zusätzliche Findelkinder produziert, ohne dass sich an Tötung und Aussetzung etwas änderte.

Das Thema ist unerfreulich, die „Gegner“ sind unerfreulich, der Zeitaufwand ist hoch, und die Erfolge stellen sich nur im Millimeterbereich ein – aber sie stellen sich ein!!

Meine geplante Rentner-Ruhe ist äußerst gestört. So hatte ich es mir eigentlich nicht vorgestellt. Aber es sind nun mal Not-Wendigkeiten und meine Ruhe wäre noch mehr gestört, wenn ich dieses Thema unerledigt im Dienstzimmer zurückgelassen hätte. Und wer weiß, wozu es einmal gut sein wird! „Sobald wir akzeptieren, dass nichts zu ändern ist, sterben wir“, sagen die Inder … und das wäre mir derzeit gar nicht recht!

II. Grenzübertritt

„Für den Reisenden ist jede Begegnung von Vornherein durch die Abreise bestimmt. Sie richtet sich nach den Fahrplänen, nach den Fahrscheinen, die er schon in der Tasche hat, und nach der Verheißung neuer Weidegründe. Die Abreise ist zugleich Beschränkung und Befreiung."
(Stanley Stewart, in: Auf den Spuren von Dschingis Khan)

Abschied II

Es war dieses vorangestellte Motto tatsächlich die Sicht eines Reisenden, der per Pferd auf den Spuren der Geschichte durch die Mongolei unterwegs war. Aber es hat ebenso einen hohen Symbolwert für das, was sich bei uns vollzieht, die wir uns anschicken, in eine neue, eine völlig unbekannte Phase unseres Lebens überzuwechseln. Alle Begegnung im Leben birgt „Abreise" und Abschied, und es sind nur so wenig Weggefährten, die uns über die Jahrzehnte bleiben. Aber es sind auch die Landschaften des Lebens, die wir durchreist sind und die wir hinter uns lassen – teils so, wie wir sie betreten haben, teils verändert durch unsere Eingriffe, teils verändert bis zur Unkenntlichkeit durch Schicksale, Gewalten und unabänderliche Entwicklungen.

Gleichzeitig sind es die Fahrpläne und Fahrscheine in die Zukunft: das Rentenrecht, die ärztlichen Gutachten, die Kündigungen und Freistellungen und zuguterletzt der Rentenbescheid mit Datum und Summe. Aber hinter jedem Abschied warten neue Weidegründe! Wie auf einem Ritt durch die Mongolei muss der (Alters-)Reisende Durststrecken überwinden. Es geht über unwegsames Gelände, durch morastige Ebenen und bergige Anstiege … aber irgendwo lauern die verheißungsvollen Weidegründe zum Ausruhen … manchmal jedoch erst zu finden durch einen Richtungswechsel. Insofern unterschieden sich die Reisen durch die Welt in keiner Weise von denen durchs Leben.

Abreise, Fortgang und Abschied beschränken in die Vergangenheit hinein – jetzt ist es vorbei – und sie befreien gleicherweise für die Zukunft. Sie öffnen hinter der Grenze ein Land, das es in aller Ruhe und Gemütlichkeit zu bereisen und zu entdecken gilt.

Dieser Sprung über die Mauer hat aber auch etwas einmalig Zwiespältiges: Ein Mensch wird aus der Umwelt entlassen, auf die hin er erzogen, getrimmt, konditioniert wurde. Er hat gedient und ausgedient und nun kann, darf, muss er „gehen". Es gibt kein Nein und kein Zurück, es gibt (mit wenigen Ausnahmen) kein freiwilliges Weitermachen. Er wird über die Grenze gedrängt. Und so ist der Arbeitnehmer-Reisende ebenso freudig gestimmt wie ängstlich, ebenso neugierig auf die Zukunft wie skeptisch, ebenso irritiert wie tatendurstig, ebenso vergangenheitsfixiert wie zukunftssuchend ... und alles zur gleichen Zeit. Es ist eine Gemengelage von Gefühlen, die auseinander zu pflücken nicht einfach ist und viele Monate oder Jahre braucht.

Die Abschiedsfeier

„Wohlan denn Herz,
nimm Abschied und gesunde ..."
(Hermann Hesse, in: Stufen)

Als sich mein Dienstzimmer deutlich sichtbar leerte – langsam, viel zu langsam – und ich ebenso langsam begriff, dass es nun ernst wird, fiel mir die Zeile aus Hesses „Stufen"-Gedicht ein. Ich fand es zu diesem Zeitpunkt außerordentlich erheiternd. Für Arbeitgeber ist es wahrlich nicht schmeichelhaft, wenn das Herz seines Arbeitnehmers (erst dann) gesunden wird, wenn er die Firma verlässt.

Aber bei aller Erheiterung – so abwegig scheint es nicht zu sein, wenn Menschen (im weitesten Sinne) „gesunden", nach Jahrzehnten des Fremdbestimmtseins und Gehorchenmüssens. „Nimm Abschied" ist so vielschichtig! Abschiede geschehen vor allem in der Seele – aber es gibt Äußerlichkeiten, die der Seele gut tun.

Der Mensch braucht Rituale. Er braucht sie insbesondere an den Schnittstellen seines Lebens – Geburt, Jahres- und Gedenktage, Hochzeit, Jubiläen, Beerdigungen. Sie gelten immer dem Betroffenen selber – aber in zweiter Linie auch den Umstehenden, die in irgendeiner Weise mit ihm verbunden sind, und sei es durch das „Versprechen", dass man ihnen ähnlich Gutes tun und ihrer in gleicher Weise gedenken werde.

Etwas endet – es muss verabschiedet werden – und etwas Neues beginnt – es muss begrüßt und willkommen geheißen werden.

Als in grauer Vorzeit die 50-jährige Betriebszugehörigkeit zwar nicht die Regel, aber auch nicht die exotische Ausnahme war, bekam der scheidende Jubilar eine Abschiedsfeier, eine schöne Rede, eine Urkunde und ein Jubiläumspräsent. Letztere kann man heute gelegentlich auf Flohmärkten bewundern – zum Kaufen sind sie meist schon zu teuer. Da gibt es den überdimensionierten Bierkrug mit dem gravierten Silberdeckel, den Keramikteller mit den persönlichen Daten des Jubilars und das geprägte oder geätzte Metallbild mit extra breitem Eichenrahmen. Es war durchweg Kitsch – aber es war mit Sicherheit für den Geehrten und Verabschiedeten das, was er im Rahmen des Rituals erwartete, weil schon alle vor ihm es bekommen hatten und weil es seit der Firmengründung vor 80 oder 180 Jahren so gewesen war.

Natürlich ging es nie um den materiellen Wert. Einen Hunderter stattdessen hätte vielleicht mancher gerne in die Hand gedrückt bekommen. Es ging immer um das Symbolische der Ehrung, um das individuelle Wahrgenommenwerden und um das Erinnern. „Du warst 25, 30, 40 … Jahre bei uns … damals als der alte Chef noch lebte … als wir noch vieles mit der Hand machten … als der schwere Unfall geschah … als wir noch überschaubare 27 Leute waren, die einander kannten … weißt du noch?"

Eine Geschichte der Verabschiedungen scheint noch niemand geschrieben zu haben. Es wäre bestimmt eine sehr ergreifende Geschichte!

Und die Gegenwart? Ich habe während meiner Dienstzeit viele Abschiede miterlebt. Sie alle waren ohne irgendeinen Ritus. Sie hatten kein Schema, es gab keinen Ablauf, keine Verbindlichkeiten. Sie „ergaben“ sich oder eben nicht. Es gab Kollegen, die eines Tages einfach nicht mehr da waren. Vielleicht hatten sie auf ein kleines Zeremoniell gehofft? Da nichts kam, gingen sie wortlos. Es gab Kollegen, die auf eine Verabschiedung gewartet hatten vonseiten der Mitarbeiter und Vorgesetzten ... vergeblich so lange, bis es sich nicht länger aufschieben ließ. Dann luden sie selber in letzter Minute zu einem Stehumtrunk in peinlichem Miniformat ein und bekamen zum Abschied ein noch peinlicheres Abschiedsgeschenk zum Preis von 12 Euro – schnell an der Ecke im Papierwarenladen erstanden nach 22-jähriger Kollegenschaft. Und es gab rauschende Feste – veranstaltet vom Gehenden, der lieber nicht auf das große Nichts warten wollte.

Der Brötchengeber war immer der Gleiche ... der es nicht schaffte, etwas Verbindlich-Mitmenschliches auf die Beine zu stellen. Es war eine Institution, in der eines Tages der Muff von tausend Jahren aus den Talaren geschüttelt wurde ... und alles Menschenfreundliche dazu. Nur keine Tradition! Nur keine Rituale! Nur nichts, was irgendwie das Gefühl der Menschen und ihr Bedürfnis nach Eingebundensein hätte befriedigen können.

Meine eigene Verabschiedung sollte als Tagesordnungspunkt 8 in der üblichen langweiligen Wald- und Wiesenkonferenz stattfinden. Das fand ich zu bescheiden und blieb fern. Aber es gab Kolleginnen (weiblich!!), die meine Meinung teilten und einige Zeit später eine schöne Feier ausrichteten. Der Abschiedsoleander blüht seitdem in zartem Rosa in jedem Sommer auf meiner Veranda.

Abschiedsrituale sollen immer zweierlei Richtungen umfassen: die Vergangenheit und die Zukunft. Voraussetzung dafür ist, dass der Arbeitgeber mit seinen Mitarbeitern vertraut ist und etwas mehr als ein paar Standardsätze zu sagen hat.

Kurz nachdem ich zunächst unverabschiedet aufgehört hatte, lud eine Bekannte mich zu ihrer Verabschiedung ein. Diese enthielt tatsächlich alles, was einem Grenzübertritt Sinn und Würde gibt – obwohl (oder weil?) keiner der Initiatoren von psychologischen Vorkenntnissen angekränkelt war. Es war ein Fest, das mehrere Stunden andauerte und in der ganzen Zeit nichts an positiver Spannung verlor.

Nach einer musikalischen Begrüßung sprach der alte Chef, der extra noch mal gekommen war. Es war ein würdiger Akt. Lob, Dank, Rückblick. (Bei Abschiedsfeiern Lebender scheint die gleiche Regel zu gelten wie bei Abschiedsfeiern für Tote: kein böses Wort, nur Freundlichkeiten.) Ein wertvoller Bildband – von der Jubilarin so gewünscht – wurde überreicht. Dann kamen Abschiedsworte von Kolleginnen. Sie waren weniger würdevoll als vielmehr freundlich zugewandt, liebevoll und witzig. Es gab viel „Erinnerst du dich noch?" und es wurden viele Anekdoten geboten.

Für den Außenstehenden waren das erheiternde Geschichten mit tiefen Einblicken. Das Abschiedsgeschenk aus dem Kollegenkreis war ein Photoalbum mit Bildern aus 25-jähriger Zusammengehörigkeit: Betriebsfeiern, Ausflüge, Konferenzen, eine Karnevalsveranstaltung mit dem alten Chef, Schnappschüsse am Schreibtisch und in der Kantine. Alle Kollegen hatten wochenlang ihre eigenen Photos durchforstet, um etwas besonders Schönes überreichen zu können. Die Empfängerin stand kurz davor, in Tränen auszubrechen. Das anschließende Büfett entsprach dem, was man sich für ein wirkliches Fest wünscht. Es gab von allem und für jeden Geschmack etwas. Die Stimmung war zwanglos und locker. Als das Büfett langsam abgegrast war und die Offiziellen sich verabschiedeten, setzte sich eine kleine Gruppe „Privater" noch zusammen. Da ging es dann nicht mehr um das Beschwören gemeinsamer Vergangenheit, sondern um die Zukunft: Was wirst du nun tun? Hast du Reisepläne? Freuen sich schon deine Enkel auf die Zeit mit ihrer Oma? Falls du mal nichts mehr zu lesen haben solltest, kannst du vorbeikommen und dir was aussuchen. Denk dran, in vier Wochen ist unser Sommerfest. Ab sofort kannst du dich nie mehr mit Zeitnot rausreden … Und damit die Gefeierte sich auch ja nicht langweilen sollte in absehbarer Zeit, gab es eine Unmenge kleiner Päckchen: Bücher, Videos, eine Einkaufstasche („Damit du weißt, wohin mit deiner vielen Rente!") und zur Erheiterung aller ein Spiel Stricknadeln „…für lange Winterabende!".

Treffsicher beinhaltete dieser Abend alle Elemente eines Abschiedsrituals: der offizielle Dank mit Rückschau. Das würdige und gewünschte Abschiedsgeschenk – auch zur Erinnerung –, der persönliche Blick auf gemeinsame Höhen und Tiefen und zu guter Letzt die ganz private Anteilnahme am Zukunftsgeschick. Alles zusammengefasst und eingerahmt von Musik und gutem Essen. So wird dieses Ritual als solches zu einem wesentlichen Bestandteil der Biographie. Es steht wie ein Denkmal für alle Zeiten zwischen den großen Lebensepochen.

Die große Freiheit beginnt

Es gab einmal ein Buch mit dem Titel „Was sagen Sie, nachdem Sie ‚guten Tag' gesagt haben?" Dieser so eingängige Titel fällt mir immer in Situationen ein, in denen es darum geht, mit etwas Neuem zu beginnen. „Was tun Sie, nachdem Sie nichts mehr tun?" … oder so ähnlich. Die Palette der Antworten ist außerordentlich bunt. Am besten hat mir Angelas Schilderung gefallen von ihrem:

„Nur Essen, Schlafen, Fernsehen"

„In den letzten Wochen war ich nur noch geschlaucht. Es stand noch so viel an. Ich wollte nichts liegen lassen. Eine Nachfolgerin war nicht in Sicht. Ich hatte mich darauf gefreut, jemanden einzuarbeiten und alles wohlgeordnet zu übergeben. Aber als dann gemunkelt wurde, dass meine Stelle eventuell eingespart werden sollte, musste ich alles so zum Abschluss bringen, als ob tatsächlich niemand mehr kommen würde. Und wenn, hätte es dann doch eine andere Arbeitsplatzbeschreibung gegeben.

Dann hatten wir eine hübsche kleine Abschiedsfeier. Ich hatte sie gemeinsam mit ein paar Kolleginnen vorbereitet. Ich hatte nichts so Großes gewollt, wie es in der Firma früher mal üblich gewesen war. Und ich wollte mir auch die Enttäuschung sparen, dass es plötzlich ausgerechnet bei meinem Fortgang heißen könnte: Für so was haben wir kein Geld mehr.

So haben wir es unter uns ausgemacht und den Chef eingeladen. Er fand das offenbar ganz in Ordnung und hat auch keine Anstalten gemacht, sich irgendwie zu erklären. War schon recht eigenartig … aber was soll's, es war sehr schön und wir haben viel gelacht.

Danach war ich wie ausgelaugt. Ich fühlte mich komplett leer. Eigentlich hatte ich geplant, gleich aktiv loszulegen. Vor allem wollte ich mal einen ganzen Tag shoppen gehen – Schuhe, ein neues Kostüm vielleicht, etwas legere Freizeitkleidung … Ich musste auf meiner Arbeitsstelle immer sehr korrekt gekleidet auftreten und hatte richtig das Bedürfnis, mal etwas Lockeres, Unkonventionelles zu tragen.

Aber daraus wurde nichts. Locker und unkonventionell war nicht meine neue Kleidung, sondern ich. Ich habe mich in mein Bett gelegt, geschlafen, gelesen, gedöst, bin ab und zu mal aufgestanden, habe gegessen und ab nachmittags habe ich vor dieser furchtbaren Glotze gehangen. Das war völlig ohne eigenen Willen oder ohne Neugier, was da gezeigt wird … es war nur die pure Erschöpfung und Unlust, irgendwie selber aktiv zu werden. Das Einzige, was ich an Bewegung hatte, war, dass ich ab und zu zum Tante-Emma-Laden an die Ecke ging und mich mit dem Nötigsten zu essen eindeckte. Auch das war völlig wahllos, viel Auswahl gibt es dort nicht und weil ich keine Lust aufs Kochen hatte, habe ich natürlich auch nichts Gesundes eingekauft – viel Süßes, viel Mehliges, Gebäck, Schokolade, H-Milch für den Kaffee, verpacktes Schnittbrot, Butter … das war's eigentlich auch schon.

Nein, es war keinerlei Anflug von Depression. Ich habe mich in dieser ganzen Zeit sehr wohl gefühlt. Ich habe einfach herumgeschlampt nach Herzenslust … jederzeit das getan, wozu ich gerade Lust hatte, und das war eben nicht viel. Es war alles nur passiv und ich glaube heute, dass es viel Nachholbedarf war.

Mit dem Essen musste ich immer aufpassen, denn auf meiner Arbeitsstelle legte man Wert auf gepflegtes Aussehen und dazu gehörte die Figur. Es blieb auch nie richtig Zeit für Mahlzeiten und das Kantinenessen war nicht so nach meinem Geschmack. An den freien Wochenenden ... ja, da habe ich eigentlich genau das gemacht, was ich jetzt ein paar Wochen genossen habe: schlaff herumhängen, relaxen, mich ein bisschen pflegen.

Wie diese Phase aufhörte? Ich glaube, von mir aus hätte ich sie nie beendet. Sie war einfach schön! Es war eine Freundin, die ab und zu mal anrief, mich zu irgendwas abholen und einladen wollte. Aber ich habe ihr immer abgesagt. Eines Tages kam sie unangemeldet. Sie hat mir später erzählt, dass sie sich ernsthaft Sorgen um mich gemacht hatte ... so in Richtung Depression, Nicht-fertig-Werden mit dem Ende der Berufstätigkeit und so. Aber was sie vorfand, war eine gemütliche, fette Henne. Sie sagte später, sie habe sich nicht entscheiden können zwischen einem Lachanfall und Entsetzen. Immerhin sei sie froh gewesen, mich bei guter Laune vorzufinden. Sie habe aber mit Absicht nichts gesagt, um mich nicht zu kränken. Mit anderen Bekannten hat sie dann einen Schlachtplan entwickelt, wie man mir einen heilsamen Schock versetzen könne. So haben sie eine Fete veranstaltet ... „in etwas festlicherem Rahmen". Sie wussten, dass ich dafür aus dienstlichen Gründen eine Menge Klamotten hatte, und darauf haben sie gebaut. Und es hat bei mir gewirkt. Es hat eingeschlagen wie eine Bombe. Natürlich hatte ich Lust aufs Ausgehen, zumal es ja ohne eigene Aktivität laufen würde. So habe ich zugesagt und mir was Hübsches zum Anziehen herausgesucht. Peng!! Ich passte in nichts mehr rein, in absolut nichts! Ich war wochenlang nur im Sleepshirt herumgelaufen, im Morgenmantel. Und beim Einkaufen ... da weiß ich gar nicht mehr, warum ich da nichts gemerkt hatte.

Ich hatte noch acht Tage Zeit und habe mich sofort auf sehr strenge Diät gesetzt, aber es hat nicht viel geholfen, außer dass es mir auf den Kreislauf schlug. Ich hatte mir in diesen Wochen knapp sieben Kilo angefressen – und das hatte meine Freundin natürlich gesehen. Ja, das war dann die Kehrtwende. Aber im

Nachhinein kann ich nur sagen: Es waren gute Wochen! Ich habe sie genossen und wahrscheinlich habe ich sie auch gebraucht.

Inzwischen habe ich wieder vier Kilo abgenommen, der Rest kann draufbleiben. Mein Shoppen fiel sehr zahm aus – ich habe ja alles und meine dienstlichen Kleider kann ich durchaus in meiner Freizeit tragen. Ich lebe jetzt in ganz ruhigen Bahnen mit so viel Aktivität, wie mir täglich gut tut. So langsam mache ich ein paar Pläne, aber alles noch sehr unverbindlich mir selber gegenüber. Ich war lange genug eingespannt, jetzt muss ich mich nicht selber unter Druck setzen."

Der Wunsch nach „endlich Ruhe" scheint einen großen Teil der ausscheidenden Arbeitnehmer zu erfüllen, vor allem, wenn sie schon mit 15, 16, 17 Jahren aus der Schule kamen und ohne Pause „durchgemacht" haben. 45 Jahre in den Sielen zu hängen ist körperlich und seelisch eine ungeheure Leistung – zumal für eine Generation, deren Leben im Krieg oder in der unmittelbaren Nachkriegszeit begann, die von Angst, Flucht und Entbehrungen geprägt war.

„Ich bin nur noch müde", „Ich bin alle", „Erst mal will ich nichts als Ruhe" - lasst mich erst mal zufrieden, ich muss zu mir selber finden", „Schluss, aus, jetzt kommt erst mal gar nichts" waren sehr häufige Aussagen, basierend auf dem Gefühl, ausgelaugt, ausgelutscht, ausgenommen zu sein. „Ich muss erst mal Luft holen", „Ich muss erst mal auftanken", „Ich brauche zunächst nichts als Pause" … machen die „Programme" für die ersten Wochen aus. Wer nicht gerade sehr konkrete Planungen mit termingebundenen Flugscheinen oder Busreisen gemacht hat, sackt in sich zusammen.

Ausnahmen hiervon habe ich nur bei zwei anderen Menschentypen gefunden. Wer als Großmutter oder Großvater voll in seine Familie integriert ist, wird ab sofort eingeplant und eingebunden … und es scheint allen zu gefallen. „Meine Enkel machen alles wett. So anstrengend sie manchmal sein können, so sehr tanke ich auf, wenn ich mit ihnen zusammen bin. Es ist ein so völlig anderes Leben, als ich es Jahrzehnte geführt habe, und ich denke heute mit Trauer und mit Beschämung daran, wie wenig ich mich damals um meine eigenen Kinder gekümmert habe – kümmern konnte. Was habe ich da selber verpasst, von den Kindern ganz zu schweigen. Ich mache es jetzt an den Enkeln wieder gut, mein Sohn sieht das genauso und bestätigt mich darin. Und ich genieße es, diese kleinen Kerle um mich zu haben, bei denen ich endlich mal nur Mensch sein darf und nicht immer nur funktionieren muss. Und dann die Basteleien für die Jungs ... da kommen Erinnerungen an meine Kindheit auf. Fast alles hatte ich vergessen ..."

Die zweite Gruppe hängt nicht rum und tankt nicht bei den lieben Kleinen auf, sondern tut etwas für eine florierende Reiseindustrie. Mit Verblüffung sehe ich zahlreiche aus dem Joch entlassene „Alte", die ihre Aktentasche in die Ecke stellen und mit dem gleichen Handgriff nach dem schon fertig gepackten Koffer langen. Vom Berufsstress in den Reisestress – ohne Verschnaufen.

„Endlich frei" heißt bei ihnen: „endlich frei in die Welt hinaus, endlich raus, raus, raus ... egal wohin, nur weg". Da schnurrt der Motor weiter – so wie er jahrzehntelang geschnurrt hat. Es sind häufiger Paare, die sich gleich „danach" auf die großen Reisen begeben – so als ob die Ehe- und Hausfrau auf gepackten Reisetaschen nur darauf gewartet hätte, dass der liebende Göttergatte seinem Chef das letzte mal die Hand gegeben hat und nun endlich zu ihrer eigenen Verfügung steht. In der Regel sind es auch diese Frauen, die schon alles in die Wege geleitet haben ... damit „er" es auch bequem hat und nicht etwa um eine Verschnaufpause bittet und von den Plänen abspringt.

Auf meinen Reisen habe ich viele Paare dieser (Reise-)Konstellation kennen gelernt und nicht selten hatte ich das erheiternde Gefühl, dass die pflichtbereisten Neu-Rentner etwas müde und unentschlossen hinter ihren überaus entschlossenen besseren Hälften herumschlurrten. „Meine Frau macht das schon“, lautete jeweils die Formel.

Endlich „einen draufmachen“, endlich mal etwas von der Welt sehen nach all dem Arbeitsdruck und den anbindenden Kindererziehungszeiten hat nicht immer nur einen freudigen Aufbruchscharakter. Gelegentlich entsteht der Eindruck von Flucht – „endlich fort“. Dazu passt, dass manche ersten Reisen nach der Verrentung so weit wie möglich weg führen sollen – bis ans Ende der Welt oder zumindest zu den Antipoden. Die (rationalisierende?) Erklärung ist dann stets: „Wer weiß, wie lange wir das noch können!“

„Auf die Flucht“ ist auch Isabel gegangen. Sie sieht es selber so und es hat ihr alles in allem nicht gut getan: Geld weg, kein Genuss, in Gedanken bei dem Anlass des spontanen Aufbruchs ... und kein Problem war gelöst worden.

„Es war eine unheimliche Kränkung!“

Isabel kommt gerade aus Neuseeland zurück. Sie war mehr als drei Monate fort – hingeflohen, wie sie sagt. Den Anfang des Dramas hatte ich noch mitbekommen. Es war alles sehr schnell gegangen und ich hatte ihre damals atemlose Schilderung – unterbrochen vom Weinen – auch nicht richtig verstanden. Als wir uns jetzt treffen – ich möchte gerne wissen, wie es in Neuseeland war und wieso sie eigentlich so überstürzt abgeflogen ist damals – erfahre ich die unerfreulichen Hintergründe, wie sie in der Arbeitswelt immer üblicher zu werden scheinen.

„Unser Verlag begann erst mal zu fusionieren. Das fanden wir eigentlich sehr spannend. Wichtig war uns damals nur, dass wir unsere langjährigen Chefs behalten würden. Wir hatten ein super Arbeitsklima und ich glaube, dass wir alle über 20 Jahre dort arbeiteten. Ich war schon bald 30 Jahre dabei und kannte den ganzen Laden ebenso gut wie meinen eigenen Haushalt. Dann hieß es plötzlich, dass ein amerikanischer Verlag Interesse hatte und irgendwie auch Anteile erwarb. Ich verstehe von dieser Art Geschäftspolitik nicht sehr viel – ich hätte mich mehr darum kümmern müssen. Aber was hätte es schon geholfen?

Es gab ein paar Kollegen, die warnten: Das geht nicht gut, wenn die Amerikaner einsteigen, dann wird hier bald kein Stein mehr auf dem anderen sein. Wir waren dann auch ein bisschen angespannt für ein paar Wochen, aber als dann nichts passierte, haben wir uns wieder beruhigt. Und dann kam es Knall auf Fall. Noch bevor alles offiziell wurde, kursierte ein Papier, wer gehen muss. Mein Name war auch drauf. Ich bin sofort in Panik geraten und die hat leider mein ganzes Handeln überlagert. Mir war klar, dass ich mit 57 nichts anderes mehr finden würde – und ich hätte auch nichts anderes gewollt. Nicht noch mal irgendwo von Neuem anfangen, nicht noch mal die Neue sein und dann noch nicht mal eine Junge, sondern eine Alte. Wer wäre ich denn woanders gewesen? Selbst wenn es noch mal die gleiche Branche gewesen wäre. Nein!

Es ging dann irgendwie alles sehr schnell und furchtbar hektisch und aufgeregt. Uns allen wurden Abfindungen angeboten, von denen die besser informierten Kollegen sagten, das seien Unverschämtheiten. Die wussten zum Teil wirklich gut Bescheid, die waren auch organisiert und bekamen gute Beratung. Ich hatte mich um so was nie gekümmert. Zum einen hatte ich viel Vertrauen in die Stabilität unserer Firma. Dann wusste ich, dass ich nach so vielen Jahren nicht einfach rausgeworfen werden kann, aber vor allem hatte ich dafür keine Zeit. Ich war alleinerziehende Mutter von zwei Kindern, die beide nach dem Weggang meines Mannes über all die Jahre große Schwierigkeiten machten. Ich musste mit meiner Zeit immer sehr haushalten. Ich wäre gerne auf 30 Stunden gegangen der Kinder wegen, aber dann hätte das Geld nicht gereicht. Mein Mann weigerte sich zu zahlen. Er sagte: „Klag doch, du wirst schon sehen, was du davon hast.“ Er hatte sich nach meinem Auszug selbständig gemacht und hätte mir schon deutlich gemacht, dass er nichts verdient und Auto und Wohnung seiner neuen Frau gehörten.

Ich war noch nie eine Kämpfernatur, sonst hätte ich ihn damals mit Prozessen nur so überzogen und ihm auch noch einen Privatdetektiv auf den Hals geschickt. Aber ich wollte meine Ruhe, und meine Kraft brauchte ich für den Beruf und die Kinder.

Wenn ich eine Kämpfernatur gewesen wäre, dann hätte ich auch in der Firma nicht so mit mir umspringen lassen. Die anderen haben mich alle aufgefordert, mitzumachen bei ihren Protesten und Klagen. Es ging um die Rücknahme der Kündigungen, um Weiterbeschäftigung also, und bei manchen, die ganz gerne gehen wollten, ging es um die Höhe der Abfindung. Gehen und noch so viel wie möglich mitnehmen war die Devise. Ich hatte dazu keinen Nerv. Ich war unheimlich gekränkt, verletzt. Ich hatte über Jahrzehnte mein Bestes gegeben mit Überstunden und vielem, was eigentlich nicht meine Aufgabe gewesen wäre. Es hatte ja auch Spaß gemacht, es war nicht nur Arbeit und dann so schnell wie möglich nach Hause! Als die Kinder aus dem Haus waren, habe ich wohl mehr Zeit in der Firma verbracht als in meiner Wohnung.

Ich glaube heute, dass ich mich damals auf der ganzen Linie falsch verhalten habe. Das sehe ich heute aus mehreren Monaten Abstand. Ich habe meine Abfindung genommen und bin abgehauen. Ich weiß heute, dass es viel zu wenig war, mir hätte fast das Dreifache zugestanden. Aber wahrscheinlich haben sie gepokert und gedacht, sollen sie doch verhandeln, nach oben können wir immer noch korrigieren. Vielleicht haben sie auch mit so dummen Schafen wie mit mir gerechnet. Eine andere Kollegin hat dieses Angebot ebenfalls sofort angenommen. Sie brauchte das Geld nicht, ihr Mann hatte genug, und er drängte schon lange, dass sie endlich aufhören solle. Aber sie hatte sich in unserem Team eben auch wohl gefühlt. Mit dieser Kollegin habe ich heute noch Kontakt. Sie ist die Einzige, und das macht mich so furchtbar traurig.

Wenn alles normal gelaufen wäre und jeder gegangen wäre, als es Zeit für ihn wurde, dann hätten wir als Rentner alle zusammen bestimmt noch viel unternommen. Wir haben oft darüber gesprochen, wenn jemand Geburtstag hatte und es mal wieder ums Alter ging.

Von dieser Kollegin habe ich im Nachhinein auch erfahren, dass jeder von den anderen Erfolg gehabt hat mit Rechtsanwälten und Prozessen. Zwei konnten bleiben und alle anderen haben hohe Abfindungen herausgeholt – bis zum Zehnfachen dessen, was jeweils vorgeschlagen war.

Ich komme mir heute betrogen vor. Ich habe auch das Gefühl, von meinen Kollegen damals im Stich gelassen worden zu sein. Dabei stimmt das nicht. Sie haben gesagt: „Mach mit, je mehr wir sind, um so besser." Nein, es hat mir keiner etwas übel genommen, dafür kannten mich auch alle viel zu lange und sie wussten, dass ich im Prinzip nicht unkollegial oder unsolidarisch bin.

Ich habe mich selber rauskatapultiert. Ich habe mein Geld genommen und bin mit dem nächstbesten Flugzeug zu einer alten Schulfreundin geflogen. Das hatte ich mir schon lange gewünscht – aber heute bedauere ich auch das! Ich habe das ganze Geld bis auf einen kleinen Rest verbraucht. Es war sehr, sehr schön, aber es war nicht der Genuss, der es hätte sein können. Ich war eher wie auf der Flucht und ich wusste, dass zu Hause auf mich eine sehr leere Wohnung wartet. Kein Büro mehr, keine Kolleginnen, kein Kaffeeklatsch, keine Albereien, keine interessanten Kunden. Nichts!

Ich konnte es nicht verhindern, dass mir das ab und zu wie ein Riesenschrecken einfiel und ich dann dachte, nein, ich will nicht mehr nach Hause zurück. Ich will das alles nicht mehr und ich will mich damit auch nicht mehr auseinander setzen müssen.

Nun bin ich wieder hier. Ich versuche, meinen Alltag in den Griff zu bekommen. Ich hatte mich auf einen Ruhestand ja noch gar nicht vorbereitet. Ich wollte bis 63 oder 65 bleiben. Jetzt merke ich, dass es mir so lange nicht besser gehen wird, solange ich nicht Kontakt zu den früheren Kolleginnen aufgenommen habe. Alles noch mal durchsprechen, sehen, was übriggeblieben ist, und sehen, ob sich nach dieser Katastrophe jetzt noch etwas Neues aufbauen lässt.

Nichts würde ich mir mehr wünschen!"

Manch einer wird auf eine andere Weise „gegangen" – mehr oder weniger gezwungen. Im Falle von Herrn J. kann man noch nicht einmal davon sprechen, dass er zu seinem Glück gezwungen wurde, denn zunächst war er alles andere als glücklich. Aber was wäre die Alternative gewesen?

„Mein Mann ist komplett ausgerastet"

Mit Frau J. unterhalte ich mich gerne. Sie hat etwas sehr Lebendiges und man kann sich gut vorstellen, was für eine vergnügte und lebenslustige junge Frau sie früher war. Sie hat viel von ihrem Temperament über die Jahrzehnte gerettet. Und worüber unterhalten wir uns? Übers Altwerden natürlich. Sie selber hat damit nicht die geringsten Probleme. Sie ist körperlich und geistig fit, sie hat seit Jahrzehnten ihre diversen „Kränzchen" und bei ihr hat es nie einen Bruch gegeben, weil sie nie berufstätig war und insofern auch nie „aufhören" musste.

Aber sie erzählt mit großer Anschaulichkeit von der Verrentung ihres Mannes, der selbständiger Bäckermeister war und in einer kleinen Stadt seine Bäckerei mit Ladengeschäft über 40 Jahre führte.

„Das war die Hölle damals", erzählt sie mit gespielter Verzweiflung. „Ich dachte, mein Mann muss in die Klapsmühle, so ist er abgedreht. Natürlich wollte er nicht aufhören, als er 65 wurde, aber der Arzt hatte es ihm dringend geraten und er hat ja selber auch gemerkt, dass er es nicht mehr schafft.

Dazu kam, dass unser Schwiegersohn drängte. Er hat bei

meinem Mann gelernt und ist als Geselle bei uns geblieben. Er hat dann unsere Tochter geheiratet und es war allen klar, dass die beiden den ganzen Betrieb übernehmen würden. Da gab es gar keine anderen Überlegungen, zumal wir auch gut eingeführt waren nach so langer Zeit. Mein Mann hatte die Bäckerei schließlich auch von seinem Vater übernommen. Unser Schwiegersohn hat immer wieder nachgefragt und ist immer deutlicher geworden. Ich habe ihn dazu auch ermutigt. Ich wollte, dass alles gut geregelt wird, dass die jungen Leute übernehmen und mein Mann endlich aufhört.

Aber der hat sich taub gestellt. Zu diesem Thema gab es bei ihm nichts zu sagen. Als er dann schon über 64 war und immer noch keine Anstalten machte, etwas zu regeln, ist der Schwiegersohn deutlich geworden und hat meinem Mann das Messer an die Brust gesetzt: „Entweder ich übernehme das Geschäft jetzt oder ich suche mir was anderes. Dann komme ich aber nicht wieder zurück, falls du das glaubst." Meine Tochter und ich haben uns voll hinter ihn gestellt und das meinem Mann auch gezeigt. Der tat wie vom Donner gerührt, als ob er noch nie davon gehört hätte!

Jedenfalls wurde es dann so abgewickelt. In dieser Zeit war mein Mann ziemlich schwierig. Launisch, meckerig, unleidlich, ganz furchtbar. Ich habe damals immer nur gedacht, wenn das alles über die Bühne ist, wird es sich schon wieder einkriegen.

Aber wenn ich gewusst hätte, was dann kam … Mein Mann hat also übergeben mit allem, was dazugehört. Der Schwiegersohn hat auf hundert Prozent bestanden – keine Halbheiten, klare Besitzverhältnisse. Und das muss ja auch so sein. Ja, und dann ging es los. Natürlich wachte mein Mann wie seit Jahrzehnten jeden Morgen gegen drei Uhr auf. Wenn er dann in der Bäckerei unten noch keine Geräusche hörte, sprang er wütend aus dem Bett, schimpfte über den pflichtvergessenen Schwiegersohn und ging runter. Und wenn der dann nicht in diesen Minuten kam, dann fing mein Mann eben zu arbeiten an – laut schimpfend, wenn er das gewusst hätte … und so.

Wenn dann der Schwiegersohn kam, gab es Ärger, aber so richtig! Mein Mann hat ihn abgekanzelt, wie er es mit ihm noch nie gemacht hatte, noch nicht mal als Lehrling. Mein Schwiegersohn blieb die ersten Male ganz ruhig und ließ meinen Alten toben – aber dann eines Morgens ist bei ihm die Sicherung durchgebrannt. Er hat meinen Mann so zusammengebrüllt, dass ich dachte, einer von beiden überlebt das nicht.

Als mein Mann dann nach oben kam … nein, daran will ich mich gar nicht mehr erinnern! Das waren furchtbare Tage. Mein Mann, der immer ein ganz Ruhiger war, sprach mit niemandem mehr ein Wort, noch nicht einmal mit seiner vergötterten Tochter. Und wenn es mal nicht anders ging, dann brüllte er wie ein Ochse.

Aber das Schlimmste kam noch. Ich wusste, was der Schwiegersohn vorhatte. Mich weihte er immer ein, damit ich meinem Mann alles schonend beibringen sollte. Aber zu diesem Plan fiel mir nichts anderes ein als: Nur weg! Urlaub, verreisen. Ich brauchte lange, um meinen Mann zu überreden. Wir waren eigentlich nie viel gereist. Er mochte seine Backstube nicht alleine lassen und ich hatte den großen Garten, in dem immer zu tun ist. Also habe ich ihm gesagt, ich hätte all die Jahrzehnte seinetwegen auf Urlaub verzichten müssen und jetzt sei ich mal dran.

Er hat nur geknurrt, wenn es sein müsse, müsse ich auch alles alleine regeln. Er bräuchte keinen Urlaub. Ja und dann sind wir in den Schwarzwald gefahren, ins Ausland wollte er nicht. Dort würde ihn ja niemand verstehen. Er war ganz leidlich und manchmal dachte ich, der kann ja noch ebenso charmant sein wie als junger Kerl.

Und dann kam das dicke Ende!! Wir waren gerade zur Haustür rein, ging mein Mann natürlich in die Backstube. Und was dann kam, werde ich nie vergessen! Er schrie und brüllte und schmiss mit irgendwelchen Sachen durch die Backstube und es gab Scherben und mein Schwiegersohn brüllte zurück und meine Tochter keifte los … Also ich bin in den Garten gegangen, ganz nach hinten. Ich wusste ja Bescheid.

Der Schwiegersohn hatte in unserer Abwesenheit die ganzen alten Maschinen gegen neue austauschen lassen und von den alten Gerätschaften hatte er die schönsten Stücke an die Wände dekoriert. Das sah alles ganz, ganz toll aus – am liebsten hätte ich gesagt, so können wir Alten gerne noch mal von vorne anfangen.

Aber für meinen Mann ist die Welt untergegangen. Er muss damals kapiert haben, dass seine Zeit um ist, dass endgültig Schluss ist für ihn und dass jetzt ein neues Zeitalter angebrochen ist. Ohne ihn.

Ein bisschen tat er mir ja Leid. Diese alte Backstube war schließlich sein ganzes Leben. Dort ist er praktisch reingeboren worden und außer in seiner Lehrzeit hat er nie woanders gearbeitet. Aber das muss er sich doch selber gesagt haben. Er wusste doch, wann er 65 wird, und er hat doch auch gemerkt, dass er nicht mehr lange kann. Aber ich glaube, er hätte lieber auf zehn Rentnerjahre verzichtet mit mir und dem Enkel und dem Garten und auf Reisen – und wäre lieber mit 66 tot in seiner Backstube zusammengebrochen!“

III. Ankunft

„Keiner kommt von einer Reise so zurück,
wie er weggefahren ist.“
(Graham Greene)

Krisen garantiert!

Das Kapitel „Ankunft“ mit „Krisen“ einzuleiten, mag den Leser, der sich gerade in das Abenteuer Alter stürzen will, nicht besonders fröhlich stimmen. Aber es geht um Realitäten und die Konfrontation mit dem, was dem Menschen auf seiner Reise „in das wilde Land des Alterns“ begegnen wird. Krisen in einem so ausgeprägten Wechsel der Lebensformen sind unerlässlich, weil sie zum Innehalten und zu einer Neupositionierung führen. „Weiter so“ „geht“ einfach nicht mehr, dafür ändert sich durch Pensionierung oder Verrentung zu viel.

Eine Krise ist eine Schwellensituation. Seit der Antike gilt der Begriff in der Medizin als ein Zeitpunkt, der zu einer Entscheidung drängt – zum Guten (Heilung/Besserung) oder zum Fatalen (Siechtum/Tod).

Ein berufstätiger Mensch, der zeitlebens auf Leistung, Tätigkeit und Funktionieren getrimmt worden war, dem Nichtstun und Pausen als Faulheit ausgelegt und sanktioniert wurden, der seinen ganzen Selbstwert aus seinem Tun und den sich einstellenden Erfolgen bezog, *kann* nach 35 bis 45 Jahren nicht von einem Tag auf den anderen seine Marschrichtung wechseln.

In der Krisenhaftigkeit des Wechsels geht es um Verluste von Menschen, von Chancen und Möglichkeiten, auch von Anerkennung und nicht selten von Illusionen. Es geht um Trauer über den Fortgang (und die anderen bleiben!) und das ggf. unfreiwillige Abschiednehmen von einem großen, zeitlich dem größten Lebensabschnitt. Nicht zuletzt geht es krisenhaft dabei auch um den jetzt nicht mehr zu leugnenden Beginn von „Alter“.

Einer Krise liegt in der Regel ein Konflikt zugrunde. Konflikte entstehen durch einen Zwiespalt, der sich nicht von alleine auflöst und den man zunächst meint, selber auch nicht lösen zu können. Für den Neu-Rentner könnte er sich zusammensetzen aus dem Wunsch nach alten Kontakten einerseits und der Erleichterung, die Arbeit endlich niederzulegen andererseits. Er kann auch bestehen aus dem Wunsch, alles so zu lassen, wie es ist, und sich nichts Neuem stellen zu müssen, und gleichzeitig dem Wunsch, dem Leben noch mal einen anderen Inhalt zu geben.

Auflösbar ist diese Art Konflikt in positivem Sinne, in Form einer Entscheidung, nicht, weil es diese nicht gibt. Sie wurde von außen gefällt und es gibt kein Zurück mehr. Diese mangelnde Wahlmöglichkeit und geraubte Selbstbestimmung ist für manche Menschen schwer zu ertragen, weil ihnen eine Richtung vorgegeben wird, die sie so nicht oder noch nicht gewählt hätten.

Krisen entstehen auch aus Frustrationen. „Die Frustration ist die Versagung einer vitalen Strebung, die Enttäuschung einer Erwartung durch äußere und innere Bedingungen“ (Schulte/Tölle). Die „vitalen Strebungen“ bezeichnen wir auch als psychische oder physische Grundbedürfnisse. Beim Menschen, der aus dem Berufsleben aussteigt, können mehrere Grundbedürfnisse gleichzeitig unbefriedigt bleiben: das Bedürfnis nach Tätigsein, nach Anerkennung, nach zwischenmenschlichen Kontakten und nach sozialer Zugehörigkeit. Außerdem kann das Grundbedürfnis nach optimaler materieller Sicherheit betroffen sein, dessen Frustration meist aber mehr subjektiver Natur ist.

Zur Bewältigung von Krisen ist es wichtig zu *wissen*, dass sie vorübergehen werden. Ein Mensch im Rentenalter hat in seinem langen Leben mit Sicherheit einige Krisen überlebt – und es gilt im erneuten Fall, sich daran zu erinnern und nachzufühlen, wie man sie damals gelöst oder einfach nur überstanden hat. Die meisten Menschen erarbeiten sich im Laufe ihres Lebens bestimmte Strategien, wie sie mit psychischen Notzeiten fertig werden. Ansprechpartner gehören immer dazu – zum Aussprechen, Schimpfen und Ausweinen. Die Aufgabe des Gegenübers besteht dabei in erster Linie aus Zuhören und weniger aus guten Ratschlägen und dem Kleinreden des Problems („Sei doch froh, dass du das endlich hinter dir hast. Du wolltest doch aufhören!“).

„Krisenintervention ist keine Tätigkeit für Spezialisten oder ein Vorgehen, das nur in so genannten Kriseninterventionszentren durchgeführt wird, es ist ganz im Gegenteil ein Verfahren zum Selbermachen“, schreibt der Psychiater Sonneck.

Außer dem Wissen um ihren vorübergehenden Charakter ist das Wissen um ihre existentielle Wichtigkeit in Umbruchsituationen vonnöten. Krisen stehen uns sozusagen zu. Sie begleiten und kennzeichnen neue Lebensabschnitte und unerwartete oder mangelhaft vorbereitete Lebenssituationen (Pubertät, Schwangerschaft, Trennung, Tod, Verluste, Scheidung, schwere Krankheit, plötzliche Behinderung, Verrentung ...).

Ins Positive gewendet kann man sagen, dass es keine geistig-seelische Weiterentwicklung gibt, wo nicht eine Krise durchlebt und in eine akzeptable Richtung gelenkt wurde.

Oft manifestieren sich Krisen in körperlichen Krankheiten. Dabei haben viele Menschen ihr spezifisches „Krisenorgan“, dasjenige Organ, das im Körpersystem am anfälligsten ist und als erstes Alarm schlägt. Bei einem ist es die Migräne, beim anderen „der Magen“, bei Dritten versagt die Wirbelsäule den aufrechten Gang.

Aber auch völlig neue Störungen können auftreten, die den Betroffenen zusätzlich in Unruhe versetzen, weil er sie nicht einzuordnen weiß.

Heidi hörte mit 62 Jahren auf zu arbeiten. Sie ging „ganz gern“, aber ihr fehlten die täglichen Kontakte zu den Kollegen. Zu Hause war niemand. Sie fühlte sich vom ersten Tag an unwohl, geisterte untätig durch die Wohnung, konnte sich zu nichts entschließen und legte sich immer öfter ins Bett. Sie „erlaubte" sich diese Ruhepause mit der Begründung, dass sie zeitlebens ganztags gearbeitet hätte und nie Pause machen konnte.

Nach knapp einem Monat – Heidi hatte fast nichts unternommen und war nur zu Hause geblieben – bekam sie am frühen Morgen Panikanfälle mit Herzrasen und Atemnot. Diese führten nach kurzer Zeit zu Todesängsten. Sie ging zum Arzt, der sie sehr gründlich untersuchte und keinen Befund erheben konnte. Ihr Herz-Kreislauf-System war „außerordentlich gut in Schuss". Zu ihrem Glück beließ der Arzt es nicht dabei, sondern befragte sie. Dabei wurde die „Spirale abwärts" schnell deutlich: kaum Bewegung, keine tiefe Atmung, Müdigkeit, ständiges Hinlegen, noch flachere Atmung, die dann nachts zu einem deutlichen Sauerstoffmangel führte. Das Herz pumpte umso mehr und sie wachte „in Panik" auf. Verstärkt wurde die Symptomatik durch ihre immer angespannte und verkrampfte seelische und körperliche Haltung.

Heidis Arzt verordnete ihr eine spezielle Atemtherapie und empfahl darüber hinaus dringend viel körperliche Bewegung – egal ob mit oder ohne Lust! Mindestens zweimal täglich „vor die Tür" und nicht unter einer Stunde jeweils.

Mit diesen Maßnahmen erholte Heidi sich schnell und fand Gefallen an der Bewegung in frischer Luft. Damit hatte sie den physischen Anteil der Krise im Griff. Den Bereich des Sozialkontaktes musste sie danach gezielt angehen … eine Aufgabe, vor der viele Neu-Rentner stehen, vor allem, wenn sie alleine leben.

Der Weg zu einem Arzt (möglichst Hausarzt mit Geduld fürs Zuhören) sollte im Krisenfall möglichst an den Anfang gestellt werden, um ein Absacken zu vermeiden, vor allem aber, um körperliche Erkrankungen ausschließen zu können.

Wer eine prinzipiell depressive Grundstimmung hat und zu depressiven Verstimmungen bis hin zu krankheitswertigen Depressionen neigt, wird auch bei Übergang in den Ruhestand möglicherweise mit Traurigkeit, Melancholie, Unwertgefühlen und extremen Stimmungsschwankungen reagieren.

Auch hier hilft das bewusste Erinnern an frühere Krisen und ähnliche Reaktionen:

- Was habe ich damals unternommen, was hat mir geholfen?
- Was sollte ich aus dieser Erfahrung heraus meiden?
- Wer hat mir geholfen und kann erneut in Anspruch genommen werden?
- Was kann ich mir selber situativ Gutes tun, um im Moment „über die Runden" zu kommen und ein Abgleiten zu vermeiden? (Jeder weiß für sich selber aus guten Erfahrungen, was ihm hilft und ihn „trotz allem" zu erfreuen vermag: das warme Bad, der lange Spaziergang, die Kuchenschlacht, ein Schaufensterbummel … Alkohol allerdings nicht!)
- Welche langfristigen Möglichkeiten stehen mir zur Verfügung oder welche sollte ich mir tunlichst in guten Zeiten schaffen, damit ich im Krisenfall auf sie zurückgreifen kann?
- …

Hilfreich ist, wenn man eine mit ziemlicher Sicherheit zu erwartende Krise im Voraus bedenkt und sich einen eigenen „Hilfsplan" erarbeitet und an die Pinnwand hängt.

Solange das „Alter" noch über die Beendigung der Berufsphase definiert wird, wird sich schwerlich etwas daran ändern, dass (unfreiwillige) Veränderung, Abschied und Trauer um Verluste mit dem Altwerden identifiziert werden!

Die einzige Möglichkeit des Gegensteuerns ist die Bewusstmachung dieses Vorgangs. Der Mensch muss für sich ganz alleine eine Position zu seinem Älterwerden finden, das ja ab Geburt passiert und physiologisch mit der Verrentung nicht das Geringste zu tun hat. Der Ruhestand als eine Zeit der Belohnung für 40 Jahre Arbeit … man hat ihn sich *verdient* und nun ist man *frei* für sein ganz eigenes Leben und für die Entdeckung und Entfaltung von Fähigkeiten, von denen man allenfalls eine Ahnung hatte, die man aber nie entfalten konnte. „Ich mache weiter – aber auf einer ganz anderen Ebene. Ich folge nur noch meinem eigenen Stern und lebe meinen eigenen Rhythmus", könnte das Motto dieser Befreiung sein, mit dem wir aus der unsinnigen Festlegung von Arbei – Rente – Wertlosigkeit herausfinden. Bis hierher haben wir gedient und haben Ernte in die Scheuer gefahren. Jetzt wollen wir von dieser Ernte leben – und andere nach eigenem Gutdünken daran teilhaben lassen. Kenntnisse und Fähigkeiten können nun zur eigenen Freude anderen zur Verfügung gestellt werden. Der Lohn ist die Befriedigung der eigenen Grundbedürfnisse und das Gefühl, andere Menschen partizipieren zu lassen.

(Von diesen Themen werden einige in den folgenden Kapiteln angerissen werden.)

Wer sich entwertet und somit wertlos fühlt, weil er im Beruf „nicht mehr gebraucht" wird, braucht sich nur umzusehen und sein Können anzubieten. Er wird möglicherweise erleben, dass sein Wert ungleich höher ist, als er es in Zeiten seines Broterwerbs war. Die Aufgaben für Ältere (das betrifft auch Arbeitslose) sind in unserer Gesellschaft so umfangreich, dass das Gemeinwesen, die Kirchen, Vereine, der Staat und die Familien innerhalb von einer Woche handlungsunfähig wären, würden alle Rentner und Pensionäre ihre Tätigkeiten mit einem Schlag einstellen!

Repositionierung oder: Wer bin ich, wenn ich niemand mehr bin?

Während eine fromme Wochenzeitung in einer Überschrift fragt: „Alte Menschen – nur eine Last?“, und Hunderte weiterer Publikationen Monat für Monat *über* alte Menschen schreiben (Verlust, Verfall, Abschied, Einsamkeit ... aber trotzdem immer noch tapfer ...), beschäftigt die Älteren – zumal in ihrer ersten „Altersphase“ – etwas ganz anderes: Wer bin ich jetzt noch? Wo stehe ich? Wie sehe ich mich selber? Wie möchte ich gerne gesehen werden? Wie sehen mich die anderen? ... Wie „die Rentner“ als gesellschaftliche Gruppe gesehen werden, ist jedem klar, der auch nur gelegentlich in die Massenmedien blickt: Nur Last? Oder gesteht man ihnen noch etwas mehr zu?

Zunächst hatte ich gedacht, es läge an mir. Aber es *konnte* nicht sein! Ich konnte nicht zwischen dem 30.4., 23.59 Uhr und dem 1.5., 00.01 Uhr schlagartig vertrottelt sein! Kaum war ich „in Rente“, stellten sich persönlich und telefonisch Besucher ein. Sie kamen allesamt mit Vorschlägen und Vorwürfen und es gab kaum ein Gespräch, in dem es nicht hieß: du kannst doch nicht ... du musst jetzt aber ... du solltest bedenken, dass ... hast du schon daran gedacht ... hast du es dir überlegt ...“

Von Ermahnungen, jetzt regelmäßig Kontakt zu halten, mich gerade zu halten, auf mich zu halten, über ungebetene Vorschläge, wie ich meine Dahlien zu überwintern hätte und mit den Stadtwerken verhandeln müsse, bis hin zur Frage, ob ich bei der Toilette auch immer ausreichend spülen würde („Du weißt schon, was ich meine!“), damit sie nicht verstopfe, war alles enthalten. Ich bekam Vorschriften, wie ich einen Maschinenbrief zu schreiben hätte, dass meine Schrifttypen zu groß und mein Papier zu dick sei … und alle Zurückweisungen, wie z. B. dass ich Tausende Briefe in meinem Berufsleben diktiert oder geschrieben hätte, dass ich wüsste, was eine Klospülung ist, und dass man mich bitte nicht wie eine Schwachsinnige behandeln möge, führten nur zu Aussagen wie: du warst schon immer schwierig … du musst aufpassen, dass du nicht zu früh schrullig wirst … du musst dir aber auch mal was sagen lassen … wenn du uns verprellst, wirst du im Alter einsam sein …"

Solcherlei Diskussionen hatte ich das letzte Mal vor rund 25 Jahren geführt, wenn meine Mutter mich am Telefon zu fragen pflegte, ob ich auch genug Schlaf bekäme und ob ich bei der Kälte draußen die Wollschlüpfer anhätte. Etwas später machte mein pubertierender Sohn mir Vorschriften, welche Farbe meine Pullover haben dürften, „damit man sich nicht mit dir schämen muss!"

In dem Vierteljahrhundert dazwischen hatte ich relative Ruhe, was Eingriffe in mein Leben und in meinen Geisteszustand anbelangte.

Alles Grübeln über meine plötzliche Verblödung brachte mir keine Erkenntnisse. Daraufhin forschte ich bei meinen ungefragten Ratgebern nach und hielt Ausschau nach Gemeinsamkeiten. Zunächst waren sie alle männlichen Geschlechts – aber mir immerhin 10 bis 30 Jahre lang als „normal" bekannt und ohne Übergriffe auf mein Leben. Dann trat eine Frau hinzu: „hast du dir schon überlegt … bist du sicher, dass du das willst … kannst du das denn überhaupt noch …?" und mir ging ein Licht auf: Ausnahmslos alle waren frisch in die Rentnerphase eingetreten!

Sie waren nicht nur auf die Übernahme von Aufgaben zur Füllung langer leerer Tage aus, sondern auf das Wiedererlangen von Bedeutung, von Position! Sie waren auf der Suche nach einem neuen Status, auf der Suche nach sich selber in einer völlig veränderten Zeit, die ihnen „eigentlich" nichts mehr abverlangte, nichts mehr bot und in der sie „niemand" mehr waren.

Alle – die Männer wie jene Frau – hatten kleine Positionen in ihren Berufen innegehabt (wer hat diese nicht nach 30 bis 40 Jahren – irgendeinen Untergebenen hat jeder), alle hatten sie (irgendwann) „was zu sagen“. Und das war auf einmal fortgefallen. Da gab es noch die Ehefrau, die aber nach 40 Jahren auch keine chauvinistische Einlage mehr brauchte, da gab es die längst erwachsenen und entschwundenen Kinder, die sich jede Einmischung in ihr Leben verbaten, und dann gab es hier und da … noch ein paar Rentner, mit denen alte Beziehungen neu positioniert werden mussten.

Je stärker im Job, je höher der Status, umso tiefer der Fall, wenn plötzlich alles aufhört. Und noch tiefer scheint der Fall, wenn die neue Rolle nur noch „Rentner“ heißt. „Was machen Sie beruflich?“ „Ich bin Abteilungsleiter bei …“ ist etwas völlig anderes als eine Woche später: „Ich bin Rentner.“ Bei 20 Millionen Rentnern ist niemand mehr herausgehoben aus der Masse – es sei denn, dass er sich neu positioniert und sich selber damit heraushebt.

Menschen, die dauerhaft im Berufsleben stehen, beziehen ihren Status zu einem ganz erheblichen Teil aus ihrer Position im Betrieb. Daraus erwächst Befriedigung und soziale Sicherheit im Sinne von Zugehörigkeit innerhalb einer festgefügten und „verlässlichen“ Hierarchie: Wer hat wem was zu sagen? Wo stehe ich in der Reihe? Welches sind meine Aufgaben, welches meine Privilegien? Was passiert, wenn ich versage, mich verweigere, nicht mehr kann?

In der Betriebssoziologie werden die Begriffe Status und Position fast identisch gebraucht. Der frühere Begriff „Rang“ sagt das Gleiche, gilt aber als veraltet, zumal er militärisch anmutet. Der Status bezeichnet die Stellung eines Individuums in einem sozialen Gefüge. In der Regel wird er durch Leistung erworben (gelegentlich durch „Beziehungen“). Er beruht auf einer Reihe von Rechten und Pflichten, die klar und eindeutig definiert sind. Entsprechend füllt der Mensch eine Position aus, die ihm von außen zugewiesen wird und die klaren Maßstäben folgt. Eine Position hält auch immer den Genuss von Prestige bereit – wie hoch oder niedrig auch immer.

Status, Position, Rollenverteilung und Verhaltensnormierung („Was tut *man*?") bilden in jeder formalen sozialen Arbeitsorganisation ein Gerüst, eine Ordnung. Je nach Fortschritt des betriebsinternen Demokratisierungsprozesses sind die Spielräume für den Einzelnen enger oder weiter – und je höher einer auf der Stufenleiter angesiedelt ist, umso enger *und* weiter sind sie gleichzeitig.

Aus der Art der Zugehörigkeit, der Funktion, der zugeordneten Symbole (Größe des Schreibtisches, Bürostuhl mit oder ohne Armlehnen, Einzelzimmer, Dienstwagen ...) bezieht jeder Mensch, der zeitlich in erster Linie Berufstätiger ist, einen wesentlichen Teil seiner Identität. Soziale Identität entsteht vor allem aus der „Mitteilung" der Umwelt, „wer" der andere ist, wie er gesehen wird, was man ihm zutraut, was man ihm zuzumuten gedenkt, wie die gesamte Kommunikation verläuft („Ich sage dir, wer du bist."). Identität ist nichts Statisches und sie ist nicht (nur) an Lebensstufen geknüpft. Sie ist *immer* ein Produkt wechselseitiger Interaktion mit der gesamten Umwelt, die umso mehr beiträgt, je intensiver der Einzelne in dem System verwurzelt ist.

Das alles geht dem normalen Arbeitnehmer von einem Tag auf den anderen verloren: keine Funktionen mehr, kein Status, keine wichtige Rolle, keine Privilegien, kein Prestige ... und dadurch möglicherweise eine erheblich angeschlagene Identität: „Wer bin ich denn jetzt überhaupt noch?" Der Sturz in die Bedeutungslosigkeit ist tief und schmerzhaft.

Mitte 2005 berichtete eine große Wochenzeitschrift über eine führende Politikerin Deutschlands, von der man annahm, dass sie nun mit Mitte 60 „gehen" könne. Aber sie will nicht. Ihre Position beinhaltet „neben Stress, Streit und Medienpräsenz auch 140000 Euro Jahreseinkommen ... sowie einen Dienstwagen nebst Fahrer (Statussymbol!) ... Sie hat sich beim Marsch durch den Gremiendschungel eine unvergleichliche Machtposition aufgebaut. Die will sie nicht so leicht aufgeben … Sie ist überzeugt, dass es für sie keinen Ersatz gibt … Vor Vertrauten sagte sie: ‚Etwa die Hälfte meiner Arbeitszeit brauche ich, um meine Position zu sichern' …" (SPIEGEL, Sommer 2005)

Der Name ist beliebig einzusetzen, das Geschlecht ebenso. Wer eine solche Position und Machtfülle hat, kann vermutlich nicht vom 30.4. zum 1.5. still und bescheiden in sein Häuschen ziehen, sich dem Rentnerdasein und dem Schrebergarten widmen und plötzlich zum NICHTS zusammenschrumpfen. Die Gefahr des Absturzes ist riesig und aus Angst davor spannen Menschen in Positionen lange vor dem Ruhestand Netze und installieren doppelte Böden, die sie auffangen sollen, wenn der Tag der Tage kommt. Dann geht es weiter – oft auf einer anderen Ebene, immer aber mit den gleichen, eingefahrenen Strukturen und Interaktionen.

Für eine gewisse Übergangszeit mag ein „Ausschleichen" aus dem Beruf mit allem Prestige sinnvoll sein – irgendwann sollte es dann aber zu einer reiferen, erwachseneren Aufgabe werden, die Repositionierung in einen völlig neuen Lebensabschnitt vorzunehmen. Der Mensch im Ruhestand braucht eine völlig *neue* Position. Er muss sich *neue* soziale Gefüge mit *neuen* Aufgaben, Funktionen, Belohnungssystemen schaffen. Er muss sich *neue* Rollen erarbeiten und aushandeln, die ihm soziale und emotionale Sicherheiten zu bieten in der Lage sind.

Etwas anderes scheinen die Freunde in meinem Neurentner-Dasein (unbewusst) nicht getan zu haben – sie haben sich mir gegenüber ausprobiert, haben versucht, eine neue Abstufung in unseren alten Beziehungen zu installieren. Sie haben versucht, mir gegenüber eine neue Rolle auszuprobieren, mir ihre „Rollenerwartungen" mitzuteilen, die da lauten: „Ich sage dir ab heute, wo es in deinem Leben langgeht." Ich habe diese Erwartungen zurückgewiesen, d. h. ich habe ihnen nicht entsprochen und somit die mir zugedachte Rolle nicht angenommen … das ewige Spiel von Macht und Positionierung des eigenen Ich!

Mehr oder weniger stehen wir alle, die wir aus einem Lebenszeitberuf ausscheiden, vor der Neuordnung unserer Positionen. Wir müssen uns neu „setzen", wir müssen unsere Plätze in alten und neuen Gefügen suchen, die uns zusagen, und wir müssen diese aushandeln. Was lässt der andere zu? Wie ordne ich mich in seine und er sich in meine Welt ein? Wie stehen wir unter den veränderten, den umgewälzten Bedingungen zueinander? Auf einmal sind wir alle „nur noch Rentner" und haben jeweils sehr unterschiedlich unsere Probleme mit diesem schlechtgemachten Status.

Wie neue Positionen besetzt werden (sollen), kann man in manchen Familien beobachten – noch besser aber in Ehrenämtern, wo „man" sich wieder trifft, wieder Bedeutung erlangt oder zu erlangen hofft, wieder die alten Spielchen der Macht miteinander spielt, sich gegenseitig Ämter und Positionen zuschanzt und sich zu spiegeln versucht im anderen, der eigentlich ja auch nur ein armes Schwein ist … ein armer Rentner, der eigentlich ausgedient hat. Es geht wieder um Anerkennung, Selbstdarstellung, Verstellung, Manipulation und mehr oder weniger diplomatisches Theaterspielen … ganz wie im richtigen (Berufs-)Leben!

Ich arbeite seit Jahrzehnten in verschiedenen Ehrenämtern und sehe teils mit Belustigung, teils mit Bestürzung die Hahnenkämpfe … als ob es noch um etwas ginge! Ja, es geht nicht mehr um Karriere, um Gehaltserhöhungen und nur selten um „Beförderungen": Es geht um ein restliches Zipfelchen von Bedeutung, Position und Macht – und anscheinend bei fast allen ohne Bewusstsein für diese Dynamik.

Eine Repositionierung kann aber auch anders aussehen: Wer möchte ich vor mir selber sein? Welche Tätigkeiten schaffen mir die Befriedigung, noch Sinnvolles für mich und für andere zu tun? Welche Position ist meinem Alter, meinem Wissensstand, aber auch meiner Lebensklugheit angemessen? Muss ich mich noch immer wie auf dem Hühnerhof hacken oder schaue ich lieber nur noch zu und lasse mich ggf. in den Kreis bitten? Will ich noch „wer“ sein – und wenn ja, warum? Habe ich Nachholbedarf – und kann ich ihn überhaupt noch mit angemessenen Mitteln decken?

Die Repositionierung im Rentneralter ist harte seelische Arbeit. Sie setzt vor allem Selbstreflexion und Bewusstmachung voraus. Sie benötigt die Auseinandersetzung mit dem bisherigen Leben, mit der (Un-)Zufriedenheit, dem Noch-Wollen, dem Nicht-mehr-Können, dem Gehabt-Haben und dem Gewesen-Sein. Sie bedarf immer eines Innehaltens, bevor neue Entscheidungen getroffen werden. Sie bedarf der Selbsteinschätzung und der Selbstbescheidung. Sie bedarf insbesondere der realistischen Gegenwartsbetrachtung.

Die Repositionierung kann aber auch bedeuten, für sich selber eine befriedigende Position nur im eigenen Leben zu finden irgendwann in sich selber zu ruhen ohne Sehnsucht nach Macht, Status und Anerkennung …

Struktur und Rhythmus

„Früh aufstehn tuts noch nicht im Leben –
man muss auch seelisch sich erheben!“
(Eugen Roth)

Tagesläufe, in denen der Rentner mit tiefem Genuss bummelt, sind erst etwas für Fortgeschrittene. Zu Beginn der nicht mehr fremdbestimmten Zeit rattert noch immer der Motor – wenngleich im Leerlauf. Aber die arme, lebenslang geplagte Seele versucht in dieser Zeit, alles zum Stillstand zu bringen.

Wer 40 Jahre lang „lief“ und funktionierte, kann nicht von einem auf den anderen Tag folgenlos stillstehen – und dann diesen Stillstand auch noch genießen. Ich habe Ruheständler kennen gelernt, die bis zu zwei Jahre brauchten, um aus dem Verpflichtungsdruck vollständig herauszufinden.

Mir fielen in den ersten Monaten immer meine Urlaube an der See ein: erster Urlaubstag, schnelles Packen, Abreise ohne Zeitverlust – möglichst noch am Abend des letzten Arbeitstages! –, ankommen, auspacken, einräumen und los! Das Tempo bei den Strandspaziergängen entsprach demjenigen durch die Gänge im Dienstgebäude. Es brauchte jeweils 6 - 8 - 10 Tage, bis ich merkte, dass ich langsamer wurde, auch mal stehen blieb, aufs Meer schaute und mich nach einem besonders schönen Stein bückte.

Hatte ich mal nur eine Woche Zeit, so kam es nie zu dieser „Entdeckung der Langsamkeit“. Dann fuhr ich ebenso „eilig“ ab, wie ich gekommen war und wie ich meine Strand- und Dünenspaziergänge „absolviert“ hatte.

Genauso ging es mir in den ersten Monaten nach dem Quittieren des Dienstes. Ich „eilte". Ich fand keinen Freizeit-Rhythmus, der Motor lief und lief und lief wie bei einem alten VW. Damit hatte ich nicht gerechnet – wohl aber mit der Gefahr der Strukturlosigkeit der Tage und Wochen.

„Ich war frei, frei, frei!", schreibt Robert Levine in seiner „Landkarte der Zeit". Er hatte sich an seiner Universität ein Freisemester genommen, um durch die Welt zu bummeln und „eine Studie über die internationalen Unterschiede im Lebenstempo" zu erstellen. Er wollte dazu um die Welt reisen ... und begann am äußerst westlichen Rand Asiens.

Er war also „endlich frei".

„Meine Freude hielt eine halbe Minute an. Dann kam die Angst: Was würde ich ein ganzes Semester ohne einen Zeitplan anfangen? Ich blickte in die Zukunft und sah ein einziges großes Nichts vor mir. Wie sollte ich meine Zeit füllen? Ich habe mich nie in meinem Leben so nach einer Verabredung gesehnt – egal mit wem, egal, wozu. Es war wirklich erbärmlich ..." (Levine 2000, S. 124).

Er badet erst mal, geht in eine Teestube, liest eine (Heimat-) Zeitung, geht in den Park mit einer Buddha-Statue, setzt sich hin, zieht ein Buch aus der Tasche und beginnt dort zu lesen. „Am folgenden Morgen saß ich mit einem Adrenalinstoß plötzlich kerzengerade im Bett. Was mochte dieser neue Tag mir bringen? Wie sollte ich ihn beginnen? Auf jeden Fall zuerst ein heißes Bad ..." So verläuft Tag zwei wie Tag eins, außer dass er einen anderen Park besucht. Ansonsten war alles identisch bis hin zur Biersorte auf der Bettkante.

„Tag drei verlief ungefähr so: heißes Bad/Teestube/Buddha/Gärten/Abendessen/heißes Bad/Bier. Am nächsten Tag war es das Gleiche. Und am nächsten. Und am nächsten ... man hätte eine Uhr nach mir stellen können. Wie spät ist es? Er liest sein Buch im Park, also muss es 10 Uhr sein ... Ohne es zu wollen, hatte ich mir die Struktur geschaffen, nach der ich mich auf dem Flug so gesehnt hatte" (a. a. O, S. 126f.).

Levine hatte sich eine „Struktur geschaffen" wie eine Inselkette im Meer der fast endlosen Zeit. Vom Aufstehen an hangelt er sich von Ereignisinsel zu Ereignisinsel, immer in der gleichen Reihenfolge … immer so, wie er es als Berufstätiger seit vielen Jahren gewohnt war.

Kein berufstätiger Mensch, und sei er noch so „selbständig" gewesen, konnte es sich 40 Jahre lang leisten, seinen eigenen Rhythmus zu leben. Uhrzeiten, Termine, Stundenanteile, Arbeitsleistungen, Ergebnisse, Abschlüsse, Statistiken … waren vorgegeben. Ausweichmöglichkeiten gab es nur wenige: die Raucherecke, die kleine Klopause, der „Krankheits"-Tag, das Wochenende, der Jahresurlaub. Aber auch diese Auszeiten sind für alle Arbeitnehmer reguliert und teilweise kontrolliert. Auch wer nie an einem Fließband gearbeitet hat, hat Fließbandarbeit geleistet. Irgendwer oder -was bestimmte immer den Zeitablauf, die Leistungsanforderungen, die zu erbringenden Ergebnisse und sanktionierte, wenn nicht alles so lief, wie es sollte.

Und nun, von einem Tag auf den anderen, steht da die unstrukturierte Leere, die Stille. Keine Erwartungen mehr, keine Antreiber, kein Antrieb!

Die unendliche Zeit liegt ausgebreitet wie eine Sandwüste ohne Oase. Es ist das eingetreten, was vermutlich jeder Arbeitnehmer sich irgendwann … und zum Ende hin immer sehnlicher … wünschte: endlich Schluss, endlich Ruhe und endlich einmal Zeit für mich selber.

Levine schaffte sich eine Tagesstruktur, als plötzlich die große Freiheit vor ihm lag, und er brachte alles in einen stets gleichbleibenden Rhythmus, der sich am ersten Touristentag bewährt hatte. Er tat das einzig Richtige in dieser Situation! Irgendwann wurde ihm dieses Zeitkorsett bewusst und es wurde ihm lästig. Zu diesem Zeitpunkt konnte er es lockern. Er hatte Fuß gefasst in der unbekannten Situation, er hatte Boden unter die Füße bekommen … und konnte beginnen, mit seiner Freiheit genüsslich zu leben.

Vor allem für Menschen, die alleine leben und denen keine emsig wirkende Hausfrau und kein anspruchsvoll wartender Ehegatte die täglichen Aufgaben stellt, ist ein strammes Tagesprogramm für den Anfang der großen Freiheit fast unerlässlich. Wer es überhaupt erst einmal geschafft hat, aus dem Bett zu steigen, muss wissen, wofür und was dann passieren wird.

Auf einer Recherche-Reise hatte ich einmal von meinem Auftraggeber eine kleine Wohnung mit einer Miniküche zur Verfügung gestellt bekommen. Zum Abendessen wurde ich stets eingeladen, aber die restlichen 22 Stunden hatte ich mir einzuteilen. Mein Job: die Auswertung von rund 160 Akten – z. T. uralt, z. T. handschriftlich und überwiegend wenig motivierend. Dafür aufstehen …?! Und wie dann weiter? Schließlich war ich enge Stundeneinteilung und Termine, Termine, Termine gewöhnt.

Am ersten Morgen stand ich unschlüssig noch im Pyjama am Fenster, als auf der Wiese unterhalb vier weiße Pferde erschienen. Es war fast mythisch, zumal ein hauchfeiner Septembernebel über allem hing und kein Laut zu hören war. Am kommenden Morgen stand ich etwas eher auf, kochte mir Tee, stellte diesen plus Milch, Honig und Becher auf die Fensterbank und wartete. Sie kamen wieder und am Tag drauf auch … alle sieben Tage meines Dortseins. Das war für mich die Geburtsstunde meiner allmorgendlichen Teezeremonie. Damals hatte ich gedacht: Wenn ich mal im Ruhestand bin, dann möchte ich es genau so haben … selbst wenn es keine weißen Pferde geben sollte.

Und dann, so tat ich es damals und plante es für später, erst dann würde ich mich an die Arbeit machen … an welche auch immer!

Der Wunsch war geblieben und er war ab dem ersten Tag meines Ruhestandes das Ausgangsdatum für die Tagesplanung. Erst mal in aller Ruhe eine Kanne Tee … und dann sehen wir weiter!

Ähnlich wie bei Levines schöner Schilderung immer gleicher Tätigkeiten in immer gleicher Abfolge, kristallisierte sich für mich eine immer gleiche Reihenfolge heraus – jedenfalls für die ersten Monate, in denen sich die Leere noch nicht zu strukturieren begann. Sie blieb zunächst immer die gleiche, egal, ob ich um 7 oder um 11 Uhr aufstand. Sie gab dem Meer der Zeit ein paar kleine Inseln mit Anlegestegen, damit ich mich nicht verlor in den Weiten eines Ozeans, von dem ich zeitlebens nur geträumt hatte.

Es gab eine Zeit im ersten Winter, in der ich mich morgens fragte, wozu ich überhaupt mein warmes Bett verlassen solle. Es war dunkel bis elf und dunkel ab drei, es war kalt, nichts und niemand wartete unaufschiebbar, keiner wollte was von mir (was ich jahrelang herbeigesehnt hatte) und ich lag wohlig in meinen Decken. Allerdings wusste ich, dass das Wohlgefühl alsbald in schlechte Laune, Rückenschmerzen und niedrigen Blutdruck umschlagen würde, wenn nichts in Gang käme.

In diesen Wochen habe ich mein Tagesprogramm schon im Bett gemacht ... nie aufstehen, ohne genau zu wissen, was (außer Anziehen) als Erstes und Nächstes kommen würde. Ich wusste – und gestattete es mir auch –, dass ich nicht alle Pläne und guten Vorsätze würde durchhalten wollen, aber ich hatte ein Gerüst, und wenn ich mir selber „frei“ gab von einer Aufgabe, hatte ich sogar noch das gute Gefühl, gegen das Gewissen ungehorsam zu sein, ohne dass irgendeine „Strafe“ auf dem Fuße folgte. Jede Faulheit, die ich mir im Laufe des Tages dann noch genehmigte, geschah aus purer Selbstliebe und nicht aus deprimierender Langeweile. Selbst nach der Mittagsruhe hielt ich es so. Bevor ich mich in die Senkrechte begab, wusste ich, was als Nächstes drankommen würde.

Diese enge Planung brauchte ich nur für ein paar Wochen. Danach hatte ich den Bogen raus. Je mehr ich *meine* (!) Zeit zu lieben begann, je langsamer ich wurde, je genussvoller ich bummeln konnte, umso weniger brauchte ich mich von Programmpunkt zu Programmpunkt zu hangeln.

Außerdem entdeckte ich den guten alten Sonntag wieder. Früher – zu Hause als Kind – war er ein besonderer Tag gewesen: das „gute" Kleid, weiße Kniestrümpfe, Kirchgang, Familienfrühstück, nicht laut sein, nicht toben, zu Mittag Fleisch (!) und Klöße, nachmittags Streuselkuchen und Besuch, danach „Mensch ärgere dich nicht" (wobei ich regelmäßig rausflog, weil ich mich zu lautstark ärgerte) und dann begann wieder die Woche ... Das alles war verloren gegangen. Der Sonntag wurde in jeder Beziehung zum Gammeltag mit legerer Kleidung und möglichst wenig Plan, Struktur und Pflicht. Davon hatte die Woche mehr als genug zu bieten.

Und nun? Nun gibt es wieder Sonntagskleidung, eine besondere Teesorte, auf gar keinen Fall irgendeine Arbeit, keine Alltagszeitung, sondern ein Photo- oder Bildband, keine Schreibmaschine, sondern Malstifte oder Pinsel, nur freundliche Freundinnentelefonate und keine Konfliktstoffe ... denn irgendwie muss die Woche sich doch aufteilen lassen.

„Mittwochs geht es nie, da habe ich Kränzchen", „Du kannst mich jederzeit anrufen, nur nicht in der Mittagszeit zwischen 13 und 16 Uhr und samstags, da habe ich immer was vor", „Der Montag gehört meinem Ehrenamt und Freitagnachmittag muss ich auf den Enkel aufpassen" ... sind Sätze, die mich früher, als noch Berufstätige, bei alten Leuten immer nervten. „Sei doch nicht so unflexibel!" Heute verstehe ich sie nicht nur, sondern benutze sie ebenso.

Was für die Tage mit ihren 24 Stunden gilt, gilt ebenso für die Wochen und Monate. Struktur und Planung heißt auch Verlässlichkeit. Es bedeutet, dass der Mensch sich nicht stündlich und täglich vor Entscheidungen sieht, die ihn möglicherweise überfordern. Insbesondere alleinstehende Menschen mit einem Gefühl des Einsamseins, mit Hang zu depressiver Verstimmung und der entsprechenden Antriebsschwäche brauchen Planung und Ziele, Verbindlichkeiten und Verantwortungsübernahme. Sonst können sie sehr schnell verloren gehen in einem Übermaß an unausgefüllter Zeit, von der niemand etwas haben möchte. Jeden Tag erneut sich zusammenzureißen, herumzutelefonieren, Absagen zu erhalten oder vielleicht doch einen Termintreffer zu landen, kann sehr schnell in eine depressive Ausnahmesituation führen, in der dann gar nichts mehr geht.

Natürlich muss jeder Mensch ausprobieren, mit welchem Rhythmus er am besten klarkommt. Als ein Freund seinen Beruf, der fast Tag und Nacht mit Terminen rund um Menschen zu tun hatte, aufgab, sagte er: „Ab nächster Woche will ich nur noch einen Termin pro Tag haben" ... und ich dachte: Um Himmels willen, das ist ja furchtbar, wie will er dann zur Ruhe kommen? Er hielt es recht lange durch, verlegte diesen Tagestermin aber mehr und mehr in die Abendstunden, weil er abends nicht allein sein konnte und – wie er sagte – es abends überall gemütlicher, ruhiger und gastfreundlicher verlief als tagsüber.

Natürlich braucht jede Struktur eine gewisse Flexibilität – sozusagen die Ausnahme zur Regel, die alles in Bewegung hält und dafür sorgt, dass der Mensch nicht geistig-seelisch erstarrt. Vielleicht ist erst das Ausmaß der Starre und Verhärtung ein Gradmesser für die eigene Lebendigkeit?!

Auf alle Fälle scheinen Außenstehende und (noch) nicht Betroffene es so zu interpretieren.

Ich will endlich Zeit für mich und ich bin nicht mehr bereit, diese Kostbarkeit jedem X-Beliebigen zum Abschuss freizugeben. „Du hast doch jetzt aber so viel Zeit", sagen mir die Leute und sehen mich fragend-rügend an. „Ja", sage ich, „die habe ich. Und diese Zeit ist gut eingeteilt und gehört in erster Linie *mir!*"

Sie sagen es nicht, denken es aber: egoistische Alte ... ich sehe es ihnen geradezu an. Und dann gehe ich natürlich in mich und überprüfe die Berechtigung für meinen Zeit-Egoismus: Für wen bin ich bereit, wann wie viel Zeit herzugeben? So langsam kristallisiert sich ein Schema heraus: Für die Langeweile anderer Menschen bin ich nicht zuständig. Ich bin kein Lückenfüller. Für Menschen, die wesentlich zu spät kommen und, statt sich zu entschuldigen, meinen, ich sei doch sowieso den ganzen Tag zu Hause, bin ich zukünftig nicht mehr zu erreichen. Kommt jemand, der selber unter massivem Termindruck steht, und bittet um Zeit und Hilfe, kann ich alles stehen und liegen lassen … diese Situation hat 40 Jahre meines Lebens bestimmt, und auch mir wurde fast immer wieder von Menschen aus der Patsche geholfen, die mir ihre Zeit schenkten.

Bei allem geht es nicht nur um Zeitmanagement und Tagesverlaufsplanung, sondern auch um etwas im Berufsleben sehr Seltenes: um Selbstbestimmung! Vielleicht bekommen manche Menschen sie tatsächlich erstmals nach ihrem Ausscheiden aus der Maloche. Dann sollten sie sie nicht rauben lassen von Menschen, die wieder die Hand auf das Leben anderer legen. Vielleicht ist es eines der wenigen Abenteuer in der eigenen Lebensgestaltung, mit sich selbst und der geschenkten Zeit auszukommen! Und vielleicht ist es genau das, was andere Menschen, die es (noch) nicht betrifft, nicht verstehen können?!

Sicher nicht ganz so eng – aber zumindest überschlägig – kann man auch das Jahr planen, das zumindest in der ersten Zeit so weit vor einem liegt. Wer nach Terminkalender gelebt hat, kann leicht ein Gefühl der Verlorenheit bekommen, wenn er Ende Dezember in einen komplett leeren Kalender guckt: Noch nichts drin! Alles leer! Braucht/Liebt mich niemand mehr? Nur ein paar Geburtstage, bei denen *ich* aktiv werden muss … und nur vielleicht eingeladen werde?!

Wer einen Garten hat, ihn liebt und nutzt, braucht keinen schriftlichen Jahresplaner. Die Termine diktiert die Natur. Es ist ein mildes Diktat. Es lässt gewisse Freiräume bis zu einer bestimmten Grenze. Ob die Gurkenkerne am 8. oder am 28. Mai in die Erde kommen, ist egal. Kommen sie allerdings erst am 28. Juli hinein, muss ich auf die Ernte möglicherweise verzichten. Die Beerenernte dauert zwischen zwei und drei Wochen … danach ist alles abgefallen oder am Strauch vertrocknet oder verfault. Habe ich keine Lust (oder Leiter) für die Kirschenernte, machen sich eines Tages die Stare in einem Riesenpulk und Riesenfest darüber her. Danach gibt's nichts mehr. Und bin ich im Herbst bei Nässe und Nebel zu faul oder zu rheumageplagt, um die Dahlienknollen aus dem Boden zu nehmen, kaufe ich im nächsten Frühjahr für viel Geld neue.

Der Gärtner ist zwischen Anfang März und Ende November voll im Einsatz. Ich kenne Ruheständler, die ihre Urlaubsreise nach dem Gartenjahr planen ... und das heißt: Verreisen im Winter. In den anderen Monaten „wartet der Garten"!

Eine Jahresstruktur erfährt auch, wer ehrenamtlich in Kirche, Verein oder Selbsthilfegruppe tätig ist. Bestimmte Aufgaben wie Geldbeschaffung und -abrechnung, Sommerfest, Adventsfeier, öffentlicher Selbsthilfetag ... sind termingebunden und nehmen viel Zeit in Anspruch.

Auch begeisterte Kulturkonsumenten, Theatergänger und Konzertlauscher mit und ohne „Abo" wissen: Wenn sie alles genießen wollen, was eine Stadt oder Region hergibt, müssen sie ganz schön planen. Wann gibt es wo was und wie bringe ich es in eine gute Reihenfolge, so dass mir zwischenzeitlich noch Muße zum Vorbereiten und Nachschmecken bleibt?

Die Deutsche Bahn beglückt uns darüber hinaus mit Sonderangeboten, deren Terminstudium viel Intelligenz, Kraft und Zeit erfordert. Haben wir es dann begriffen, sind die Preis-Ort-Zeit-Konstellationen zu beachten, will der Ruheständler seine Chancen kostengünstig ausschöpfen.

Wer einmal Geschmack gefunden hat an der großen Troja-Ausstellung, dem „geschmiedeten Himmel", dem „Phantom der Oper" oder an „Cats", kann sich locker über vermeintlich leere Zeiträume bringen. Organisation, Vorbereitung, Nachbereitung ... bringen erst den richtigen Genuss, den der Berufstätige einfach nicht haben kann, wenn er „schnell nach der Arbeit" sich in Schale wirft und mit hängender Zunge kurz vor Schließen der Saaltüren die Aufführung erreicht ... und am nächsten Morgen (unausgeschlafen) wieder auf der Matte stehen muss.

Wer womöglich eingebunden ist in eine Mehrgenerationenfamilie – Kinder, Enkel, eigene alte Eltern – braucht sich über zu viel Zeit und zu wenig Struktur ohnehin nicht zu beklagen. Er *wird* strukturiert, ob er will oder nicht. Den genussvollen Morgentee im Morgenrock mit der Morgenzeitung wird er in die frühen Morgenstunden verlegen müssen, will er die Garantie auf ein ruhiges In-den-Tag-Gleiten haben.

Lob des Gartens

„Wir haben hart daran gearbeitet, uns selbst aus der Natur zu verbannen; dennoch beschließen wir unsere Tage damit, uns nach dem zu sehnen, was wir verloren haben: dem Gefühl von Verbundenheit.“
(Diane Ackermann)

Sollte mich eines Tages einmal jemand fragen, ob ich ihm *das* Rezept für einen zufriedenen, ausfüllenden, begeisternden, schönen, heimeligen, ritualisierten, gesunden, tröstlichen, frischen … Ruhestand nennen könnte, ich würde ihm sagen: ein Garten, nichts als ein Garten!

Garten, Kinder und Alte gehören zusammen, hatte ich irgendwo gelesen, als es bei mir noch lange nicht so weit war. Wie albern, wie kitschig, wie sentimental … hatte ich gedacht. Ich nehme alles zurück. Heute weiß ich, dass es stimmt! Rauskatapultiert aus einem Leben wie auf einer achtspurigen amerikanischen Autobahn und dann abgesetzt in einem grünen Garten … und das Leben kann beginnen.

Als eine Freundin drei Jahre vor ihrer Verrentung ihren kleinen Garten aufgeben wollte, weil sie meinte, alles nicht mehr zu schaffen, konnte ich sie in allerletzter Minute davon abhalten mit dem Enthusiasmus des Briefmarkensammlers, dessen Freund gerade die blaue Mauritius auf dem Flohmarkt verkloppen will. „Warte noch so lange, bis du fertig bist, und entscheide erst dann! Du wirst sehen, wie sehr du den Garten brauchen und lieben wirst und die Gartenarbeit dazu.“

Sie hat auf mich gehört.

Ich gehe täglich durch meinen Garten. Ich brauche das. Zumindest einmal ums Häuschen „nach dem Rechten sehen“, gucken, was es Neues gibt (im Garten gibt es täglich Neues – viel mehr als in jeder Tageszeitung!). Die ersten Veilchen unter dem vergammelten Herbstlaub schon Ende Februar, die Amsel auf der höchsten Spitze der Tanne, die einmal ein Weihnachtsbaum im Topf war, die ersten Knospen an den Beerensträuchern – also die Aussicht auf Ernte und Marmelade, später dann die in sich zusammengefallenen Sellerieblätter, die der erste Frost erwischt hat, bevor sie in meinem Gemüseeintopf landen konnten …

Ich bin mit Gärten aufgewachsen und konnte ihnen – vorsichtig ausgedrückt – nie etwas abgewinnen. Nach dem Krieg war ein kleines Stück vom Nachbarn überlassener Boden unsere fast einzige Nahrungsquelle und sogar die Schuhe stammten vom Beet. Sozusagen. Sie waren in der Tauschzentrale gegen viele Kilo Tomaten eingetauscht worden. Später hatte meine Mutter einen Schrebergarten – rund 20 Minuten Fußweg von der Wohnung entfernt. Im Prinzip war er mir gleichgültig. Aber ab und zu wurde er zur Last – dann, wenn ich helfen musste. Ich war für die Schwerarbeit zuständig: umgraben, Weißdornhecke schneiden, Wegränder entunkrauten und das Erntegut in Taschen und Eimern nach Hause tragen.

Aus dem Spielalter war ich längst heraus, aber wenigstens etwas gesessen oder im Gras gelegen hätte ich gerne mal. Diesen Luxus gab es aber nur sonntags, wenn wir mit Kaffee und Kuchen hinmarschierten und „nur leise Arbeit“ verrichteten. Im Alltag galt die Pflicht.

Fluchen durfte ich auch nicht. Wenn der Lehmboden nach dem Regen so hart und schwer am Spaten klebte und ich laut „Sch …“ schrie, wurde ich scharf zurechtgewiesen und es wurde mir im Wiederholungsfall der Rausschmiss angedroht. Damals verstand ich noch nichts von der Lerntheorie, sonst hätte ich öfter gebrüllt und hätte dann jedes Mal gehen müssen/dürfen. Für meine Mutter war der Garten ihr Paradies und im Paradies benimmt man sich nicht unflätig!

Als ich in die Großstadt zog, benutzte ich meine jeweiligen Balkons nur zum Abstellen und Sonnen. Erst als dann ein Kinderwagen mit süßem Inhalt Einzug hielt, baute ich Grünes und Buntes in Hülle und Fülle an. Das später folgende Wochenendgrundstück – mein heutiges Domizil – wurde pflegeleicht gestaltet: Wiese, Bodendecker, Tannen. Und wieder war es nur Last. Die Wochenenden waren ausgefüllt mit Rasenmähen, Unkrautjäten, Schneefegen, Nach-dem-Rechten-Sehen, bei großer Trockenheit gießen.

Es war wie früher: mühselige, unlustige Pflichterfüllung. Um das Werden und Vergehen zu erleben, war gar keine Zeit. Das Schöne war oft schon vorbei, wenn ich gewahr wurde, dass da noch etwas hätte sein müssen. Die Rose neben dem Fenster? Schon verblüht. Die Sonnenblumen? Von den Vögeln schon leer gepickt …

Mit dem ersten Rentnerdaseins-Tag begann die Liebe. Es wurde der Anfang einer seligen Zeit. „Ein verführerischer Zug an der Gartenarbeit besteht darin, dass sie so viele Rituale erfordert … Gartenarbeit ist niemals abgeschlossen, und die Zeit, die sie erfordert, erinnert uns an eine Ordnung, die älter und vollständiger als unsere eigene ist“ (Ackermann, S. 7). Es vergeht kein Tag, an dem ich nicht durch den Garten gehe, gucke, zupfe, aufsammele, zusammentrage oder 1 – 2 – 3 Stunden arbeite. Ein Tag, an dem ich nicht raus kann, ist ein verlorener Tag. Ein Tag, an dem ich durchgeschwitzt, nass, durstig und mit erdigen Händen ins Haus komme, ist ein erfüllter Tag.

Garten erzieht! Er erfordert weder die Pünktlichkeit noch die Akkuratesse wie der Beruf – Pflanzen wachsen auch unpünktlich und dort, wo sie wollen, und sie lassen ihrem Besitzer einen großen Spielraum. Wird der dann aber nicht genutzt, ist es vorbei. Die Natur zieht weiter. Garten erzieht zur Geduld, zum Nicht-Machen, zum Hinnehmen. Mal eben nachsehen, ob schon was kommt, wird bestraft mit dem Nicht-Mehr. Zunächst war ich wie der Mensch, der vor lauter Spannung und Vorfreude jeden Tag im Garten nachgräbt, um zu sehen, ob der Samen schon keimt, und später den trägen Nachbarn, der gar nichts getan hat, beneidet, dass es bei ihm wächst und blüht. Geduld wird von der Natur belohnt und diesem System unterwirft man sich. Gerne!

Wer einen Garten hat, hat auch immer ein Ziel. Für Alleinstehende, die es verabscheuen, sich am Regenschirm festhaltend durch Scharen von spazieren gehenden Familien und Paaren zu bewegen, ist er ideal: Man ist draußen, man hat Bewegung an frischer Luft, man muss nicht lange überlegen, wo man heute schon wieder hingeht … und man bekommt die Freuden in dem Moment geliefert, in dem man den Garten betritt. Zu meinen Jahreshöhepunkten gehört das Entdecken der ersten grünen Schneeglöckchenspitzen, der blühende Kirschbaum, den später im Jahr regelmäßig die Stare abernten, der 30 Jahre alte Johannisbeerstrauch, der unermüdlich in großen Mengen Früchte trägt.

Alles im Garten wird zum Symbol, das wir in der Jugend und in der hochaktiven Mitte des Lebens vielleicht noch gar nicht schätzen wollen. Sterben und Auferstehen wird uns unaufdringlich nahe gebracht. Wegsehen und nicht wahrnehmen ist unmöglich. So ist ein Garten auch Trost.

Und nicht zuletzt ist der Garten Lieferant köstlicher Produkte. Zum Schönsten meiner Tage gehört das abendliche Vorbeischlendern an den Beeten und das Nachsehen, was ich wohl gleich essen werde – Kohlrabi? Grüne Bohnen? Oder lieber Zucchini mit frischen Zwiebeln? Und dazu ganz frisch ausgebuddelte Kartoffeln! Nur eine Stunde, nachdem alles das Beet verlassen hat, liegt es schon auf meinem Teller – giftfrei, ungespritzt und unendlich appetitlich.

„Hast du dir das auch gut überlegt?“ haben mich Freunde gefragt, als ich mich anschickte, aufs Land zu ziehen. „Der Garten! Das schaffst du doch gar nicht! Man wird doch schließlich nicht jünger! Denk an deinen Rücken!" Und später dann: „Was machst du? Du hast Gemüsebeete angelegt? Lohnt das denn? Hast du dir das mal durchgerechnet?" Aber pures Entsetzen über meinen Unverstand (vielleicht schon Altersstarrsinn?) rief meine Mitteilung hervor, dass ich nun auch Kartoffeln anbaue.

Ich kann nicht behaupten, dass ich alles besonders gut schaffe. Meinen alten Nachbarn geht es nicht besser, sie weichen ins Pflegeleichte aus: Rasen! Ich kann auch nicht mit einem aufgeräumten Garten aufwarten – manchen Ordnungsliebhaber mag es grausen, aber er ist meine große Liebe, mein alles, mein Trostspender, mein Paradies (ach ja, Mutter!), mein Ziel, meine grüne Hölle, mein Erzieher … Ich spüre tiefe Dankbarkeit, und ein Gefühl von etwas Echtem, Rundem, Vollkommenen überkommt mich, wenn ich mir abends meine Erdhände in der Regentonne wasche.

„Tief in unserem Instinkt und unseren Zellen erinnern wir uns daran, wie wir ein Leben in der ursprünglichen Natur führten, uns an den nahtlosen Kreislauf der Jahreszeiten anpassten, Wetter und Landschaften lasen, Schrecken und Herausforderungen entgegentraten …" (Ackermann, S. 14).

Ein Garten kann aber noch ganz andere Funktionen erfüllen.

Der Garten als Eheretter

„Dass unsere Ehe jetzt nach meiner Verrentung trotz aller Befürchtungen meiner Frau noch so gut funktioniert, haben wir beide wahrscheinlich meinem Garten zu verdanken. Meine Frau hatte große Sorge, wie es werden würde, wenn ich nicht mehr von morgens bis abends außer Haus bin. Ich hatte mir zu diesem Aspekt der „Zeit danach" überhaupt keine Gedanken gemacht. Mich interessierte, ob das Geld reichen würde, ob wir eine kleinere Wohnung nehmen sollten und ob ich in irgendeinen örtlichen Verein eintrete, um was um die Ohren zu haben. Eigentlich machte mir das am meisten Sorge, denn hier in dieser kleinen Stadt gibt es zwei Parteien, einen Tennisclub, den Fußball und den Reichsbund. Ja und die Freiwillige Feuerwehr. Zu nichts hatte ich Lust, am wenigsten, auf meine alten Tage noch mit Sport anzufangen, egal mit welchem.

Als der Termin immer näher rückte, begann meine Frau zu drängen. Sie hat mich damit richtig nervös gemacht und wir bekamen auch Streit. Ich habe ihr vorgeworfen, sie wolle mich aus meiner eigenen Wohnung ekeln, und sie hat gegengehalten, dass ich nach 45 Aktivjahren nicht auf einmal vor dem Fernseher auf dem Sofa sitzen könne. ‚Da verblödest du oder wirst aggressiv', hat sie gesagt, ‚und beides will ich nicht. Ich möchte einen aktiven Mann, der sich Aufgaben stellen kann.'

Als mir so unter Druck nichts einfallen wollte – eigentlich wollte ich ja auch erst mal gar nichts tun und nur ausruhen –, fragte meine Frau, was denn seinerzeit mein Vater mit seiner Rentnerzeit angefangen hätte. Ich sagte: ‚Der war zum Ärger meiner Mutter von früh bis spät im Schrebergarten.' ‚Na bitte', sagte sie, ‚es muss ja nicht gleich von früh bis spät sein, aber such dir einen, das ist eine gesunde Sache!'

Meine Frau hatte natürlich Recht. Wie immer. Ich brauchte auch nicht lange zu suchen, ich habe nur ein paar Leute in der Nachbarschaft angesprochen, die hier alle Haus und Garten haben. Sie haben mich an eine alte Frau verwiesen, der die Gemeinde ein Stück des Grundstücks abgezwackt hatte für eine Umgehungsstraße. Sie hat eine gute Abfindung bekommen, aber so richtig Lust hatte sie auf ihren Garten dann nicht mehr. Er hatte auch eine eigenartige Form – ein sehr spitz zulaufendes Dreieck. Sie war ein bisschen verbittert, weil es mal als gesamtes Grundstück verkauft und bebaut werden sollte. Und sie war eben auch alt und hätte es nicht mehr lange geschafft.

Weil ich keine Ahnung vom Gartenbau habe, habe ich mir ein paar Bücher angeschafft, darunter auch eines über Landschaftsgestaltung. Und darin habe ich meine Lösung gefunden. Ich habe mir die breite Seite oben mit der Besitzerin geteilt, so dass wir beide Gemüse für den Eigenbedarf anbauen. Dazu hat sie mir gute Tipps gegeben, schließlich kennt sie diesen schwierigen Boden seit Jahrzehnten. Und die ganze lange Spitze des Gartens, der jetzt von einem Fußweg und einer Straße begrenzt wird, habe ich als Minipark angelegt.

Meine Frau ist sehr zufrieden mit mir und ich bin zufrieden mit dieser Lösung. Nachdem wir gefrühstückt haben, gehe ich täglich in meinen Park, außer sonntags. Zu tun gibt es von Februar bis November immer was. So zwei bis drei Stunden arbeite ich, ruhe mich auch mal ein bisschen auf der Bank aus und gehe dann wieder nach Hause. Inzwischen ist meine Frau sogar sehr dankbar, wenn ich etwas aus dem Garten mitbringe. Anfangs sagte sie immer, ich solle sie nicht mit Obst und Gemüse überschwemmen, sie habe keine Lust, auch noch einzukochen. Aber täglich etwas zum Sofort-Verarbeiten – das findet sie jetzt sehr schön und ich bekomme ordentlich Lob. Den ersten Rhabarber bringe ich und Kohlrabis, einige Schüsseln mit Beerenobst für Rote Grütze, Suppengemüse ... Mir macht das alles sehr viel mehr Spaß, als ich früher gedacht hätte. Ich hatte keinerlei Erfahrung – auch nicht damit, ständig schmutzige Hände zu haben.

Das Wichtigste ist mir aber, dass meine Frau mit dieser Regelung rundum zufrieden ist und zwischen uns Harmonie herrscht. Sie hatte mich schon ganz schön nervös gemacht mit ihrer Angst, dass ich auf dem Sofa verdämmern könnte. Mein kleiner Garten trägt also sehr viel bei zu unserem Leben: Frieden und Frischobst! Die Kontakte, die ich sozusagen über den Zaun habe, sind auch sehr schön. Die Leute bleiben stehen und bewundern meinen kleinen Park. So kommt man miteinander ins Gespräch. Ich erfahre sehr viel aus der Gemeinde – und habe also auch noch etwas zu Hause zu erzählen, was meine Frau viel mehr interessiert als all die Jahre die Dinge, die mit meinem Beruf zusammenhingen. Da hat sie immer nur gestöhnt.

Nein, ich kann mich nicht beklagen – der Garten ist das Beste, was uns beiden passieren konnte!“

Ehrenamt tut gut!

„Hast du gelebt? – Wie viel Boden hast du umgepflügt? – Wie viel Brot hast du für andere Menschen gebacken? – Wie viel hast du gesät? – Wie viele Bäume hast du gepflanzt?– Wie viele Ziegel hast du zum Bau beigetragen? – Wem hast du Wärme gegeben und wie viel? – Hast du jemanden enttäuscht? – Wie viele Tränen sind deinetwegen geflossen und wie viele hast du getrocknet? – Hast du von deinem Leben etwas abgegeben, etwas verteilt oder verschenkt? – Wie vieles hast du verteidigt, um was hast du gekämpft? – Wen hast du gestützt, als er strauchelte, wen hast du etwas gelehrt und wem hast du den Weg gezeigt?“
(Janusz Korczak)

Janusz Korczak hat diesen Text aus „Wenn ich wieder klein bin“ überschrieben mit „Die Einsamkeit des Alters“. Ich kannte diese Überschrift zunächst nicht und habe die Zeilen entsprechend auch nicht gelesen als eine negative Lebensbilanz, die aufzählt, was möglicherweise alles versäumt wurde und damit „die Einsamkeit des Alters“ heraufbeschwor. Für mich las sich der Text eher wie eine Aufforderung, tätig zu werden als „Alter“, wenn man das eine oder andere noch nicht getan haben sollte. Eher wie: Jetzt kannst du dein Gewissen befragen und dann tätig werden – du hast noch Zeit!

Lese ich die einzelnen Anfragen, habe ich das Gefühl, dass hier die wesentlichen Aufgaben von ehrenamtlicher Arbeit aufgezählt sind – man kann sich entsprechend welche aussuchen, die einem zusagen würden.

„Was tue ich eigentlich, wenn ich nichts mehr tue?", hat mich anlässlich meiner Abschiedsfeier eine Kollegin gefragt. Sie wollte noch länger bleiben – ausschließlich deswegen, weil sie auf diese Frage keine Antwort für sich fand.

Für Staat, Kirchen, Gewerkschaften, Vereine, Verbände, Parteien, für den Sport ... sind Ehrenamtliche eine unerlässliche Menschengruppe. Sollten schlagartig alle Leistungen, die bisher von Menschen ohne Entgelt erbracht werden, angemessen honoriert werden, müssten alle oben genannten Gruppierungen sofort den Konkurs anmelden (der Staat müsste es ohnehin!).

„Das Ehrenamt" im engeren Sinne unterscheidet sich von „nur" kostenloser Arbeit durch einen offiziellen Auftrag, eine fest umrissene Position (für die Leute, die Probleme mit ihrer Repositionierung, mit ihrem Ausstieg aus dem Beruf und der darauf folgenden Funktionslosigkeit haben!!) und in der Regel einen klar definierten Auftrag, der z.B. in der Satzung eines Vereins schriftlich niedergelegt ist. Die Aufgaben des Funktionsträgers sind scharf umrissen (z.B. Vorstandsvorsitzender, Beisitzer, Kassenwart ...), um Konflikte zu vermeiden und die Gruppierung effektiv und reibungslos funktionieren zu lassen.

Mit dieser Art Ehrenamt bindet man sich für mehrere Jahre (Wahlperiode), weil eine kontinuierliche Arbeit sonst nicht möglich wäre. Man wird aber nicht erschossen, wenn man dennoch eher aufhören möchte.

Das Ehrenamt ist jahrzehntelang schlecht geredet worden: „Viel Amt und wenig Ehre" ... Aber kein Sozialwesen ist überlebensfähig ohne Einsatz von Ehrenamtlichen, vor allem aber keine Demokratie! Ehrenamtliche haben aufgrund ihrer Unabhängigkeit (sie verdienen ja kein Geld, das man ihnen streichen könnte!) vielfältigste Möglichkeiten der Ausgestaltung ihrer Aufgaben. Ehrenamt macht Spaß, weil man frei ist in seinem Tun. Ehrenamt bietet ein hohes Maß an Sozialkontakten, die sich bei Sympathie und ähnlichen Interessen manchmal auch ins Private ausweiten lassen. Ehrenamtliche haben kaum

Zeit für Langeweile oder depressive Verstimmungen – sie werden einfach gebraucht! Ehrenamtliches Arbeiten ist zunehmend wichtig im Zeitalter leerer Kassen und von daher anerkannt und geschätzt. Ehrenamt bietet – wenn die Institutionen es richtig machen – Fortbildungen für die jeweils speziellen Aufgaben, so dass man noch sein Können und Wissen erweitern kann.

Ehrenamtliche Arbeit bedeutet möglicherweise aber auch, Macht zu haben. Was im mittleren Alter für viele von uns die Elternvertretungen an den Schulen bis hoch zur Bundesebene waren, sind im Seniorenalter kommunale Vertretungen, Alten-/Seniorenbeiräte, Stadtteilbeiräte für die Belange der älteren Generation und Ähnliches. Bei guter und kompetenter Arbeit, bei der der Altersstarrsinn zu Hause gelassen wurde, und bei guten Kontakten zur Presse, kann eine ganze Menge erreicht werden. In diesen Zusammenhang passt die Aussage des irischen Schriftstellers George Bernard Shaw: „Alte Leute sind gefährlich, denn sie haben keine Angst vor der Zukunft." Ich würde das noch ergänzen: ...und alte Leute können mutig und unkonventionell in ihren Vorschlägen, ihrem Tun und ihren Entscheidungen sein, weil sie keine Angst mehr vor unmittelbaren negativen Folgen haben müssen. Selbst wer den Sozialdezernenten oder den Oberbürgermeister für ihre jeweilige Altenpolitik rügt, bekommt seine monatliche Rente aufs Konto.

Ein Motiv, sich engagiert dem Ehrenamt zu widmen, lese ich nicht nur aus den (Negativ-)Zeilen von Janusz Korczak, sondern ebenso aus der Aufforderung von Simone de Beauvoir, die das Ich mit seinen Erfordernissen anspricht.

„Wollen wir vermeiden, dass das Alter zu einer spöttischen Parodie unserer früheren Existenz wird, so gibt es nur eine einzige Lösung, nämlich weiterhin Ziele zu verfolgen, die unserem Leben einen Sinn verleihen: das hingebungsvolle Tätigsein für Einzelne, für Gruppen oder für eine Sache, Sozialarbeit, politische, geistige oder schöpferische Arbeit.

Im Gegensatz zu den Empfehlungen der Moralisten muss man sich wünschen, auch im hohen Alter noch starke Leidenschaften zu haben, die es uns ersparen, dass wir uns nur mit uns selbst beschäftigen …"

(Simone de Beauvoir)

… Mit Leidenschaften kann durchaus auch die Seniorenpolitik gemeint sein!

Wer noch keine Erfahrungen mit Ehrenämtern hat, kann sich beraten lassen oder nur „schnuppern" in einem der vielen „Freiwilligen-Zentren", die es in den meisten Städten gibt. Dort finden Anbieter und Suchende zueinander.

Die Reisegefährten

… des Sommers sind selten diejenigen, die uns auch im Herbst und Winter begleiten.

Als ich vor kurzem eine gleichaltrige Bekannte traf, klagte sie, dass sie in den ersten acht Monaten des Jahres gemeinsam mit ihrem Mann auf mehr Beerdigungen als Geburtstagen war. „Und alle in unserem Alter“, sagte sie.

Mit dem üblichen Spott, der Gefühle gerne klein redet, betrachten wir alle die Verluste: „Die Einschläge kommen näher!“ Und dann gucken wir uns an und überlegen, was sie für uns selber und für unsere Zukunft bedeuten.

In den zwei Jahren rund um meine Pensionierung sind aus meinem weiteren Bekanntenkreis 11 Menschen meiner Generation gestorben – alle zwischen 54 und 63 Jahre alt. Jedes Mal riss der Tod ein kleines Loch, wenngleich (noch) niemand dabei war, der eine tiefe Trauer bei mir ausgelöst hätte. Aber ich lasse meine guten Freunde Revue passieren in Gedanken und überlege, was ihr Tod für mich bedeuten würde …

Es ist nicht einfach, langjährige Freundschaften über so einschneidende Lebensgrenzen hinüberzuretten.

Kommen sie mit? Bleiben sie zurück? Gehen sie auf ganz anderen Wegen? Orientieren sie sich an alten Partnerschaften? Finden sie Menschen, die besser in ihre Lebenssituation zu passen scheinen als ich? Bleibe ich auf der Stecke? Kann ich in Zukunft noch mithalten – gesundheitlich, aktiv, finanziell? Habe ich noch attraktive Angebote zu machen oder werde ich um meiner selbst willen im Freundeskreis behalten? …

Ein alter Freund verreist und verabschiedet sich. „Schickst du mir eine schöne Karte?", frage ich, so wie ich ihn seit 15 Jahren frage. „Nee du", antwortet er, „mit Karten ist vorbei. Wenn du online wärst, würde ich dir mal schreiben, aber so ..."

Ich war gekränkt und ich habe gedacht: Können wir uns in unserem Alter und in unserem Status solche Ablehnungen noch leisten? Können wir alte Freundschaften aufs Spiel setzen, bloß weil wir als Menschen mit moderner Technik weit erhaben sind über so etwas popelig-liebevolles wie ein buntes Kärtchen? Falle ich aus dem Freundeskreis, weil man mich nicht so eben mal auf die Schnelle erreichen kann? Ich bin also nicht mehr „in" und das reicht für alte (!) Gefährten, mich aus dem Verteiler zu streichen.

Wenn bei der Verrentung der Kollegenkreis wegfällt – und er fällt auf die Dauer weg, wenn einer geht und die anderen bleiben –, so bricht ein nicht unerheblicher Teil unserer täglichen Interaktion weg. Auch wenn es keine tiefergehenden Freundschaften und keine tiefgehenden Gespräche waren – das Grundbedürfnis nach Zugehörigkeit, nach Kommunikation und nach Gebrauchtwerden wurde befriedigt. Miteinander lachen, schimpfen, sich über die Familie austauschen und umeinander wissen – all das macht im Alltag neben der Arbeit einen Großteil der Interaktion Berufstätiger aus. Alleinstehenden, die abends in eine leere Wohnung kommen, reicht sie schon – oder muss reichen. Dieses Standbein des menschlichen Miteinanders bricht nun weg.

Neben dem „harten Kern" an langjährigen Freundschaften, festen Partnerschaften und Ehegefährten bleibt die Notwendigkeit, Zeit und Ressourcen zu nutzen, um neue Menschen zu „finden" ... auch wenn sie kaum jemals die vertrauten alten Freunde ersetzen können, mit denen man das halbe Leben geteilt hat.

Wie sehr sich Verbindungen vertiefen oder lösen, wie sehr sie sich von alleine umgestalten oder aktiv umgestaltet werden müssen, zeigen die anschließenden Geschichten von Menschen rund um den Grenzübertritt.

Die Karten werden neu gemischt ... in der Ehe

Ob man die Physik bemüht oder die höhere Mathematik, die systemische Psychologie oder die Chaostheorie – sie alle wissen: Wird in einem bestehenden System auch nur ein winzig kleiner Baustein verändert oder herausgenommen, verändert sich das Gesamt dramatisch.
Wenn das schon bei kleinen harmlosen Zahlen so ist, wie soll es dann bei einer lebenslangen, großen, umfassenden Einheit wie der Ehe anders sein? Einer oder beide treten in eine Lebensphase ein, für die beide keinerlei Vorerfahrungen besitzen, und prompt liegt kein Stein mehr auf dem anderen!

Bisher war alles festgefügt. Jede(r) stand am angestammten Platz, kannte seine Rolle und füllte die vereinbarten Aufgaben aus. Die Positionen waren klar – selbst im Falle harter Streitereien hatte jeder Beteiligte nach so langer Zeit seine Stichwörter, seine Vorwürfe, Formulierungen und Antworten parat. So was nennt man „ein eingespieltes Team". Bestimmte Dinge nimmt man und frau gelassen oder resigniert hin, bestimmten Themen geht man aus dem Wege. Man weiß, was man in welchen Zeiten und zu welchen Ereignissen voneinander zu erwarten hat.

Und dann – eines schönen und oft herbeigesehnten Tages – bleibt einer zu Hause, muss nicht mehr aufstehen, *muss* gar nichts mehr und darf nur noch wollen.

Er ist dauerpräsent, muffelig oder über die (bisherigen) Maßen kontaktfreudig und anlehnungsbedürftig. Er will in Ruhe gelassen oder vollbeschäftigt werden. Er ist aufgekratzt oder deprimiert, hyperaktiv oder völlig abgeschlafft ... auf alle Fälle nicht mehr Derselbe. Eine neue Ära hebt an!

Diese Situation wäre dem völligen Neubeginn bei Eheschließung vergleichbar – wenn es nicht häufig ein Neubeginn unter anderen Vorzeichen wäre ... wir wollen zusammen leben, unsere Aufgaben gemeinsam meistern, das Leben gestalten ... wenn da nicht die Trägheit wäre, die Abgenutztheit der Beziehung, die Resignation und beschwerliche Alterungsprozesse, von all denen es Jahrzehnte zuvor eben noch nichts gab.

Die Vorfreude ist bei vielen Ehepartnern groß: Wenn du erst mal in Rente bist, wenn ich endlich aufhören kann, dann … Dann kommen die Pläne und Wünsche, die Aufzählungen mehr oder weniger realistischer Vorstellungen, was dann sein wird, wenn es erst mal so weit ist. Gelegentlich mischen sich Bedenken hinein – vor allem bei den Ehepartnern, die ihrer eigenen Ehe mit einigem Abstand gegenüberstehen und die Zeit der Illusionen längst hinter sich gelassen haben. Vielfach aber scheint es an *konkreten Absprachen* zu mangeln: Planen wir das Gleiche? Haben wir ähnliche Vorstellungen vom Alltag? Wie werden unsere Kompromisse aussehen können? Will der eine endlich fliegen und der andere endlich auf dem Boden bleiben dürfen? Meinen wir beide dasselbe, wenn wir von der Freude am Nichtstun sprechen?

Gemeinsam leben sie auf den Tag X wie auf das gelobte Land hin … und dann ist alles ganz anders, weil jeder ein anderes Land meinte.

Bei dieser (Ent-)Täuschung kann dann auch alles Alte, Vertraute, längst Selbstverständliche den Bach hinuntergehen. Jetzt scheint *alles* vorbei, *alles* Illusion, *alles* nur noch fragwürdig. Gemeinsame Jahrzehnte entpuppen sich – scheinbar oder tatsächlich? – als Fehlinterpretationen.

„Die Ehe ist ein lebenslanges Gespräch“, pflegte meine Mutter stets zu sagen, wenn ich mich mal wieder kritisch über diese Institution äußerte und fragte, wie man so etwas nur überhaupt und dann noch so lange aushalten könne.

Wie wahr! Wer nie miteinander sprach, sondern immer nur redete, wo es nicht dauerhaft zum Austausch kam, sondern nur die Tagesaktualitäten ausgetauscht wurden, um einen reibungslosen Ablauf zu gewährleisten, steht im Falle der massiven Veränderungen, wie es der Beginn des Rentnerlebens ist, mit leeren Händen da.

Es scheint tatsächlich Ehen zu geben, die sehr wohl „funktionierten“, in denen aber einer vom anderen kaum wusste, die Träume nicht kannte, die Sehnsüchte, die Wünsche. Das sind Ehen, in denen die Frau auch nach 20 Jahren zu Weihnachten noch einen Satz Teflon-Pfannen bekommt, weil der Mann nicht weiß, dass sie sich schon lange ein Theaterabonnement wünscht. Dafür bekommt er die gleiche Beziehungsqualität auf den Gabentisch: das übliche SOS (Socken, Oberhemd, Schlips), obwohl er davon reichlich hat und viel lieber einen Modellbausatz vom größten U-Boot aller Zeiten gehabt hätte.

Aber wenn schon Sigmund Freud völlig entnervt gefragt haben soll, was Frauen denn eigentlich wollten – wie soll es dann ein ganz herkömmlicher Wald- und Wiesen-Ehemann wissen?!

Der größte Einschnitt des Lebens ist vielleicht auch die größte Bewährungsprobe der Ehe. Packen wir es noch? Können wir uns beide noch einmal (oder erstmals?) voll aufeinander einstellen? Bekommen wir Harmonie im Alter zustande oder ist ein dauerhafter Waffenstillstand das Äußerste, was uns gelingen wird? Oder reicht es nicht einmal dazu auf die Dauer, weil die Jahre rennen und das Leben aus den Fingern rinnt … und sich keine Gemeinsamkeiten mehr am Horizont abzuzeichnen beginnen?

Gelegentlich vermelden die Massenmedien Neues aus der Welt der Ehe(scheidungs-)statistik. Wirklich neu ist die Mitteilung, dass auch Altehen noch vor dem Scheidungsrichter landen, nicht. Neu ist jedoch, dass ihre Zahl steigt und es nicht mehr nur die Ehemänner sind, die ihrem Johannestrieb unterliegen und mit einer schmucken Neufrau im Tochteralter unter Hinterlassung der alten Erstfrau in die letzte Lebensphase zu schlittern gedenken. Es sind mehr und mehr Frauen jenseits der Silberhochzeit, die ihre Freiheit begehren.

Als ich als Nichtbetroffene zum ersten Mal davon las, dachte ich: Wer es 30 Jahre lang miteinander ausgehalten hat, sollte es doch eigentlich auch noch die restlichen 10 schaffen. Wozu zum Ende hin noch so ein Stress?

Als ich jedoch für dieses Buch recherchierte und Einblicke in die Tiefen von Ehen nach Überreichung der Ruhestandsurkunde tat, wurden mir Hintergründe klarer – oder besser: Abgründe! Offenbar lernen sich manche Ehepartner erst richtig kennen, wenn einer oder beide nicht mehr ganztags außer Haus ist und das bisschen Freizeit sich auf die Bewältigung des Alltags konzentriert.

Es gibt, was Ehescheidungen anbelangt, drei statistische Spitzen: nach 3 bis 4 Ehejahren (früher war es das „verflixte siebente Jahr", das sich jetzt vorverlegt hat), nach etwa 18 bis 20 Jahren und zum Zeitpunkt des Rentenbeginns, wenn die Ehen normalerweise 30 bis 35 Jahre alt sind. Von allen Scheidungen machen letztere rund 10 Prozent aus – Tendenz steigend, Frauenanteil ebenso.

Unabhängig von Einzelfällen mit ihren Irrungen und Wirrungen gibt es grob strukturierte Erklärungen für diese Gipfel:

- Nach 3 bis 4 Jahren ist der Zauber der ersten Jahre vorbei. Er musste der Bewältigung des Alltags weichen. Die körperliche Anziehung lässt nach und Kind oder Kinder lassen weniger Raum für Partnerschaft. Wenn dann nicht gemeinsame Interessen und geistig-seelisches Wachstum hinzukommen, um die erotischen Lücken zu füllen, kann die Ehe schnell langweilig werden.

  Auch wenn sich herausstellt, dass der Mann sich nicht in ein Familienleben einfügen und seine Vater-Aufgaben übernehmen will, überlegt sich manche Mutter, ob sie ohne den zu bedienenden Mann nicht doch besser dastehen würde.
- Der mittlere Gipfel (von Ehebruch einmal abgesehen, denn der geschieht in Ehen jedes Alters) ist oft der Ausdruck der „midlife crisis": „Ich habe noch nichts vom Leben gehabt ...", „Das kann doch nicht alles gewesen sein ..." Der Anteil der Frauen ist hoch und es sind vielfach diejenigen, die gerne schon vor längerer Zeit „gegangen" wären und nur noch

darauf warteten, dass auch das letzte Kind einigermaßen flügge den Haushalt verlässt. Dann ist „lange genug ausgehalten“ und frau beginnt, sich ein eigenes Leben jenseits von Mann und Kind aufzubauen.

- Zum Ende des Lebens hin scheinen es vor allem die enttäuschten Erwartungen zu sein. Wer *ent*täuscht ist, hat sich zuvor *ge*täuscht! Endlich ein Leben zu zweit nach Jahrzehnten der beruflichen Inanspruchnahme ... endlich mal wieder Gemeinsamkeiten so wie früher beim Kennenlernen ... noch vor der Ehe ... noch ohne Kinder ... Und dann stellt sich plötzlich heraus, dass es nicht (nur) der anstrengende Beruf des Ehepartners war, die Karrierenotwendigkeiten, die langen Abwesenheiten durch Dienstreisen, Nachtschichten, Schichtdienst, das Hinterherjagen, wenn der Job gefährdet war. Kein gemeinsames Freizeitleben, keine gemeinsamen Hobbys, nichts an Interessen, die man teilen könnte, Freunde nur aus dem Berufsleben eines jeden getrennt und die Neugier auf die Kultur der Stadt sehr unterschiedlich ausgeprägt ... lassen den Eindruck entstehen, dass die Ehe nie wirklich lebendig war oder irgendwann unbemerkt eines stillen Todes starb. Die Ehe war kein „ewiges Gespräch“ und die Urlaubsstreitereien, die eigentlich ein Symptom für zunehmende Desolatheit gewesen wären, wurden abgetan als partiell und situativ.

Alle Schwachstellen wurden überdeckt und es wurde gehofft auf die „Zeit danach“, in der man endlich richtig zu leben beginnen würde.

Haben beide dann nichts (mehr) in Händen, womit sie ihren Partner aktivieren oder sogar begeistern können, kann eine späte Ehe- bzw. Partnerberatung durchaus Wunder wirken – auch wenn es als äußerst peinlich erlebt wird, dass man sich auf seine alten Tage noch einmal in die Hände meist sehr viel jüngerer Fachkräfte begeben muss.

Hat einer von beiden die gemeinsame Ehe aber schon längst geistig-seelisch verlassen und ist nur noch körperlich und organisatorisch anwesend, hat er sich schon längst ein anderes, ein Parallel-Leben aufgebaut und den anderen weit hinter sich zurückgelassen, kann es sehr viel schwieriger werden. Ausschlaggebend für eine „Heilung", für einen Neubeginn sind der feste Wille beider und die Bereitschaft, sich auf das „Abenteuer gemeinsam Altern" einzulassen. Dass das in Arbeit an sich selber ausarten kann, wird jede(r) schnell merken. Es ist die Frage, wie viel der Einzelne zu investieren bereit ist, wie viel Hoffnung er auf das Gelingen dieses sehr privaten Projektes hat ... und wie weit die verbleibende Lebenszeit mit Gelassenheit und ohne Panik (ich verpasse das Leben) angegangen wird.

Einige „Fälle" und Problemkonstellationen habe ich in Gesprächen eingefangen.

Das wohl drastischste und folgenschwerste Beispiel erfuhr ich vom Ehepaar Kurth, das „ausstieg", um im Alter gemeinsam glücklich zu sein, und das ein Scheitern erlebte, obwohl scheinbar alles „gestimmt" hatte.

„Irgendwas ist schief gelaufen"

Das Ehepaar Kurth ist „umgestiegen": deutsches Leben an spanischer Küste. Beide haben es so gewollt und geplant. 18 Jahre lang haben sie in dieser Region am Mittelmeer Urlaub gemacht – erst mit den zwei Kindern, später alleine. In den letzten Jahren konzentrierte sich ihre Anwesenheit mehr und mehr auf eine bestimmte Region. Als sie begannen, mit dem Gedanken an ein Senioren-Dasein im Süden zu spielen, suchten sie sich einen Ort aus, der in Grundstückspreisen, Infrastruktur und Menschenfreundlichkeit ihren Vorstellungen entsprach. Zwei Jahre vor der Verrentung des Ehemannes erstanden sie ein Baugrundstück, ein halbes Jahr zuvor begannen sie zu bauen.

In der Woche nachdem Herr Kurth seinen Abschied genommen hatte, stand der Möbelwagen vor der Tür. Frau Kurth hatte sortiert, gepackt, aufgelöst. Der Neubeginn sollte perfekt sein – eine Rückkehr ausgeschlossen.

Aus der Ferne, mit Neugier und Skepsis hatte ich diesen Prozess der Umorientierung beobachtet. Schon allein das Zuschauen fand ich außerordentlich stressig. Wie es sich anfühlte, eine 4-Zimmer-Familienwohnung nach fast 30 Jahren aufzulösen, hatte ich gerade selber ausprobiert mit dem Resümee, dass der nächste Umzug nur noch ins Grab erfolgen würde. Immerhin wechselte ich damals in vertrautes Terrain. Das Ehepaar Kurth hingegen baute in rund 2000 Kilometer Entfernung und führte so etwas Ähnliches wie eine Bauaufsicht per Ferngespräch in einer Sprache, die bisher nur für den touristischen Alltag gedacht gewesen war.

Irgendwie hatte ich all die Zeit das Gefühl, lieber nicht zu nah hinzusehen.

Zwei Jahre später hatte ich Gelegenheit, mit beiden Ehepartnern zu sprechen – getrennt! Die Einschätzungen der Situation hätten nicht verschiedener ausfallen können. Ein Ehepaar, das seit 38 Jahren verheiratet ist, gemeinsam plante und (eigentlich) wusste, worauf es sich einließ, lebt wie auf zwei unterschiedlichen Planeten.

Frau Kurth:
„Ich kann nicht sagen, dass ich mir alles anders vorgestellt hätte. Ich habe mir gar nichts vorgestellt, denn ich kannte ja alles. Ich kannte das Land, ich kannte das Dorf, ich kannte meinen Mann. Und ich habe mich auf alles gefreut! Ich wollte endlich einmal Zeit mit meinem Mann verbringen in einem Land, das ich so sehr liebte.

Wir sind jetzt seit etwas mehr als zwei Jahren dort. Wenn ich könnte, würde ich zurückgehen, aber wir haben ja alle Brücken hinter uns abgebrochen. Ich kann meinem Mann daraus keinen Vorwurf machen. Wir haben es beide gemeinsam so beschlossen. Wir haben unser Reihenhaus verkauft, um das Haus in Spanien so finanzieren zu können, dass wir nicht gleich mit einem Haufen Schulden anfangen. Wir haben lange genug abgestottert, das sollte ein Ende haben. Wir wollten an jedem Monatsanfang sehen, was wir zur Verfügung haben.

Und es schien uns ja auch logisch: wir ziehen um auf unsern Altersruhesitz, was brauchen wir da noch irgendwo eine Wohnung, die leer steht und Geld frisst?!

Worüber ich mir nie richtig Gedanken gemacht hatte, war der Alltag. Ich habe nicht gedacht, dass ein Alltag Probleme machen könnte. Ich habe *gar nicht* gedacht, sonst wäre es mir vielleicht früh genug eingefallen.

Zum einen wird mir erst jetzt klar, dass ich in unseren 38 Ehejahren nie Alltag mit meinem Mann erlebt habe. Ich war von vornherein Hausfrau und Mutter und er war der Berufstätige, der das Geld einbrachte. Mein Mann hat mit jeder Beförderung mehr gearbeitet, zuletzt waren es bestimmt an die 60 Stunden pro Woche. Ihm hat das keine Probleme bereitet, weil er gerne in seinem Beruf war. Und ich kannte es ja nicht anders. Es war alles eine langsame Entwicklung. Als die Kinder aus dem Haus gingen – ziemlich schnell nacheinander – trat zwar erst mal eine Lücke ein, aber die schloss sich ziemlich schnell, denn ich hatte so meine Grüppchen und Kränzchen und meine Arbeit im Haus und im Garten. In den letzten drei Jahren war ich dann auch sehr viel beschäftigt mit der Spanienplanung, mit dem Schriftverkehr und der ganzen Auflösung hier. Wir haben natürlich alles gemeinsam entschieden, aber ich hatte mit den ganzen Vorarbeiten den Löwenanteil. Mein Mann hätte das von seinem Dienst aus gar nicht machen können. Ich habe sozusagen die Vorlagen erarbeitet, er hat sie abends abgesegnet und dann ging es am nächsten Tag für mich weiter.

Das alles habe ich mit großer Vorfreude gemacht. Und heute frage ich mich, worauf ich mich eigentlich so gefreut habe. Was habe ich denn hier? Schön, es ist fast immer gutes Wetter. Es ist viel wärmer als in Norddeutschland – deswegen haben wir ja die ganze Sache gemacht. Aber die Hitze im Sommer geht mir manchmal ganz schön auf den Geist und auf den Kreislauf. Da liege ich drinnen im abgedunkelten Zimmer. Das war ja auch nicht der Sinn der Sache. Und im Winter ist es genauso trüb wie in Deutschland. Die Unterschiede liegen eigentlich nur im Frühjahr und Herbst – es wird eher warm und später kalt. Der Winter ist nicht so lang. Aber das hätten wir schließlich auch durch Reisen abfangen können: im März, April hierher und dann wieder im Oktober, November. Das wäre auf keinen Fall teurer gekommen und es wäre immer wieder neu und spannend gewesen. Wir hätten dann ja auch mal in ein anderes südliches Land fahren können, ein bisschen herumfahren und ausprobieren. Aber jetzt sitzen wir hier fest.

Zum einen haben wir fürs Reisen, so wie ich es mir vorstelle, nicht mehr genug Geld durch den Hausbau hier und zum anderen versteht mein Mann mich nicht. ‚Was willst du denn nun noch verreisen? Wohin denn? Glaubst du, in Italien oder in der Türkei hast du anderes Wetter? Wir sind doch hierher gekommen, weil du den ewigen Frühling wolltest!' Und er meint, nun solle ich den hier auch genießen und nicht nörgeln.

Aber das ist es ja nicht nur. Das Schlimmste ist, dass ich hier so isoliert bin. Mit meinem Mann gemeinsam im Süden alt werden, wollte ich. Und was macht mein Mann? Im ersten Jahr in Spanien hat er 12 bis 14 Stunden täglich auf dem Bau gearbeitet. So hat er es genannt. Aus Kostengründen haben wir nur den Rohbau erstellen lassen und den Innenausbau wollten wir dann selber machen. Nein, auch davon hatte ich keine Vorstellungen. Ich wusste nicht, was ein Rohbau wirklich ist, und war völlig geschockt, als wir mit dem vollgepackten Möbelwagen ankamen und vor rohen Wänden standen. Fenster und Türen waren drin und das Dach war drauf – das war aber auch alles. Und mein Mann war ganz fröhlich, sagte, dass das genau so vereinbart gewesen wäre und dass es jetzt ans Ärmelhochkrempeln ginge. Es war Mai und ich hatte von Veranda und Strand geträumt. Von einer Veranda war weit und breit nichts zu sehen, draußen war Bauschrott und Erdklumpen und Dreck und Matsch.

Und mein Mann? Den sah ich nicht mehr, den hörte ich nur noch. Er pfiff und sang und schliff und hämmerte und ab und zu setzte er sich ins Auto und verschwand für ein paar Stunden, ohne was zu sagen. Das gab den ersten Streit. Ich saß da mit dem Essen, das ich mühsam in der provisorischen Küche zusammengestellt hatte, und er war weg.

Er sah das nur sehr mühsam ein. Er musste mal eben hier hin und dort hin, Nägel und Schrauben und Leisten und alles Mögliche von gottweißwoher beschaffen und er war als Chef eben nicht gewöhnt sich abzumelden, wenn er außer Haus ging.

Für mich hat sich im Grunde nichts geändert – oder nein, es hat sich verschlechtert. Wie die 30 Jahre davor sitze ich zu Hause und warte mit dem Essen auf meinen Mann. Wir wollten ja gemeinsam im Haus arbeiten, aber ich verstehe nichts von diesen handwerklichen Arbeiten und mein Mann hatte keine Lust, mich anzulernen, dann könne er es alleine schneller und besser, meinte er. Das stimmt auch. Dann sollte ich ständig Handlangerdienste verrichten: geh mal eben, mach mal, halt mal fest, hol mir mal ... Ein paar Mal schickte er mich mit dem Wagen in die Kreisstadt. Da sollte ich im Baumarkt Geräte und Material kaufen. Das ging natürlich schief. Es war ein größeres Geschäft mit unfreundlicher Bedienung. Das war eine reine Männerdomäne und entsprechend war das Ergebnis. Ich wusste nur annähernd, was mein Mann wollte, mein Spanisch reichte nicht aus und umschreiben konnte ich es schon gar nicht. So brachte ich mehrmals was Falsches und mein Mann musste dann trotzdem los. Das gab dann den nächsten großen Krach.

Der ganze Ausbau dauerte über ein Jahr. Es war zum Verzweifeln. Immerfort Krach und Dreck. Immer nur Provisorien. Immerfort ein Hin- und Herräumen der Möbel, je nachdem, welches Zimmer gerade fertig wurde. Auch darüber konnten wir uns nicht einigen. Mein Mann hätte am liebsten ein halbes Jahr lang nur an seinem Bastelkeller gearbeitet und ich wollte als Erstes die Küche und eine vernünftige Gelegenheit, draußen zu sitzen.

Inzwischen ist das Haus fertig. Es ist alles sehr schön geworden. Mein Mann hat sich wirklich große Mühe gegeben. Man muss ja auch bedenken, dass er sein Leben lang nur im Büro gesessen hat und eigentlich von diesen handwerklichen Dingen nichts versteht. Sogar gefliest hat er selber – immer mit dem Buch in der Hand wie eine Hausfrau am Herd. Ich kann ihm meine Bewunderung nicht verwehren, aber so habe ich es alles nicht gewollt.

Seit einem halben Jahr macht er jetzt das Grundstück. Ihm macht das alles viel Freude und er kommt immer ganz aufgeräumt zu Tisch und erzählt von seinen Fortschritten. Ich darf auch mal was machen, aber er ist eben der Chef, der das Sagen hat. Da lasse ich ihn lieber alleine herumprokeln. Ich sage mir dann: Hauptsache, er ist glücklich. Schlimmer wäre es, wenn er herumsitzen würde und seiner Arbeit nachtrauern.

Mein Mann hat nun das, was er wollte. Und ich? Mein Problem ist ganz einfach meine Einsamkeit. Mein Mann ist nicht zu sprechen für mich. Ich versorge ihn mit Essen und Wäsche so wie früher, was er noch nie zur Kenntnis nahm. Aber früher hatte ich meine Kreise. Da machte es mir nichts aus, wenn mein Mann wenig Zeit hatte, ich kannte es ja nur so. Ich hatte ein richtiges „Kränzchen“ mit drei anderen Frauen, da haben wir einmal in der Woche Kaffee getrunken und geratscht und zwischendurch natürlich öfter telefoniert – einfach so. Dann hatte ich mit einer Freundin ein Theaterabonnement, aus dem sich auch noch allerlei andere Kontakte ergaben. Mit der Nachbarschaft war ich viel beschäftigt. Ich habe Kinder gehütet und Blumen gegossen und Katzen gefüttert und alles getan, was in einer guten Nachbarschaft anfällt. Dann hatte ich den kleinen Garten am Haus, der alleine meine Sache war. Mein Mann hat ihn nur abends zum Ausruhen genutzt und sich an den Blumen gefreut. Auf einmal ist jetzt sogar der Garten Chefsache. Ja, und ich hatte immer das Auto zur Verfügung. Mein Mann fuhr sehr günstig mit öffentlichen Verkehrsmitteln in sein Büro. Wenn ich nachgedacht hätte, hätte ich sicher gedacht, dass das alles so in Spanien weitergehen würde. Aber nichts ist! Der Wagen war während des Hausbaus für mich gesperrt – weil ja immer mal schnell was geholt werden musste und ich dafür nicht taugte. Den durfte ich also nicht blockieren, dann wäre ich schuld gewesen, dass nichts voranging. Und wo sollte ich auch hin? Alleine durch die Gegend bummeln?

Freundinnen habe ich hier keine. Die Leute sind nett zu mir, aber ich gehöre nicht hierher. Vielleicht wäre es etwas anderes, wenn man uns hier als Ehepaar wahrnehmen würde – aber ich trete ja nur solo auf. Wo soll ich hier auch Freundinnen finden? Zu Hause kannte ich sie alle über zehn oder zwanzig Jahre, zum Teil noch von der Schule her. Das war alles gewachsen, genauso wie die Nachbarschaft. Da waren wir uns alle über die Kinder näher gekommen. Wir waren eine junge Siedlung. Dann traf man sich im Kindergarten und im Schulelternrat und überall, wo man halt mit Kindern auftaucht. Da entsteht viel – und alle Kinder gingen dann auch ungefähr zur gleichen Zeit aus dem Haus. Da waren wir wieder in derselben Situation. Das verbindet doch!

Und hier? Wir wollten bewusst nicht in ein Deutschenghetto, sondern unter Einheimische. Wir wollten leben wie sie. Das können wir ja auch – *wie* sie, aber nicht *mit* ihnen. Da entsteht einfach nichts. Als Frau alleine kann ich hier nicht in andere Familien gehen. Zum Babysitten haben sie ihre eigenen Familienangehörigen und mein Spanisch ist natürlich auch nicht besonders. Ich kann es außer beim Einkaufen auch gar nicht üben.

Ich bin isoliert und frustriert und sehne mich in unsere alte Wohnung nach Deutschland zurück. Und jetzt ist es zu spät."

Frau Kurth weint.

Herr Kurth:
Ja, irgendwas ist schief gelaufen bei der ganzen Aktion. Ich weißt nicht, was. Ich zergrübele mir den Kopf beim ruhigen Arbeiten, aber ich komme nicht drauf. Vielleicht ging alles zu schnell?!

Mir tut es so Leid, dass es meiner Frau nicht gut geht mit unserem neuen Leben. Wir haben es uns doch so schön vorgestellt. Ich verstehe sie nicht. Ich höre ihr zu – immer wieder bekomme ich dieselben Vorwürfe zu hören –, aber ich verstehe sie nicht. Wir haben alles, wirklich alles zusammen überlegt und geplant und umgesetzt. Von der allerersten Idee, für den Rest unseres Lebens nach Spanien zu ziehen, über den Grundstückskauf, die Bauplanung bis zum Umzug. Nichts habe ich ohne ihre volle Zustimmung gemacht – und vieles hat sie doch auch ganz alleine entschieden.

Ich weiß nicht, wo der Wurm steckt. Es ging los bei unserer Ankunft. Natürlich war das Haus nicht fertig! Aber ich verstehe bis heute nicht, wieso meine Frau nicht wusste, was ein Rohbau ist! Ich war so unendlich froh, als wir ankamen und das Haus stand wirklich da. Ich weiß nicht, wie viele Freunde mich davor gewarnt hatten: ‚Wenn man baut, muss man mindestens dreimal täglich auf der Baustelle erscheinen und den Leuten auf die Finger gucken, sonst wird das alles nichts! Und dann im Ausland! Wer weiß, was du dort vorfindest – und dann ist das Geld alle und ihr steht da mit eurem Möbelwagen und könnt nur noch umkehren …'

Keiner dieser Kassandrarufe hatte sich bewahrheitet. Das Haus stand da, hatte ein dichtes Dach, sehr schöne Fenster und verschließbare Türen. Und es war Mai und sonnig und warm!

Besser hätte ich es mir in meinen kühnsten Träumen nicht vorstellen können. Genau so wollte ich es und genau so war es doch auch mit meiner Frau besprochen. Natürlich mussten wir uns am Anfang sehr behelfen. Wir hatten mit Absicht wenig Möbel mitgenommen. Wir wollten uns von diesem alten Plunder trennen nach bald 40 Jahren Familienleben. Da war kaum etwas von Wert dabei, manches bei Ehebeginn gebraucht angeschafft oder von den Eltern. Und wir wollten dann, wenn alles steht, vor Ort sehen, womit wir unser Heim noch schmücken können – ein paar einheimische Möbel, vielleicht etwas Altes vom Lande. Ich habe immer von einer großen alten Truhe geschwärmt. Es gibt doch so schöne Hölzer …

Aber bei meiner Frau brach alles zusammen. Ich weiß nicht, was sie sich vorgestellt hatte. Umgeben von blühenden Pflanzen unterm Sonnenschirm auf der Veranda sitzen – oder so. Ich habe sie schon so oft gefragt, aber das beantwortet sie mir nicht. Vielleicht sieht sie selber schon lange ein, dass der Irrtum bei ihr lag. Sie sagt ja manchmal, dass sie nicht nachgedacht hat.

Ich mache mir Vorwürfe, aber eigentlich weiß ich nicht, warum. In unseren Traum vom Altwerden im Süden hat sich viel Bitterkeit gemischt. Dabei schien mir alles so einfach. 15 Jahre, so haben wir immer gesagt, geben wir uns noch in alter Frische. Sie sollten so was wie ein Abenteuer werden – beginnend mit unserem Hausbau. Ich hätte das ganze Haus am liebsten selber gebaut mit meinen Händen, aber da hat dann doch der Verstand gesiegt. Aber wenigstens ausbauen wollte ich es. Ich wollte mal endlich etwas mit meinen Händen schaffen. Ich wollte abends sehen, was ich den ganzen Tag über gemacht habe. Ich wollte meinen Körper spüren, meinen Körper für etwas einsetzen, für etwas Schönes, das uns gehört.

Der Innenausbau und die Anlage des Gartens sollten ein Teil des Alters-Abenteuers sein, ein völliger Neubeginn in einer anderen Welt. Vielleicht habe ich gerade das meiner Frau nicht vermittelt. Sie hat nur das Provisorium gesehen und gemeint, die Kosten dafür hätten wir auch noch aufbringen können. Es war ein eklatantes Missverständnis – und dabei habe ich so oft davon gesprochen, wie sehr ich mich drauf freue, mal etwas selber gestalten zu können.

In den letzten zwölf Berufsjahren habe ich nur am Schreibtisch gesessen, geredet, telefoniert, konferiert. Zunehmend hatte ich abends das Gefühl: Was tust du eigentlich den ganzen Tag?

Was hast du geschafft, was hast du vorzuweisen? Ich war leer und alle und hatte doch nichts Wirkliches getan. So war auch die Idee mit dem Innenausbau entstanden. Ich war manchmal schon so ungeduldig, an diese Arbeit zu gehen, dass ich es kaum erwarten konnte. Und es sollte doch für uns sein – eine Wertschöpfung, aber auch eine Nestgestaltung.

Als wir damals heirateten, hatten wir beide Bausparverträge. Wir wollten etwas Eigenes. Als dann das erste Kind kam, war uns klar: wenn überhaupt, dann jetzt, denn wir hätten sowieso umziehen müssen. Und dann sind unsere Eltern eingestiegen. Wir bekamen von beiden einen ganz schönen Zuschuss, so dass wir das Wagnis eingehen konnten. Es war nicht mein Traumhaus. Es war nur eine Scheibe Haus – ein Stück Reihenhaus, recht hellhörig, 60er Jahre, nur das Notwendigste. Wir haben es irgendwie hergerichtet mit Hilfe des Schwiegervaters, aber dann mussten wir auch schnell einziehen. Gestaltet habe ich an diesem Haus nie etwas. Es war alles funktionell. Ab und zu eine Reparatur, eine neue Heizung, ein paar neue Fenster – mehr nicht. Für mehr hatte ich auch keine Zeit neben meiner Arbeit. Und wie will man auch alles umkrempeln, wenn die ganze Familie in allen Räumen haust?! Insofern habe ich dieses Haus auch ohne Bedauern verlassen. Es ging ja dem Neuen entgegen, dem neuen Lebensabschnitt, den wir ganz alleine gestalten wollten und ohne Zwänge. So hatte dieses Haus in Spanien für uns – oder wahrscheinlich nur für mich – einen hohen Symbolwert. Ich glaube heute, dass ich genau das meiner Frau nicht vermitteln konnte. Sie hat zu Haus und Garten vermutlich ein ganz anderes Verhältnis.

Jetzt sitzen wir fest – in jeder Beziehung. Ein Zurück gibt es nicht mehr, für mich nicht mehr. Ich habe hier gefunden, was ich mir erträumt hatte. Ein unfertiges Haus, ein unfertiger Garten sind für mich ein wesentlicher Teil meines Ruhestandes. Ich hatte nie die Absicht, nach Spanien zu ziehen und mich dort die restlichen Tage meines Lebens am Strand in die Sonne zu legen.

Wieso meine Frau keine Kontakte findet, ist mir schleierhaft. Sie war immer eine patente, zupackende Frau. Mir schien oft, dass viele Aktivitäten überhaupt erst von ihr ausgingen und sie die anderen mitzog. Manchmal hatte ich das Gefühl, sie schwimmt in ihren ganzen Frauengrüppchen wie ein Fisch im Wasser. Andere Menschen haben sie inspiriert. Ständig war Trubel um sie, den sie vor allem selber gemacht hat. Das hat unsere Ehe auch einfacher gemacht. Als die Kinder aus dem Haus gingen, hat sie nicht so gelitten wie viele Mütter aus unserem Bekanntenkreis. Sie hatte schon längst ihre eigenen Systeme aufgebaut. Aber warum hier nicht? Sie kann doch so charmant mit anderen Menschen umgehen. Sie geht auch auf andere zu und wartet nicht erst ab. Die Frauen in unserer Ortschaft beschäftigen sich doch schließlich auch mit irgendwas. Wieso nimmt sie nicht teil?

Inzwischen habe ich ja mehr Kontakte als sie – einfach durch meinen Hausbau und den Garten. Da frage ich mal hier, mal da um Rat – in Spanien ist doch manches Technische einfach anders und die Bestimmungen sowieso. Da ergibt sich vieles von ganz alleine. Aber inzwischen traue ich mich schon nicht mehr, eine Verabredung in einer Kneipe anzunehmen, weil meine Frau dann ihre Krise kriegt. Das sind Männerkneipen, da wäre es sehr ungeschickt, wenn sie da mitkäme. Und eigentlich sehe ich es auch gar nicht ein! Meine Frau war immer selbständig, hat weiß Gott was unternommen, ohne mich dabeizuhaben ... und jetzt auf einmal klettet sie sich an mich, bloß weil wir in einem anderen Land sind. Dabei sind wir in Spanien und nicht in Afghanistan!

Wie es weitergehen soll, weiß ich nicht. Ich vergrabe mich inzwischen in meinen Garten. Sie hat als Erstes ihre Veranda bekommen, obwohl die noch gar nicht dran gewesen wäre. Unsere Gespräche drehen sich nur im Kreis ... du hast doch gewusst, nein, ich habe nicht gewusst. Ich habe ihr mehrfach angeboten, dass sie für ein paar Wochen nach Deutschland fliegt. Das ist nicht so teuer und ich komme hier gut alleine zurecht. Aber das will sie auch nicht. Sie wüsste doch nicht, wohin dort.

Dabei kann sie ihre Freundinnen der Reihe nach besuchen und auch mal einen Abstecher zu den Kindern machen, die würden sich freuen. Nichts! Nichts, nichts, nichts. Sie kocht, kauft ein, sieht mir beim Arbeiten zu und weint. Das ist der Beginn unseres Paradieses!

Ein Jahr später…
… hatte ich noch einmal die Gelegenheit, mit dem Ehepaar Kurth zu sprechen. Die Situation hatte sich insgesamt beruhigt, aber beiden ging es nicht besonders gut. Sie lebten noch in Spanien – beide resigniert! Frau Kurth hatte sich „ins Unvermeidliche gefügt – mehr nicht". So drückte sie es selber aus. Und für Herrn Kurth waren damit seine Träume gestorben. Es hatte keinen *gemeinsamen* Neubeginn gegeben. Sein Abenteuer war vom ersten Tag an ausgebremst, seine Freude am Tätigsein, am Schaffen einer Behausung fürs Alter ganz nach dem eigenen Geschmack, sein Aufbruch in eine andere (Lebens-)Dimension war im Keim erstickt worden.

„Es ist, als hätte ein später Frost alles erfrieren lassen, was schon aus der Erde gekommen war. Alles, was dann noch kommt, hat nicht mehr die ursprüngliche Frische und Schönheit", sagte er.

Von außen und im Nachhinein wird deutlich, welche Bedingungen nicht „stimmten". Es gab eine unglückliche *Häufung* von Umständen, wie sie sich in (fast) jeder Partnerschaft finden lassen, die in die neue Lebensphase eintritt. Jedes Problem für sich alleine reicht schon aus, um eine Krise auszulösen – umso mehr noch die Häufung, die zu einer Potenzierung führte. Die problematischen Elemente waren:

- Eine jede Ehe – vor allem die konventionell geführte – muss bei Rentenbeginn neu definiert, neu gedacht, neu gestaltet werden. Es gibt kein „weiter so", auch wenn die Ehe 40 Jahre lang harmonisch verlief.

- Die Umstellung ging zu schnell. Alles Neue geschah auf einmal. Es gab keine langsames Hineinwachsen in die neue Situation.
- Mit dem Fortzug (mehr als 2000 km!) wurden alle gewachsenen Beziehungen gekappt. Die Chance, diese auf eine so weite Entfernung aufrechtzuerhalten, ist gering.
- Ob Ausland oder nicht: im Alter ist es schwieriger, Kontakte zu knüpfen, die dann zu tragfähigen Beziehungen werden. Das Sprachproblem, die andere Mentalität und das Gefühl, „nur Gast“ zu sein, kommen verstärkend hinzu.
- Herr Kurth hat seine Rolle schnell gefunden – er hatte *konkrete* Wünsche und Pläne, wie er seine Zeit verbringen wollte. Seine Frau „kam mit“ und fand für sich kein neues Lebensmodell so wie ihr Mann. Das machte es ihm leicht, den „Chef“ zu spielen – auch wenn er das ganz anders sah.
- Durch die Verrentung des Ehemannes hat sich zwangsläufig das gemeinschaftliche Leben der beiden ändern müssen. Durch die Radikallösung, einen kompletten „Neubeginn“, ist ein neues Gefüge entstanden, das von beiden so nicht gesehen wurde (werden konnte). So fehlte entsprechend die „richtige“ Antwort auf die Herausforderung „Abenteuer Altwerden im Süden“.

Alles in allem haben beide Partner alle Voraussetzungen geschaffen, die eine tiefgreifende Krise auslösen mussten.

Weit weniger dramatisch, aber immerhin aufwühlend stellt sich Utes Ehe nach der Pensionierung ihres Mannes dar, dessen Zukunft sie wenig zimperlich prophezeit:

„Mein Mann entwickelt sich…

langsam zum Kotzbrocken … Ja, lachen Sie nicht! Es ist wahr! Mein Mann war immer irgendwie schwierig – introvertiert, egoistisch, übelnehmerisch, schnell kränkbar. Und wenn ihm was nicht passte, machte er einfach die Schotten dicht und verzog sich. Auseinandersetzungen der üblichen Art habe ich mit ihm nie gehabt. Früher habe ich manchmal gedacht, wie froh kann ich sein, dass ich nicht so einen brüllenden Affen zu Hause habe. Was ich in meinen Frauengruppen manchmal gehört habe … diese Gewalt! Dann war ich immer dankbar, dass mir so ein Mann erspart geblieben ist. Heute weiß ich, dass das, was mein Mann macht, nur eine andere Form der Gewalt ist. Es ist Machtausübung der ganz feinen Art.

Mein Mann ist so ein ganz Leiser. Er spricht leise, er hebt nie die Stimme, er wird nie laut, er brüllt nicht, er schlägt nicht mit den Türen. Er lebt, als habe man ihn mal in Samt gewickelt. Er schleicht durch die Wohnung und ich habe mich schon tausendmal erschrocken, wenn er plötzlich neben mir auftauchte. Ich habe ihn dann vor Schreck angebrüllt, aber das hat nie etwas genutzt. Er hat immer nur gesagt: ‚Meine Liebe, warum denn so laut?' Mit den Kindern gab es deswegen sehr oft Ärger, weil die glaubten, er spioniere ihnen nach und will sie bei irgendwas ertappen. Im Prinzip würde das auch zu ihm passen. Er muss immer alles wissen und alles kontrollieren. Aber diese Schleicherei ist mehr und mehr zu einem Lebensmuster geworden.

Nun ist mein Mann seit vier Monaten im Ruhestand und ich glaube, ich werde noch wahnsinnig. Er hat termingerecht aufgehört, so dass ich mich darauf vorbereiten konnte. Ich habe keine Illusionen gehabt. Ein paar mehr Gemeinsamkeiten, ein paar Unternehmungen, das gemeinsame Leben mehr teilen oder eben anders aufteilen. Mehr nicht.

Mein Mann war Religionslehrer an einer Konfessionsschule und ich war vor unserer Heirat Erzieherin. Ich habe eine ganze Zeit im Kindergarten gearbeitet. Wir haben uns in der kirchlichen Jugendarbeit kennen gelernt. Mein Mann war immer der Ruhigere und ich die Temperamentvolle. Als unsere Tochter geboren wurde, habe ich aufgehört zu arbeiten, das war für uns ganz selbstverständlich. Wir stammen beide aus sehr konservativen Familien mit mehreren Kindern, in denen die Mütter gar nicht auf die Idee gekommen wären, außer Haus zu arbeiten. Das wäre auch gar nicht gegangen. Wir hatten beide das Glück, dass unsere Väter heil aus dem Krieg zurückgekommen sind und gleich in ihre alten Berufe zurück konnten.

Ja, wir waren so eine richtige klassische Durchschnittsfamilie: Vater, Mutter, Tochter und Sohn. Der Mann verdient das Geld, die Frau versorgt Haushalt und Kinder. Als die Kinder aus dem Haus gingen, sind wir in eine kleinere Wohnung gezogen und ich habe mich sehr viel stärker als zuvor in unserer Kirchengemeinde engagiert. Ich habe zwei unterschiedliche Frauengruppen geleitet und habe mit ausländischen Kindern gearbeitet – so eine Mischung aus Hausaufgabenhilfe, Deutschunterricht und Freizeitgestaltung. Das ging über viele Jahre so – es kamen immer neue Kinder nach und ältere gingen. Ich fand das sehr erfüllend. Ich hatte kurz überlegt, ob ich wieder richtig in den Beruf zurückkehre, aber ich wollte mich nicht so fest binden, nicht so viele Stunden und nicht mit einer jüngeren Chefin, die mir sagt, wo es lang geht in der Erziehung. Finanziell brauchten wir es auch nicht, wir haben immer bescheiden gelebt.

Und jetzt? Mein Mann hat überhaupt nicht die Absicht, irgendetwas an *seinem* Leben zu ändern. Er ist der Pascha, er lässt sich bedienen, er schleicht durch die Wohnung und ständig ist er weg. Wir leben genau so weiter wie in den vergangenen 33 Jahren! Wenn ich sage, er könne mal im Haushalt was anfassen, sieht er mich lange strafend an und verlässt wortlos den Raum. Wenn er im Wohnzimmer sitzt, geschieht dort, was *er* will. *Seine* Musik, *seine* Fernsehsendung, *sein* Klaviergeklimper. Und wenn er mal keine Geräusche macht, dann habe ich auch ruhig zu sein. Als ich aufgemuckt habe, hat er ganz sanft gesagt: ‚Du hast das Wohnzimmer doch immer ganz alleine für dich, wenn ich nicht da bin. Da kannst du doch machen, was du willst!' Das war derselbe Spruch, den ich während seiner Berufstätigkeit ein paar Dutzend Male gehört habe. Irgendwie habe ich das früher alles mehr eingesehen und weggesteckt. Er war der Ernährer, er brachte das Geld nach Hause, von dem wir alle lebten. Auf ihn wurde selbstverständlich Rücksicht genommen, wenn er kaputt aus der Schule kam. Nein, eigentlich war er nie kaputt. Mein Mann war immer gleich. Keine Höhen, keine Tiefen, keine Bewegung, keine Ermüdung, kein waches Lebendigsein.

Aber mir war schon klar, dass er in seinem Alltag mehr gestresst ist als ich. Ich konnte immer mal Pausen einlegen und ich brauchte auch nicht so nach der Uhr zu leben wie er. Obwohl – wenn es nach einer Uhr ging, dann nach seiner. So ist das heute noch. Ich nenne Ihnen nur mal ein Beispiel: Ich kannte natürlich den Stundenplan meines Mannes und wusste, wann er nach Hause kam und wann er wieder ging. Sie hatten dort viele Konferenzen – sagte er jedenfalls immer – und er verbrachte viel freie Zeit in der Schule. Ich habe immer schon geglaubt, dass er sich nur der Verantwortung für das Familienleben entziehen wollte. Er sagte dann also immer: ‚Heute gehe ich um 19 Uhr.' Mehr nicht. Brauchte er auch nicht, denn ich funktionierte. Es war alles eingespielt. Wenn der Mann um 19 Uhr geht und spät nach Hause kommt, dann ist klar – eine Stunde vorher steht das Abendessen auf dem Tisch.

Natürlich hat er sich nie an den Vorbereitungen beteiligt. Er kam noch nicht mal von alleine. Er wollte geholt und gebeten werden. Wenn die Kinder oder ich früher einfach riefen: ‚Papa, Abendessen!', dann überhörte er es und sagte später: ‚So wollen wir doch nicht miteinander umgehen. Diese paar Schritte sind doch sicher nicht zu viel verlangt.'

Ja, und genau das setzt er jetzt fort. Er hockt stundenlang in seinem Arbeitszimmer und lässt sich bitten. Ich habe schon zweimal versucht, diese fiese Taktik zu ändern. Ich habe gesagt: ‚Heute mache ich kein Abendessen. Ich habe keine Lust.' Er hat mich sehr lange prüfend angesehen, als wäre ich seine unartige Schülerin, und hat dann in seiner aufreizend sanften Art gesagt: ‚Ist recht, meine Liebe!' Ich hätte ihm ein paar scheuern mögen. Und glauben Sie ja nicht, dass *er* etwas hergerichtet hätte. Es gab eben *nichts!* Er ist dann hungrig aus dem Haus gegangen und ich hatte eine Mischung von Schuldgefühlen und einer höllischen Wut im Bauch. Das Abendessen, das ich mir dann gerichtet habe, ist mir natürlich nicht bekommen. Klar.

Mein Mann ist auch nicht der Typ, der sich sagt: ‚Na, dann eben nicht, dann gehe ich an die nächste Pommesbude.' Er leidet dann lieber Hunger. Mein Sohn hat mal zu ihm gesagt: ‚Aus dir würde ein guter Märtyrer werden. Du verfügst über alle Zutaten.'

Als mein Mann vier Wochen im Ruhestand war, habe ich gesagt: ‚Du brauchst doch jetzt kein Arbeitszimmer mehr. Du musst nichts mehr vorbereiten und auch keine Hefte mehr korrigieren.' Er hat mich etwas aufgeschreckt angesehen und gefragt, ob wir denn schon wieder umziehen sollten. Nein, habe ich gesagt, diese 3-Zimmer-Wohnung sei ganz ideal für uns: Wohnzimmer für uns beide zusammen und wenn Besuch kommt … ja, und dann eben für jeden ein eigenes Zimmer: er eins, ich eins. Dann könne jeder seinen Tagesrhythmus leben und ich hätte endlich, endlich, endlich mal ein Reich für mich alleine. Ich habe nie im Leben eins gehabt. Woraufhin mein Mann dann meinte, dann sei ich es doch so gewohnt, warum ich denn was ändern wolle. Ja, und dann hat er tagelang nicht mehr mit mir gesprochen, schlich wie ein Geist durch die Wohnung und nahm übel. Mein Mann hat eine unglaubliche Fähigkeit: Er kann wie auf Knopfdruck zusammenschrumpfen und weniger werden. Er wird dann blass, seine Schultern hängen und aus seinem Gesicht spricht alles Leid der Welt. Als die Kinder größer waren, haben sie sich darüber immer lustig gemacht: ‚Papa leidet wieder ganz schrecklich!' Und ich bin von Jahr zu Jahr darüber wütender geworden. Ich habe mich immer erpresst gefühlt.

Mit dieser Zimmerfrage werde ich nicht locker lassen und ich lasse mich auch nicht mehr von seiner perfekten Schauspielerei einwickeln. Dann leidet er eben mal! Fertig!

Aber eine andere Sache beschäftigt mich jetzt viel mehr: Mein Mann hat sich ohne mein Wissen in den Kirchenvorstand wählen lassen. Ich habe es nur von dritter Seite gehört. Daraufhin habe ich mich entschlossen, zu Beginn der nächsten großen Ferien meine gesamten Tätigkeiten in der Gemeinde zu beenden. Ich habe es schon angekündigt, damit sie für mich eine oder mehrere Nachfolgerinnen suchen können. Bei uns in der Gemeinde ist es so, dass die Männer im Vorstand sitzen und bestimmen und die Frauen die Arbeit machen. Ganz wie daheim. Und ich habe keine Lust, dass mir irgendwann mal gesagt wird – natürlich nicht von meinem Mann –, der Vorstand habe beschlossen, die Hausaufgabenhilfe einzustellen oder so was. Das ist der Grund, weswegen ich dort Schluss mache. Ich habe natürlich gesagt, ich würde in Rente gehen, genau wie mein Mann, damit wir mehr Zeit füreinander haben. Das fand auch Beifall. Das ist ja dieses verdammte Frauenbild.

Zunächst war ich wirklich ratlos, aber so langsam denke ich, dass sich mir mit dieser emotionalen Entscheidung ein völlig neuer Spielraum auftut. Das alles habe ich viele, viele Jahre gemacht, gerne gemacht … und es könnte auch noch so weitergehen. Aber vielleicht ist das jetzt meine Chance, mal was völlig anderes in mein Leben hineinzunehmen, woran ich noch nie gedacht hatte. Etwas ganz außerhalb vom Dunstkreis meines Mannes. Mit meiner vielen ehrenamtlichen Arbeit habe ich mir bestimmt einen Platz im Himmel erworben – und wenn nicht, kommt auch keiner mehr.

Ich bin jetzt 60, mein Mann 62. Wir sind beide gesund und wenn nicht einer von uns vor ein Auto läuft, dann haben wir noch 15 bis 20 Jahre. Und ganz ehrlich – die sollen wirklich ganz, ganz anders aussehen für mich als die 60 vorangegangenen. Als kürzlich eine Kollegin meines Mannes zu mir sagte, er sei doch so sensibel und ob ich meinte, ich würde die rechte Art haben, mit ihm umzugehen, habe ich ohne Nachdenken geantwortet: ‚Also wenn Sie wollen, können Sie ihn gerne haben!‘ Die war vielleicht schockiert!! Aber wenn ich darüber nachdenke ... Ist das nicht irre? Mein Mann gibt seinen Beruf auf und für ihn ändert sich nichts. Und ich bleibe die alte Hausfrau und für mich ändert sich alles!“

So oder ähnlich habe ich es bei manchen Frauen erlebt oder gehört: Beim Manne ändert sich alles und nichts und bei der Frau ändert sich nichts und doch alles!

Diese Konstellation ist vor allem in Ehen mit der klassischen Rollenverteilung anzutreffen. Der Mann bestreitet sein Leben in der feindlichen Außenwelt und bringt die Beute heim und die Frau gebiert, hütet den Nachwuchs ebenso wie die Feuerstelle und zerlegt das von ihm erlegte Wild.

So könnte das Leben auch nach dem Fortgang der Kinder und nach der Verrentung des Mannes weitergehen, wenn nicht plötzlich die Frau Ansprüche stellen würde! Auf einmal – nachdem 33 Jahre alles so gut geklappt hat – will sie in eheliches und sonstiges Neuland aufbrechen. Sie hat Pläne mit ihrem Mann, sie freut sich auf Gemeinsames ... wenngleich sie sich keinen Illusionen hinzugeben versucht. Eheleute dieses Lebensmusters haben eine tragende Gemeinsamkeit: Er lebt sein Leben und sie lebt sein Leben und deswegen geht alles so lange gut. Aber dann brechen harte Zeiten an. Er will weiterhin sein Leben leben (zumal sie ja beide auch von seiner Rente leben!) und sie will etwas Neues, von dem er nichts ahnt und auf das er sich auch nicht einmal ansatzweise einzulassen gedenkt. Entsprechende Verhandlungen und Auseinandersetzungen können endlos werden – und wenn sie mit Verbissenheit geführt werden, dann auch quälend und den Lebensabend vergällend.

Als Gustav in Rente ging, arbeitete seine Frau noch. Ihren Horrorschilderungen über Ruhestandsmänner begegnete er mit einem schlitzohrigen Unternehmen. Er löste damit einiges an Vorwürfen und Unverständnis aus – aber für mich als Außenstehende macht diese hübsche Ehegeschichte eher den Eindruck, als ob es auf alle Fälle zu Disharmonien gekommen wäre – gleichgültig, mit welchen Ideen Gustav aufgewartet hätte. Es lag sozusagen „im System" der Umbruchzeit.

Plumps oder Chemie?

Gustav ging am 1. Juli in Rente und im Herbst brach die große Ehekrise aus. Gustavs Frau Anke hatte am Ende des Gartens etwas entdeckt: Gustav hatte sich dort eine komfortable Gartenbude, eher schon ein Sommerhäuschen, gebaut.

Anke war außer sich. Sie hatte nichts gemerkt. Sie war den ganzen Tag im Büro und erledigte anschließend noch Einkäufe und Behördengänge. In diesen abgelegenen Teil des Gartens kam sie eigentlich nie, zumal dort seit vielen Jahren nur noch Dickicht wucherte. Und nun hatte sie es auf der Suche nach ihrem Ehegespons dorthin verschlagen. Fassungslos stand sie vor der neuen, schmucken, teuer aussehenden Immobilie ... und davor ihr Mann mit einem verlegenen Grinsen. Später meinte sie, er müsse ganz erleichtert gewesen sein, dass sie das Haus von alleine fand und er ihr nichts bei Tisch zu „gestehen" brauchte. Aber erst mal herrschte Fassungslosigkeit! Wie er dazu käme, ohne dies mit ihr zu besprechen? Woher er das Geld habe? Wer Mitwisser und Mittäter sei – denn so was könne er doch nicht alleine gestemmt haben! Was er damit zu tun gedenke ... kurzum: was das Ganze solle, schließlich hätten sie vorne im Garten ein Haus für sich ganz alleine, seit die Kinder ausgezogen seien.

Gustav gab bereitwillig alle Auskünfte. Nur die Geldquelle hielt er ein bisschen im Nebulösen. Und was das solle? Er habe sich ein kleines Refugium geschaffen und sie solle darüber doch ganz froh sein. Oder sei sie es etwa nicht?

Über diesen Stand der Diskussion informierte Anke mich des Langen und Breiten in vorwurfsvoll-anklagendem Tonfall. Sie konnte es nicht glauben, nicht fassen, nicht akzeptieren ... sie tat so, als habe ihr Mann für sich alleine eine Unterkunft auf Tahiti gebaut und sitze auf gepackten Koffern, ohne sie mitnehmen zu wollen.

Kurz darauf treffe ich den armen Gustav im Baumarkt. Kommt es mir nach den obigen Informationen nur so vor oder sieht er wirklich etwas geistig verwirrt aus? Er gesteht seine Irritationen. Er überlegt, ob er sich für sein Refugium eine Chemietoilette kauft oder „ein Plumpsklo so wie früher bei uns zu Hause" baut ... oder ob er das Ganze sein lässt. Ich verstehe nicht das Schwerwiegende dieser Klo-Entscheidung – und siehe da: es geht auch gar nicht um Plumps oder Chemie, sondern um Anke!

„Wenn ich mir dort hinten jetzt auch noch eine Toilette einbaue, damit ich nicht bei Wind und Wetter nach vorne ins Haus muss, dann rastet meine Frau doch endgültig aus! Sie tut doch ohnehin schon so, als hätte ich sie klammheimlich verlassen. Dabei bin ich gerade mal 35 Meter vom Haus entfernt – sozusagen in Zuruf-Nähe. Ich verstehe das Ganze überhaupt nicht. Natürlich hätte ich ihr von dem Gartenhäuschen erzählen können oder müssen. Aber ich habe es nun mal nicht getan. Ich wollte es einfach so – und sie hätte doch nur gezetert und mir den ganzen Spaß verdorben. Ich weiß gar nicht, wieso es seit Wochen eine solche Aufregung gibt. Letztlich hat sie jetzt alles, was sie immer wollte: Meine Freunde räuchern ihr nicht mehr ihre Gardinen voll, wenn sie zu Besuch sind. Die Bierränder auf der Glasplatte braucht sie auch nicht mehr abzuwischen, wenn wir mal zusammengesessen haben. Wenn wir Sport im Fernsehen gucken, muss sie nicht mehr das Wohnzimmer schmollend verlassen, und wenn sie ihre Rosamunde Pilcher guckt, redet ihr niemand rein. Das ist doch ideal! Diese ganze Meckerei kann doch nun endlich aufhören. Das war doch schon lange nicht mehr auszuhalten!"

Ich frage Gustav, wie er überhaupt auf diese Idee gekommen sei (dass ich sie wunderbar finde, sage ich lieber nicht, damit es nicht heißt, ich sei Anke in den Rücken gefallen). Er habe eine Menge Fliegen mit einer Klappe schlagen wollen, erzählt Gustav – und es sei ihm ja auch gelungen!

Zunächst wollte er eine tagesfüllende Beschäftigung nach seinem Abschied aus der Firma. Dieses Brombeer-Brennnessel-Dickicht habe auch endlich einmal weggemusst und so sei schön Platz entstanden. „Ein richtiger kleiner Bauplatz!“ Und irgendwie habe er das alles auch ganz abenteuerlich gefunden – „Hütte bauen wie Robinson“. Erst im Nachhinein und als reihum seine Freunde zum Helfen und Gucken vorbeischauten, sei ihm eingefallen, dass er sich ja ab sofort mit ihnen in diesem Häuschen treffen könnte – und seine Frau dann nichts mehr auszusetzen und zu meckern hätte. Natürlich hätte er sie früh genug einweihen sollen – aber je weiter der Bau voranschritt (mit Licht und Heizung, aber leider eben noch ohne Klo!), umso mehr wurde ihm mulmig, wenn er die Reaktionen seiner Eheliebsten bedachte.

Aber ausschlaggebend sei eigentlich etwas ganz anderes gewesen. „Als feststand, dass ich aufhören würde, hat Anke mich mit Schauergeschichten über Ehemänner eingedeckt, die in Rente gingen. Die würden sich nicht beschäftigen können. Die würden nur nörgelnd zu Hause herumhängen – entweder vor der Glotze oder bei der Frau in der Küche. Anpacken würden sie aber ebenso wenig wie während der Berufstätigkeit. Und manche würden das Saufen anfangen … und überhaupt würde auch bei uns eine furchtbare Zeit vor der Tür stehen. Am liebsten würde sie sich für jede nur machbare Überstunde eintragen, um mir aus dem Weg gehen zu können.

„Weißt du, wie ich mich in diesen Wochen gefühlt habe?“, fragt er mich. Ich weiß es nicht, meine Phantasie und die Kenntnisse über seine Anke lassen aber nicht viel Spielraum.

„Als ob am 1. Juli plötzlich ein Zombie vor der Tür stehen würde, ein Ungeheuer, ein beschäftigungsloser Kretin, vor dem sie nur noch davonlaufen könnte! Also so wollte ich mich ja wirklich nicht gesehen wissen. Ich kannte schon längst alle diese Schauergeschichten, die sie über die Rentnermänner ihrer

Kolleginnen zum Besten gab. Ich habe das nie wirklich ernst genommen. Manches war auch wirklich zum Totlachen. Im Traum habe ich nicht daran gedacht, dass das Ganze mal in meine Richtung gehen würde. Vielleicht war ich nie der ideale Hausmann, aber ich habe mich auch nie als häuslichen Vollidioten und Tyrannen gesehen.

Das Einzige, was ich jetzt tun kann, ist abwarten. Sie wird sich schon beruhigen. Vielleicht lasse ich das mit der Toilette auch erst mal und gehe zum Kompost oder nach vorne ins Haus. Dann ist sie vielleicht zufrieden. Obwohl – sie ist doch den ganzen Tag sowieso im Büro, da kann es ihr doch eigentlich egal sein, wo ich sitze."

Zwei Monate später ist die Klo-Frage noch immer offen. Gustav lebt vergnügt in seiner komfortablen Hütte und zieht noch immer den Kopf ein, wenn seine Frau sich nähert oder bei Tisch das Thema anschneidet.

„Ach", sagt er, „warten wir mal ab. In einem Jahr hört Anke auch auf, dann ändert sich doch wieder alles. Vielleicht muss ich dann auf meine Hütte aufpassen, dass sie sie mir nicht wegnimmt und selber einzieht, weil sie so schön ist. Dann baue ich als Letztes nur noch eine Toilette für sie ein und darf mich wieder nach vorne ins Haus verziehen."

„Durchgehalten"

Von der Ehefront jenseits der Verrentung gibt es aber auch Erfreuliches zu berichten. Vielleicht sollte man eher sagen: Erstaunliches. Wenn die Karten neu gemischt werden, können schließlich auch mal vier Asse gezogen werden.

Über Jahrzehnte habe ich teils näher, teils ferner an Ehen teilgenommen, von denen ich immer dachte: So was nie! Und: Wieso bleiben die eigentlich zusammen, warum tun sie sich das an? Da gibt es doch mehr an Verletzungen als an Gemeinsamkeiten, mehr Betrug und Ehebruch als freundliches Miteinander.

Heute weiß ich es. Ob so gewollt oder nicht – über die Stürme hinweg bieten sie jetzt als Rentnerpaare Bilder von Harmonie, Frieden und immerwährender Eintracht. „Man“ wird gemeinsam alt – auch wenn man nicht gemeinsam gelebt hat. Gemeinsam alt werden, ein Traum, den viele verheiratete und unverheiratete Paare (oder Teil-Paare) träumen.

Am längsten habe ich das Leben und Treiben eines Freundes beobachtet, der nach 35 Jahren des lockeren Lebenswandels mit Anfang 70 ausgetobt an den heimischen Herd zu seiner einst Angetrauten zurückkehrte. Seinen ersten Wohnsitz – mit ihr zusammen – hatte er nie aufgegeben. Im gemeinsamen Haus bewohnten sie jeweils eine Wohnung. Falls er im Lande war, pflegte er mit seiner Frau abends auch mal auszugehen, und wenn sich offizielle Einladungen „mit Gattin“ nicht vermeiden ließen, nahm er sie mit ... obwohl alle anderen Bescheid wussten. Wie ein Relikt aus alten Familienzeiten wurde sonntags gemeinsam gefrühstückt – aber ansonsten lebte er sein Leben und überließ sie ihrem Leben, unabhängig davon, was sie gerne wollte. Beruflich half er ihr, wo er konnte, er protegierte sie auch ... aber das war auch alles.

„Du kannst nichts sagen“, sagte er eines Tages zu mir, als ich wagte, eine entsprechende Bemerkung zu seinem Eheleben zu machen, „ich habe durchgehalten!“ Wie wahr – immerhin ging seine Ehe nie als gescheitert in die Ehescheidungsstatistik ein. Seine letzten zehn Lebensjahre verbrachte er dann tatsächlich als liebender Gatte, guter Vater und interessierter Opa häuslich und domestiziert. Er starb im wahrsten Sinne des Wortes getröstet in den Armen seiner Frau. Im Nachruf seiner Kollegen stand, reichlich geschmacklos der Witwe gegenüber: „Er war ein Liebhaber großer Weine und schöner Frauen.“

Die Ehe von Alfred war weniger spektakulär entzweit. Beide machten Karriere und als die drei Kinder aus dem Haus gingen, verschwand die Gattin ins Ausland in die große Politik. Zusammen unterhielt das Ehepaar drei Wohnungen – eine für sie, eine für ihn und eine in der Mitte, wo man sich gelegentlich traf, wenn die Termine es zuließen und wenn die Kinder zu Besuch kommen wollten. Zu offiziellen Anlässen wurden sie erwartungs- und protokollgemäß gemeinsam gesichtet. Vor allem in der konservativen Politik macht sich das besser. Er hatte hier und da eine kleine Liebschaft … wie es sich gerade so ergab. Sie erklomm die politische Karriereleiter und wurde schroff und spitz.

Dann ging Alfed pünktlich mit 65 Jahren in Rente … und alles schaute gebannt, was nun wohl passieren würde. Der sicherste Tipp: Er nimmt sich jetzt endgültig eine andere, damit sein Haus belebt und er nicht so einsam sei.

Weit gefehlt – das Erstaunen ringsum war groß: Alfreds Frau, fünf Jahre jünger als er, arbeitete noch 8 Monate und hörte dann auf. Die drei Wohnungen wurde auf eine zusammengestrichen und nach mehr als 15 Jahren der Entfremdung und des Single-Daseins zu zweit leben nun beide zusammen, wie es sich für ein altes Ehepaar gehört.

Vielleicht hatte Alfreds Frau vom „sichersten Tipp“ gehört und dachte, es sei besser, das Zepter wieder in die Hand zu bekommen. Vielleicht war sie einfach karrieremüde, vielleicht hatten beide Angst vor einem Alter in Einsamkeit …

Weniger harmlos lief dieser Wiederannäherungsprozess in Margrets Eheleben ab. Ihr Mann Sven war ein notorischer Egoist und Fremdgänger. Ehe war ihm nicht so wichtig. Er betrachtete sie eher wie eine Reparaturgarage, in die man ab und zu einfahren kann bei vollem Service für den teuren Playboy-Sportwagen. Interesse zeigte er allerdings über alle Jahre für seine beiden Kinder, die er auch nach Herzenslust förderte – und wie Margret meinte, hoffnungslos verzog und verwöhnte. „20 Prozent davon für mich und ich wäre eine glückliche Ehefrau!“

Letztlich machte sie gute Miene zum bösen Spiel. Wie die meisten Frauen hielt sie an der Ehe fest, solange er nur „gut zu den Kindern“ war. Außerdem hatte sie nie die Schuldgefühle ablegen können, die sie ihrem Mann gegenüber hegte. Sie war gegen seinen Willen schwanger geworden, er „musste" sie heiraten und 11 Monate später kam das nächste unerwünschte Kind. Nicht, dass er seinen biologischen Anteil daran leugnete – aber er fand es letztlich sehr bequem, alle seine Freiheitsgelüste an dieser Bremse Frühehe und Frühkinder festzumachen. Er scheute in entsprechenden Auseinandersetzungen nie den Hinweis, dass sie ja selber schuld sei! Wenn sie damals nicht …

Als sich abzeichnete, das Margret mit 57 Jahren aufhören würde – ihr Betrieb bot ihr einen günstigen Auflösungsvertrag mit hoher Abfindung an –, setzte sie ihren Mann unter Druck: entweder ab Rentenbeginn ein heimisches Gemeinschaftsleben ohne Streunen … oder Trennung. Geld habe sie genug. Sie sei nicht auf ihn angewiesen. Bei weiteren Aushäusigkeiten seinerseits gäbe es nicht den allergeringsten Grund, mit ihm zusammenzubleiben – wozu auch? Seinen Haushalt könne er sich ja von einer seiner Liebschaften führen lassen.

Das Ergebnis war verblüffend: Sven schien gemerkt zu haben, dass seine Frau es bitterernst meinte. Er lenkte ein.

„Ach was", sagte Margret nüchtern zu gemeinsamen Freunden, „bei ihm lief doch sowieso nichts Richtiges mehr. Er ist doch froh, dass ich ihm die Pistole auf die Brust gesetzt habe. Jetzt kann er sich wieder als Opfer fühlen und muss sich nicht eingestehen, dass seine Potenzen auf der ganzen Linie schon längst zusammengeschrumpft waren."

Und allerorten endete es wie im Märchen … und wenn sie nicht gestorben sind, dann leben sie noch heute …

„Wir haben durchgehalten" ist für Außenstehende über Jahre und Jahrzehnte schwer nachzuvollziehen. Das Ergebnis mag überzeugen. Aber was tun sie sich selber und gegenseitig an? Zum Alter „haben" sie sich wieder. Es gibt Gemeinsamkeit statt Einsamkeit. Es gibt Einsparungen durch gemeinsames Wirtschaften. Der finanzielle Spielraum wird weiter. Und vor allem gibt es die Sicherheit, dass jemand rund um die Uhr vorhanden ist, falls „Not am Mann" sein sollte: Krankheit, Unfall, zunehmendes Nicht-mehr-Können. Einer von beiden „kann" immer noch, wenn der andere ausfällt. Wo Alleinstehende plötzlich auf fremde, bezahlte Stundenhilfe angewiesen sind, ist bei alternden Paaren meist noch eine längere Selbständigkeit möglich. Dafür haben sie auch „durchgehalten". Der Preis war hoch – aber manche(r) ist bereit, ihn jahrzehntelang zu zahlen.

Gemeinsam alt und nicht verlassen zu werden ist für viele Menschen in Ehe und Partnerschaft über alle Stürme der Zeit noch immer ein Wunschtraum. Die wohl schönste und anrührendste Geschichte über ein liebendes altes Paar, das bis zum Tod vereint bleibt, ist der griechische Mythos von Philemon und Baukis.

„... Philemon und Baukis waren zusammen alt geworden, sie hatten eine gute Ehe geführt, und in all den gemeinsam erlebten Jahren hatten sie einen Schatz angesammelt, der nicht in greifbaren Dingen, sondern in guten Worten und liebevollen Gedanken bestand. Sie hatten keinen Grund, sich gegeneinander zu verhärten, und jede Enttäuschung, jede Sorge des äußeren Lebens, die der eine empfing, war von dem Liebesatem des anderen aufgelöst worden in ein Lächeln der Geduld (...) Da begriffen sie, dass es von nun an ihre Aufgabe sein sollte, das verlassene Heiligtum zu hüten und von ihm behütet zu sein, und dass durch eine solche gemeinsame Hingabe ihr Leben wunderbar gekrönt werden sollte. Und weil es ihnen schien, als hätten sie nicht der Gastfreundschaft eines einzigen Abends, sondern der lebendigen Liebe all ihrer Jahre diese Gnade zu verdanken, wünschten sie in diesem Augenblick nichts sehnlicher, als beieinander zu bleiben und dieses neu geschenkte Leben in ein und derselben Stunde zu beschließen ... Es erzählt die Sage, dass jener Wunsch ihnen erfüllt wurde: Da sei mit einemmal durch ihre Glieder eine wunderliche Bewegung gegangen, ein Wachsen und Erstarren zugleich. Langsam, langsam hätten sich ihre Leiber verwandelt und wären zu Baumstämmen geworden, ihre Gesichter, einander zugeneigt in unaussprechlicher Liebe, wären allmählich versunken in Wolken grünender Zweige und ihre Stimmen hätten nicht mehr menschliche Worte gesprochen, sondern nur noch wie das Rauschen und Flüstern windbewegter Zweige getönt. In eine Eiche war Philemon, in eine Linde Baukis verwandelt worden (…) In ihren Schatten aber verweilten ruhend und sinnend die neuen Menschen …" (nacherzählt von Marie Luise Kaschnitz).

Die Karten werden neu gemischt… in Freundschaften

Nicht viel anders als in Ehen und festgefügten Partnerschaften sind Freundschaften dem Wandel unterworfen, der sich zwangsläufig aus dem einschneidenden Ereignis der Beendigung des Berufslebens ergibt. Bei manchen mag alles weitergehen wie bisher – aber bei manchen gibt es Veränderungen, die Bergrutschen gleichen und vieles unter sich begraben. Die Schäden sind groß, die Schmerzen tief. Freundschaften, die ein ganzes (Berufs-)Leben über gehalten haben, brechen auseinander, weil sie dem Druck der Veränderungen nicht standhalten. Mindestens einer von beiden bleibt auf der Strecke. Manchmal findet sich Neues – aber große, umfassende Freundschaften lassen sich selten im fortgeschrittenen Alter bilden. Über die Trauer der Trennung hinweg müssen die Augen offen gehalten werden – und die anderen Sinne, um den „Anruf" auch wahrzunehmen, wenn er kommt.

Bei wenigen Altersthemen gibt es eine solch lebhafte Resonanz wie zum Thema Freundschaften. Sie verändern sich offenbar stärker unter dem Eindruck des beginnenden Ruhestandes als Ehen. Sie weichen auf, siechen vor sich hin, weil keiner ihnen den Todesstoß zu geben sich traut, sie werden auch aus plötzlichem Desinteresse oder wegen erheblicher Differenzen, die plötzlich zutage treten, abrupt beendet.

Ich habe zeitlebens darunter gelitten, wenn Freundschaften zu Ende gingen – beginnend in der frühen Schulzeit, als meine beste Freundin auf eine andere Schule überwechselte und dort sofort eine neue Freundin fand … eine mit Telefon, also viel schneller erreichbar für Verabredungen als ich, zu der sie nur rund 10 Minuten zu laufen hatte.

Heute beschäftigen Freundschaften mich aus einem ganz anderen Blickwinkel und ich, die immer am längsten festgehalten hat, werde vielleicht diejenige sein, die für die Beendigung verantwortlich ist. Menschen meines Freundeskreises schwingen sich – ob aus eigenem Bedürfnis oder meinetwegen – plötzlich zu meinen Erziehern auf. Sie beginnen mir zu erzählen, wo es im Leben (in meinem!) langgeht. Sie bevormunden mich, sie überfallen mich mit Überraschungsbesuchen, die ich schon immer gehasst habe, sie mischen sich in mein Alltagsleben in einer Form ein, als sei ich plötzlich schwachsinnig geworden.

Irritiert schaue ich mich um und sehe … kleine bis mittlere Freundschaftskatastrophen.

- Da sind Eva und Angela, beide Sozialarbeiterinnen gewesen, seit über 20 Jahren befreundet. Eva ging bereits ein Jahr vor Angela in Rente, suchte sich im sozialen Bereich sogleich mehrere ehrenamtliche Tätigkeiten und wartete nur darauf, dass Angela auch aufhören würde. Über ein eventuelles Zusammenziehen auch aus Kostengründen war schon gesprochen worden. Beide zeitlebens alleinstehend, dachten sie sich den Lebensabend in weniger Einsamkeit zu gestalten.

  Dann hörte Angela auf und hatte die Idee, als „Zäsur zwischen den beiden Leben" eine große Reise zu machen. Südafrika rief … und das schon seit langem. „Ich gönne es mir, ich habe lange genug geschuftet", sagte sie und ließ Eva entscheiden, ob sie mitkommen wollte oder nicht. Das nahm Eva übel – sie litt unter unüberwindlicher Flugangst, hatte keine Lust auf Südafrika und fand es darüber hinaus nicht richtig, dass Angela auf alle Fälle fliegen würde – ob mit oder ohne Freundin. Das war der Anfang vom Ende.

Angela traf mit ihrer Reisegruppe auf Menschen, die sie begeisterten. Sie fühlte sich nach Jahrzehnten der Arbeit mit Randgruppen ausgelaugt und saugte die völlig andere Atmosphäre in sich auf. Zum Ende der Reise hin verabredete man sich nicht nur auf weitere Treffen zwecks Austauschs von Filmen, Fotos und Erinnerungen, sondern überlegte bereits die nächste Reise im Jahr darauf: Namibia!

Angela war vom Afrika-Virus befallen. Für sie gab es kein anderes Thema mehr. Zum ersten Mitreisenden-Treffen nahm sie Eva mit, die sich ungern und zögernd entschloss. Auch dieses war das erste und letzte Mal. Eva langweilte sich, war glühend eifersüchtig und zeigte all diese Missempfindungen in der Gruppe nachhaltig.

Es folgten Wochen bitterer Auseinandersetzungen um die Themen – wir haben Vereinbarungen getroffen – ich bin nicht dein Eigentum – wir wollten doch alles gemeinsam machen – das ist ja schlimmer als in einer alten Ehe – komme bloß nicht mehr angekrochen, wenn du mit deiner Gruppe nicht mehr reisen kannst – lieber sterbe ich an einem Blitzschlag mitten in der Wüste Namib …

Zurück blieben große Wunden. Angela hatte ein schlechtes Gewissen und litt darunter, dass sie ihre Freundin im Alter „verraten" habe. Eva vergrub sich in ihr soziales Ehrenamt und in schwere depressive Verstimmungen und kam sich betrogen und verlassen vor. Sie war schlechter dran – sie war die Verlassene. Angela reiste – aber es bleib immer ein Stachel, der bohrte.

- Da sind Bettina und Gabriele, beide seit Kindesbeinen an befreundet ohne wesentliche Unterbrechungen. Bettina ist geschieden und sehr selbständig, Gabriele verheiratet und permanent betrogen. Thema Nr. 1 seit rund 15 Jahren: die Ausflüge des Gatten ins Lager der Konkurrenz. Bettina erträgt es mit wahrer Freundesliebe ... bis besagter Ehemann mit Datum der Verrentung reumütig heimkehrt und nur noch eins will: häusliches Glück und eheliche Harmonie. Gabriele läuft mit fliegenden Fahnen über und ist ab sofort nur noch für den strahlenden Ehemann da. Vorschläge, sich doch wenigstens ab und zu noch zu treffen, lehnt die Ehefrau ab – sie habe soo lange nichts von ihrem Mann gehabt, sie habe soo lange auf ihn gewartet ... und nun will sie auch mit ihm alt werden. Bettina ist völlig entgeistert und versucht, noch etwas zu retten. Man könne doch gegebenenfalls auch mal was zu dritt machen, zum Beispiel wandern oder ins Theater gehen, sie störe doch nicht. Aber die Gattin des Heimgekehrten wehrt vehement ab: „Also war ich jahrzehntelang nichts anderes als ein minderwertiger Ersatz für ihren Mann, der sich mit anderen Frauen herumtrieb. Toll! Ich als Lückenbüßerin, das war schon immer meine Lieblingsrolle. Wie habe ich mich in ihr getäuscht! Hoffentlich stirbt er lange vor ihr und sie sitzt alleine da und merkt mal, wie das ist!"

- Da ist die „alte Freundin", die nach Dezennien wieder auftaucht und die gemeinsame Vergangenheit beschwört – „Es war doch so schön damals mit uns." Und die nicht wahrhaben will, dass sie nicht so einfach in das Leben anderer reinschneien kann, bloß weil ihr Mann ihr abhanden kam, für den sie seinerzeit alles abgebrochen hatte.
- Da sind alte Freundinnen, die in alten Jahresplanern alte Freundschaften ausgraben und deren Telefonnummern Abend für Abend und Sonntag für Sonntag abgrasen, weil sie sich vereinsamt fühlen, nachdem sie über lange Zeiträume nichts zur Pflege von Freundschaften getan haben.

Wie sehr Freundesleben sich im Alter verändern (bei Frauen! Männerfreundschaften scheinen weniger anfällig für aktuelle Ereignisse!), sollen die beiden folgenden Schilderungen zeigen, die beliebig vermehrbar wären in ihren Problem- oder Glückskonstellationen!

Damit es nicht zu deprimierend wirkt, folgt die positive Version als erste.

Der glückbringende Splitterbruch

„Ich habe noch nie an Zufälle geglaubt", erzählt Marie strahlend. „Für mich ist alles immer Fügung. Und diesmal war es eine ganz besonders gute. Nicht dass Sie mich falsch verstehen. Eigentlich war alles nicht besonders gut – weder bei Christa noch bei mir. Aber es kommt doch immer darauf an, wie alles endet.

Ich war immer Hausfrau gewesen, gerne. Ich war für die Familie zuständig, mein Mann für draußen. Das haben wir beide so gewollt. Als unser einziger Sohn zum Studium ins Ausland ging, war ich erst sehr traurig und dachte, ich würde wenig ausgefüllt sein. Mein Mann kam immer erst abends nach Hause. Aber ich habe gemerkt, dass ich doch sehr entlastet war und die Zeit für mich nutzen konnte. Mein Mann war immer schon viel bescheidener gewesen als unser Sohn es war – vor allem, was das Essen anbelangte. So habe ich mich dann auch sehr gefreut, als mein Mann mir sagte, er würde vorzeitig aufhören können. Seine Firma baute Personal ab und war recht großzügig mit denen, die eher gehen würden. Mein Mann wollte auf alle Fälle zugreifen. Er war schon recht kaputt und er meinte, dieses finanzielle Angebot sei einmalig, das käme nicht mehr wieder.

Wir haben uns beide sehr gefreut und hatten eine Menge Pläne, was wir zusammen machen wollten. Zwei Wochen nach seinem letzten Arbeitstag hatte mein Mann dann einen sehr schweren Herzinfarkt, lag lange im Koma und starb dann. Ich war wie von Sinnen. Mein Leben war auch zu Ende … nicht nur, weil ich ihn mein Leben lang geliebt hatte, sondern weil ich eigentlich gar nicht wusste, wie ich alleine klarkommen sollte. Mein Mann hat doch immer alles geregelt. Er war der dominierende und mir hat das sehr gut gefallen.

Nach der Beerdigung wurde ich krank. Mein Arzt sagte, ich solle mir eine sinnvolle Beschäftigung suchen, es gäbe auf dieser Welt genug zu tun. Wenn ich nur zu Hause herumsitzen würde und vergangenen Zeiten nachweinen, würde ich nie mehr auf die Beine kommen.

Bald darauf wurde ich im Freundeskreis angesprochen, ob ich nicht mal ein paar Wege für eine Frau machen könne, die einen Unfall gehabt hatte und sich noch nicht wieder alleine versorgen könne.

Ich kannte Christa ganz flüchtig, weil unsere Bekanntenkreise sich teilweise überschnitten. Sie war mit dem Fahrrad gestürzt und hatte sich einige sehr schwere Brüche zugezogen: Schlüsselbein, Oberarm, Splitterbruch am Unterarm ... alles ganz schlimm und langwierig. Weil sie alleinstehend war, wurde sie etwas länger im Krankenhaus behalten, aber dann ging es darum, ob mit Hilfe nach Hause oder erst mal woanders stationär. Christa ließ sich sofort nach Hause bringen und fragte dann in ihrem Bekanntenkreis herum. Sie hatte von irgendeiner Stelle eine Haushaltshilfe für vier Stunden in der Woche genehmigt bekommen, aber die kaufte zum Beispiel nicht ein.

Ja, und an dieser Stelle kam ich sozusagen ins Spiel. Ich habe das Auto meines Mannes behalten und mich langsam wieder ans Fahren gewöhnt. Meist war ja gefahren. So habe ich mich angeboten, für Christa einmal in der Woche Einkäufe zu machen, erst für sie, dann mit ihr, als es ihr besser ging. Irgendwann tranken wir danach dann mal Kaffee bei ihr. Dann nahm ich sie mal mit zu mir, weil ihr zu Hause die Decke auf den Kopf fiel. Sie konnte mit all den Schienen und Gipsen doch nichts Richtiges unternehmen.

Und so hat es sich ergeben. Der Tod meines Mannes ist jetzt fast zwei Jahre her und dass ich Christa kennen lernte, fast ein Jahr. Wir ergänzen uns sehr gut. Sie ist die Lebenserfahrenere, weil sie immer alleine gelebt hat. Und ich bin die Mobilere durch das Auto. Christa konnte nie Auto fahren, machte immer alles mit dem Rad. Das geht nach dem Unfall aber nicht mehr. So hat sie die Ideen, managt alles, bereitet alles immer gut vor – wir machen gerne Tagesausflüge – und wir haben beide das Gefühl, gleichermaßen von dieser Beziehung zu profitieren. Ein- bis zweimal wöchentlich, das reicht uns beiden auch. Und dann telefonieren wir ab und zu. Meinen Mann kann sie mir natürlich nicht ersetzen, aber ich weiß, dass ich gebraucht werde, etwas geben kann, was wichtig ist, und viel zurückbekomme."

Das Ende einer Freundschaft

Irmgart war 40 Jahre lang mit Sofia befreundet. Sie hatten sich in der Ausbildung kennen gelernt, hatten Herz und Schmerz aller Lieben geteilt, hatten einen gemeinsamen Freundeskreis – und die Freundschaft dauerte auch an, als Sofia heiratete. Irmgart war Trauzeugin. Sie selber heiratete nie. Kinder hatten beide nicht. Irmgart war zeitlebens voll berufstätig. Sie hatte sich in einer großen Firma vom Lehrmädchen zur Büroleiterin hochgearbeitet und war stolz darauf, dass sie es geschafft hatte, selber einmal Chefin von rund 20 anderen Menschen zu sein. Sofia hatte ihre Berufstätigkeit sofort nach der Eheschließung aufgegeben, weil sie ein Kind wollte und weil ihr Mann es angemessen fand, dass seine Frau nur für ihn und sein Wohlergehen zuständig sei.

Ein paar Monate, bevor Irmgart in Rente ging, starb Sofias Mann ganz plötzlich. Irmgart berührte dieser Tod nicht besonders, sie hatte kaum Kontakt zum Mann ihrer Freundin, mochte ihn nicht, fand ihn ungehobelt und alles was Sofia von ihm erzählte, klang auch nicht so, dass sie seine nähere Bekanntschaft unbedingt gesucht hätte.

„Zunächst änderte sich zwischen Sofia und mir fast nichts. Wir trafen uns so oft wie zuvor, unternahmen ab und zu mal was gemeinsam, und ich habe auch nicht weiter nachgedacht. Viel mehr als sein Tod beschäftigte mich meine Verrentung, die restliche Arbeit, die Übergabe an meinen Stellennachfolger und die Abschiedsfeier, die ich für mein Büro ausrichten wollte.

Dann war alles geschafft. Es war noch mal eine sehr intensive Zeit – emotional und auch arbeitsmäßig. Es war eine schöne Zeit. Wenn ich gewusst hätte, was auf mich wartet, hätte ich heimlich meine Auswanderung betrieben. Sofia wusste, wann bei mir Schluss ist, und hatte ab und zu mal ein paar Anmerkungen gemacht, was wir dann alles zusammen unternehmen könnten. Ich hatte immer nur mit halbem Ohr zugehört, fand es aber auch ganz normal, dass wir einiges gemeinsam machen könnten. Das hatten wir ja immer gemacht.

Was mich in all der Zeit mit ihr genervt hatte, waren ihre ständigen Klagen über ihren Mann. Das ging mindestens 20 Jahre so und wurde immer schlimmer. Dass er ein Muffel ist und unhöflich und ihr nicht hilft und an nichts Interesse hat und sie nicht versteht und … und … und. Ich habe oft gedacht, warum sie sich denn nicht trennt, wenn das alles so schlimm ist. Aber sie hatte sicher ihre Gründe, weswegen sie blieb. Als ihr Mann tot war, ging das Klagen in gleicher Intensität weiter – nur ging es jetzt drum, warum er tot ist und warum er so früh sterben musste und warum er sie alleine gelassen hatte.

Ich habe das immer und all die Jahre schweigend ertragen und gedacht, ich kann und will da nicht mitreden, vielleicht ist Ehe eben so! Was weiß ich schon davon!

Es ging gleich in der ersten Woche los. Sofia kam zum Frühstück, nicht verabredet und unangemeldet. Sie brachte frische Brötchen und Blumen mit und sagte: ‚Mach dich in Ruhe fertig, ich richte alles.' Zwei Tage lang fand ich das ganz angenehm, aber als es dann so weiterging, habe ich ihr gesagt, dass ich morgens gerne die Zeit für mich hätte. Aufstehen, wann ich will, im Pyjama herumsitzen, irgendwann Kaffe kochen und mit der ersten Zigarette auf den Balkon … und sehen, wie es dann weitergeht. So habe ich es doch höchstens mal im Urlaub gehabt.

Sie sah das sofort ein … und kam dann eben eine Stunde später. Innerlich habe ich geseufzt und gedacht, das wird sich totlaufen. Aber das war nicht der Fall. Es wurde eigentlich immer schlimmer. Sie kam dann schon mit fertigen Tagesprogrammen, was wir alles machen wollten. Wenn ich nein sagte, kam dann so ein betont fröhliches: ‚Aber das macht doch gar nichts! Dann mach du doch mal einen Vorschlag.' Aber das wollte ich doch auch nicht! Ich wollte irgendwie ankommen in meinem neuen Leben. Ich wollte wissen, wie die Freiheit schmeckt. Ich wollte sozusagen in den Tag fließen, alles kommen lassen, sehen, was der Tag für mich bereithält. Irgendwie war ich neugierig, wie sich diese neue Zeit anfühlt!! Auf keinen Fall wollte ich verplant werden. Auf meiner Arbeitsstelle war ich diejenige, die plante, die alles im Griff haben musste – mich selber und 20 Leute und manchmal auch den Chef, wenn er seine chaotische Phase hatte.

Sofia hat das nicht verstanden. Sie wollte es nicht verstehen. Sie hörte mir gar nicht zu, wenn ich versuchte, ihr zu erklären, was ich meinte. Erst hatte ich noch Geduld, weil ich dachte: Das kennt sie ja auch nicht, sie war immer frei und ungebunden, mal abgesehen von ihren Hausfrauenpflichten. Dann irgendwann dachte ich: Wenn sie so mit ihrem Mann umgegangen ist, dann kann ich fast verstehen, dass er so ein Schwieriger war.

Es waren wirklich ganz harte Wochen für mich. Ich habe erklärt und ich habe sie gebeten, mir mal meine Zeit zu lassen. Das ging dann zwei Tage gut, dafür rief sie dann aber mindestens zweimal am Tag an – wie es mir geht und ob ich was brauche und ob sie mir was vorbeibringen sollte und dass ich mich ja nicht vor der Welt verschließen dürfe.

Ich habe gemerkt, wie in mir von Mal zu Mal eine ungeheure Aggression hochwuchs. Ich hatte keine Luft mehr zum Atmen. Und ich hatte es zeitlebens nicht erlebt, dass mich jemand kontrolliert. Wenn sie mich mal nicht ans Telefon bekam, rief sie in Abständen von 20 Minuten an. Wenn ich dann nach Hause kam, überfiel sie mich am Telefon mit gespielter Sorge. Sie habe schon so eine Angst um mich gehabt. Sie habe schon nachschauen wollen, ob mir was passiert wäre. Wo ich denn nur war? Und das nächste Mal sollte ich es ihr doch vorher sagen, wenn ich in die Stadt ginge, damit sie sich nicht sorgt, und außerdem könnten wir uns ja dort auch in einem Café treffen.

Es wurde langsam zur Qual. Ich habe immer wieder abgewehrt und mich rausgeredet – und sie *muss* das gemerkt haben. Sie ist keine dumme Frau. Aber sie *wollte* nicht verstehen. Ich habe auch mit gemeinsamen Freunden darüber gesprochen, die ganz entsetzt waren und sie so nicht kannten. Sie waren alle der Meinung, dass ich ein intensives Gespräch mit ihr führen müsse, nicht immer nur Andeutungen machen und abwehren.

Ich habe lange gegrübelt, wie ich das anstellen könnte, schließlich bin ich nicht psychologisch vorgebildet. Es wurde für mich immer enger und schlimmer und Sofias Aufdringlichkeit wurde immer klebriger und irgendwie auch unechter. Manchmal hatte ich das Gefühl, sie sagt sich: ‚Nun gerade!'

Und dann ist es passiert, ohne dass ich es wollte, dass ich es *so* wollte. Weil ich mal weg wollte und weil ich dachte, ich muss meine freie Zeit endlich mal zu nutzen beginnen, weil ich sonst eines Tages sterbe und meine ganze Freiheit von Sofia verschlungen sein wird, hatte ich eine viertägige Bustour gebucht. Weimar, Dresden, das Elbsandsteingebirge … alles, was ich schon mal sehen wollte. Zwei Tage vorher kam Sofia mit irgendwelchen Plänen für die nächsten Tage – schon ziemlich feste, ich glaube, sie hatte schon Karten für irgendwas. Und da musste ich es ihr ja sagen. Eigentlich hatte ich so verschwinden wollen. Sie tat sehr überrascht, fragte mich noch nach der Reise aus und verschwand dann ganz plötzlich. Am nächsten Tag war sie wieder da und war oder tat furchtbar betreten – sie habe keinen freien Platz mehr im Bus bekommen. Sie habe mich überraschen wollen, wenn ich einstiege und sie säße schon da und käme mit …

Da ist mir eine Sicherung durchgebrannt. Ich habe sie regelrecht zusammengeschrien. Ich konnte gar nicht mehr aufhören!

Am liebsten hätte ich sie noch geschüttelt, wie sie da mit blödem Schafsgesicht stand und immer nur ‚ja, aber … ja, aber' stammelte. Es war ganz, ganz furchtbar! Sie sei eine widerliche Klette und ihr Mann täte mir im Nachhinein noch Leid und sie sei unselbständig wie ein Kleinkind, das an Mutters Rockzipfel hängt. Ob sie nicht einmal im Leben etwas alleine machen könnte, statt an Leuten zu kleben, die auch mal ihre Ruhe haben wollen. Ich habe ihr gesagt, sie sei einfach zu blöde, zu unsozial, zu unreflektiert, um zu kapieren, was andere ihr über Wochen und Monate mitteilten. Sie sei einfach total abgestumpft und in ihrer Ehe komplett verblödet … und dass ich keine Lust hätte, ihre ganzen Lebensdefizite auszugleichen und ihren bescheuerten Mann zu ersetzen.

Wenn sie angefangen hätte zu weinen, hätte ich aufgehört. Vielleicht hätte ich mich sogar spontan entschuldigt. Aber sie stand nur mit einem völlig beknackten Gesichtsausdruck da und ging dann. Ich bin froh, dass ich nicht sofort eingelenkt habe. Dann wäre alles genau so weitergegangen – so nach dem Motto: ‚Ach, du warst sicher an dem Tag nicht so gut drauf.'

Ich habe mich bis heute nicht entschuldigt. Ich werde es auch nicht tun. Die ganze Sache tut mir auch nur sehr wenig Leid, die Schärfe und die hässlichen Ausdrücke. Andererseits hat sie das wohl genau so gebraucht, um zu begreifen. Zumindest, um mich endlich in Ruhe mein Leben leben zu lassen. Von gemeinsamen Freunden höre ich immer mal wieder, sie sei so ein richtiges Tränentier geworden. Aber dafür fühle ich mich nicht verantwortlich. Sie muss ihr Leben bewältigen und ich meines."

Von Neugier und Gelassenheit

„Die besten Entdeckungsreisen macht man nicht in fremden Ländern, sondern indem man die Welt mit neuen Augen betrachtet."
(Marcel Proust)

... und so beginne ich die Welt mit meinen zwar schon recht alten, aber nun im Ruhestand ausgeruhten Augen anzuschauen. Ich mache wunderbare Entdeckungen!

Da ist zum Beispiel das Fernsehen! Als mein Sohn zwei Jahre alt war und Abend für Abend zigmal aus dem Gitterbett kletterte, weil es im Wohnzimmer so schön flimmerte, und weil ich außerdem nicht mehr hinreichend des Abends zum Arbeiten kam, wenn ich erst mal in diesen Kasten geschaut hatte, verschenkte ich ihn kurzerhand an unseren Babysitter. Zwei Tage Entzugserscheinungen ... und dann war dieses Thema für die kommenden 25 Jahre ausgestanden.

Nun finden Freunde, dass Rentner für die langen Winterabende doch so ein Möbel brauchen, und schleppen eines an. Es funktioniert auf drei Sendern ... und ich habe einen enormen Zuwachs an Welterfahrung.

Das Erste, was ich mit großer Befriedigung wahrnehme, ist, dass ich ganz eindeutig im fernsehlosen Vierteljahrhundert absolut nichts verpasst habe. Das beruhigt mich ungemein, denn nichts ist schlimmer, als wenn man zu spät merkt, was man alles versäumt hat.

Die zweite nicht minder wichtige Erfahrung ist: Die Welt ist noch in Ordnung! Das Böse wird bestraft und das Gute belohnt (natürlich nicht in politischen Sendungen, sehr wohl aber in den von mir so begehrten Krimis!). Darüber hinaus bestätigt sich das, was der alte Lombroso schon vor rund 120 Jahren wusste: Es gibt so was wie eine Verbrechervisage. Will sagen: Man erkennt sofort den Schlechten, selbst wenn man noch nicht weiß, was er im Schilde führt. Sein Haar ist meistens etwas zu lang, fettig nach hinten gekämmt … schmierig also. Auch die Augen … und die Augenbrauen: Es bestätigt sich doch immer wieder, was schon die Alten sangen. Die Guten erkennt man natürlich auch. Sie haben immer etwas Frischgewaschenes um sich und einen edlen Gesichtsausdruck. Die guten Bösen sind hier zu vernachlässigen – sie sind nur durch die Verhältnisse verführt … und dafür drücken Polizei und andere Instanzen gerne ein Auge zu.

Der Lieblingssatz aller Kommissare ist in allen Folgen identisch: „Ich war es nicht!" Wenn Schläfer nachts ein Geräusch im Garten hören, springen sie elegant aus dem Bett, ergreifen die stets griffbereit liegende Taschenlampe von enormen Ausmaßen (wo ist eigentlich meine?) und schleichen raus. Dabei lassen sie prinzipiell die Haustür offen stehen, so dass der Mörder locker hineinspazieren kann, um sie drinnen in Ruhe zu erwarten. Leute, die spät nachts nach Hause kommen, lassen auch immer die Haustür offen, während sie sich des Mantels und der Schuhe entledigen. Ergebnis: siehe oben. Also nichts wirklich Neues – aber es lohnt schon alleine deswegen, den Apparat einzuschalten, um Sätze zu hören wie: „Männer, die zum Morden vorbeikommen, kümmern sich nicht um übergelaufene Kartoffeln."

So viel zu meiner ersten Neuentdeckung.

Die nächste war die Werbung, die mir kiloweise in den Briefkasten geworfen wird. Die wichtigste und überraschendste Neuerung – sie wollen mich alle beschenken! Wenn ich im Werte von mindestens 30 Euro einkaufe, bekomme ich einen Wecker „in edlem Design, der allen Ihren Ansprüchen gerecht wird". Wenn ich das silberne Feld freirubbele, um dann ganz überrascht festzustellen, dass darunter eine Zahl ist, schicken sie mir einen Tortenheber mit Schneidekante. Dafür muss ich aber auch bis in alle Ewigkeit Rezeptkarteikarten abnehmen, die mich lehren, wie ich Mousse aus Kohlrabi mit einem Schuss Burgunder und der Spitze einer Pistazie zubereite. Ein Buchclub will mich jeden Monat erneut mit Geschenken erfreuen: „Gratis-Geschenke" nennen sie es …

Und dann erst die Schönheitswerbung für die „reife Haut" und die gepflegte Dame der 50 + -Generation!! (Wer hat denen eigentlich verraten, wie alt ich bin?) Es gibt da also das „Beauty-Must"! Die „Best Buys": Concealer und Highlighter, unten Cremefoundation und darüber Cremerouge … die Beauty-Tipps auch ohne lifting - für die Augen Smokey Eyes, für den Mund Lipliner und Lipgloss, für das Haar durchgestufter Bob und Volumenspray. Mit Stickfoundation, Katzenaugen im Glamrock-Style und einem soften Touch ist frau edel und stylish und voll im Beautytrend. Nicht zu vergessen Bodystyling und die Pflege-Goodys für das Anti-Aging zum Ankurbeln der Zelldynamik, zu kaufen im Body-Shop, wenn frau vom Warm-up ins Fun-workout und dann zum Groove-down wechselt. Und als Finish: glossige Fluids!

So richtig verstanden habe ich das nicht. Es stammt alles aus einem einzigen Artikel, der aber begann mit „das beste Ablenkungsmanöver …", und das war ja wohl die Kurzfassung aller oben genannten Tipps!

Den Versandhandel habe ich erstmals nach mehreren Dutzend Jahren ausprobiert und dabei zu meiner Verwunderung festgestellt, dass das ganze Schöne, das in den Katalogen angeboten wird, gar nicht so unbedingt zu haben ist. Da kommen fünf bestellte Artikel über drei Wochen verteilt in vier Sendungen – jedes Mal mit mehr Gewicht an zusätzlicher Verpackung als an dem eigentlichen Textil.

Bestellen kann ich „Neues und Nützliches", wie zum Beispiel Mülltonnenspray, ein „zutrauliches Eichhörnchen aus wetterfestem Kunststoff, das mit Schrauben an der Hauswand befestigt wird". Auch die „100 Leuchtkiesel, die in der Nacht von allen bewundert werden" (vermutlich von dem Einbrecher, der nachts so lange ums Haus schleicht, bis der Hausherr ihn mit Taschenlampe suchen kommt!), sind sehr günstig.

Irgendwie beschleicht mich doch das Gefühl, in den letzten Jahrzehnten bestimmte Marktsegmente nicht hinreichend wahrgenommen zu haben. „Man wird Sie bewundern – man wird Sie beneiden – man wird Sie fragen, woher Sie das haben – und Ihre Freunde werden staunen …" – wer kann da noch widerstehen?!

Sehr wichtige Erfahrungen mache ich auch mit unserem in der Welt wohl einmaligem Mülltrennsystem, seitdem ich auf dem Dorfe wohne. Auf meinem Vorplatz stehen drei Tonnen in drei verschiedenen Farben für drei verschiedene Materialien. Dann gibt es noch gelbe Säcke und Abfuhrgutscheine für sperriges Gut als da sind Zweige … nicht länger als 1 m! Die Abfall-Fibel, die mir jedes Jahr ein Mal ins Haus flattert, ist so dick wie eine Wochenzeitschrift und beinhaltet weitere Grausamkeiten zu Höchstgebühren. Protest: sinnlos!

Ja, es gibt viel Neues auf der Welt! Als „Alte" werde ich stets belehrt, neugierig zu bleiben, weil nur das jung hält … aber wirklich Neues-Wissenswertes gibt es nicht. Das wusste allerdings schon der alte Salomo, der darüber klagte, dass alles eitel sei und es „nichts Neues unter der Sonne" gäbe. Nachrichten, die abendlichen Horrorschocker, bestätigen ihn täglich. Es ist immer dasselbe: Attentate, Bombenterror, Kriege … Als ich vor einiger Zeit begann, meine alten Zeitschriften-Stapel auf noch Brauchbares durchzusehen und mich dabei festlas, merkte ich nur an manchen Namen („War der nicht vor kurzem gestorben?"), dass der SPIEGEL schon mehr als drei Jahre alt war.

Worauf soll ich denn *neu*gierig sein, wenn es nichts Neues mehr gibt? Nicht einmal die Mode bietet Überraschungen – diese Farben, diese Rocklängen, diese Absätze … haben wir doch vor 40 Jahren schon getragen und die Backrezepte bieten auch nichts Bewegendes mehr. Eigentlich ist es zum Langweilen!

Bin ich so borniert? Oder ist es Wurschtigkeit? Desinteresse an allem, was um mich herum geschieht? Das wäre fatal! Es hat mich lange beschäftigt – und dann habe ich mit einiger Verblüffung festgestellt, dass es etwas ist, was ich noch nie hatte und kannte: Gelassenheit! „Nichts Neues unter der Sonne" … und interessiert nur noch an dem, was mir Freude zu machen in der Lage ist – welch Luxus. Ich *kann* nach Jahrzehnten manches einfach nicht mehr ernst nehmen ohne zu verzweifeln – und ich kann und will mich auch nicht mehr in alles reinhängen in der Meinung, doch noch etwas ändern zu können.

Immer mal wieder in meinem langen Leben bekam ich eine bestimmte Spruchkarte, die mich jedes Mal von Neuem ärgerte. Sie forderte mich auf zu unterscheiden zwischen Dingen, die man ändern kann, und solchen, wo es keinen Sinn hat. Für mich war das wie eine Aufforderung zur Faulheit, zum Desinteresse und zum Schlimmsten – zur Resignation.

Nun ist dieser Spruch bei mir angekommen!! Ich habe – unbemerkt – offenbar die Fähigkeit erworben zu unterschieden. Ich nehme alles wahr, ich rege mich auch über manches noch auf, aber ich stürze nicht mehr sofort in den Kampf gegen die Windmühlenflügel … obwohl Don Quichotte noch immer einer meiner Lieblinge ist. Verbunden mit dieser neuen (!) Gelassenheit ist ein Gefühl von Zufriedenheit und Dankbarkeit … dass doch alles irgendwie in diesem Welt-Chaos noch *er*lebenswert ist.

Ich passe nicht mehr in diese Zeit

Dass ich irgendwann mal nicht aufgepasst habe und eine Entwicklung über mich hinwegging, habe ich schon öfter geahnt. Und dann plötzlich werde ich mit Situationen konfrontiert, in denen ich denke: War ich 20 Jahre aus der Zeit? Ist da etwas an mir vorbeigegangen, habe ich Übergänge nicht bewusst erfasst?

So richtig deutlich wurde es mir an einem regnerischen Sonntag, an dem ich gemütlich und lange mit einer mir sehr vertrauten Frau im zarten Alter von Anfang 40 telefonierte. Wir redeten und redeten … und auf einmal hörte ich ein seltsam plätscherndes Geräusch, das mit Sicherheit nicht ins Wohnzimmer gehört. „Sag mal, bist du auf der Toilette?", fragte ich und konnte es selber nicht glauben. „Ja", sagte sie, „warum fragst du?" Es entwickelte sich daraus ein unangenehmes Gespräch über das, was man tut und nicht tut. Ich verlor diese Diskussion.

Nur kurze Zeit später war es ein mir ebenfalls sehr vertrauter Mensch … und da er männlichen Geschlechts war, plätscherte es umso lauter.

Ich weiß nun: Ich habe den Zug der Zeit versäumt … Ich bin nicht auf dem Laufenden – und zwar auf dem Laufenden der Technik, nicht etwa des „Benimm". Was technisch „geht", wird gemacht. Das betrifft nicht nur so hochangesiedelte Themen wie die Gentechnologie, sondern auch so niedrig angesiedelte wie das Pinkeln. Die technische Mobilität macht es möglich: Das Telefon nimmt man überallhin mit und wenn man (und frau) nun eben mal auf die Toilette muss, dann ist es ebenso dabei wie im Liegestuhl auf dem Balkon. „Was ist denn schon dabei?"

Ich bin also altmodisch, habe keine Ahnung, wie „man“ heute lebt, und scheine auch noch prüde zu sein.

Wie prüde ich bin, merke ich auch, wenn ich mir lange überlege, ob ich nicht doch mal einen geharnischten Brief an die Redaktion unseres Lokalblättchens schreibe, das in hoher Auflage allwöchentlich zweimal kostenlos in alle Haushalte flattert. In regelmäßigem Abstand finden sich darin zwei Rubriken zu den Themen „Kontakte“ und „Telefonservice“. Würde ich die einschlägigen Druckwerke aus Pornoläden erstehen, bräuchte ich mich nicht zu beklagen. Aber es ist ein Familienblättchen, das eben nicht unter der Matratze aufbewahrt wird.

Während die „Kontakte“ noch harmlos anmuten, geht es beim „Telefonservice“ so richtig zur Sache: Pervers und abartig ... – Extrem harter Sex ... Tabulose Polin ... Sex mit Rentnerin ... Extrem-Sex Schreie !!! ... Oma fi ... gut ... Bumskontakte ... 19-j. Hobbynutte ... Ohne Höschen und geil ... Versaute Türkin ... Notgeile Ehefrau ... Alte Sau (60 +) ...

Wenn ich nun schreiben würde und der Redaktion meinen Unwillen kundtun, was wäre ich dann? Eine prüde Alte, die nicht mehr weiß, wo es heute langgeht? Vielleicht sogar eine frustrierte Alte, die es nicht ertragen kann, dass woanders noch das sexy Leben pulsiert ...? Also lasse ich es, obwohl es mich jedes Mal irre ärgert.

Es sind aber auch harmlosere Spielereien, bei denen ich merke, dass ich den Anschluss verpasst habe. Oder habe ich ihn gar nicht verpasst? *Will* ich das alles einfach nicht?

Was eine CD-ROM ist, hat mir noch in den letzten Tagen meines Dienstes ein junger Kollege erklärt und demonstriert. Er tat es mit der Selbstverständlichkeit der Jugend, die weiß, dass Alte eben nicht alles wissen können (und nicht mit dem unangenehm missionarischen Eifer der Alten, die etwas Neues entdeckt haben und das unbedingt wichtigtuerisch weitergeben müssen, um zu zeigen, wie sehr sie auf der Höhe der Zeit sind!). Er führte mir ein CD-ROM-Lexikon vor mit Texten, Bildern und

Musik!!! Ich gebe zu, ich war beeindruckt, was alles auf so eine kleine Scheibe passt. Weniger beeindruckt war ich über die Qualität. Die Bilder waren klein und unscharf, die „Musik" eine wahre Zumutung.

In Anbetracht dessen, dass ich einer vergangenen Zeit angehöre, wählte der junge Kollege „Bach" aus. Recht hübsch – aber auch nicht mehr. Ein paar Lebensdaten, ein paar Musiktitel, weit entfernt von jeder Vollständigkeit, und im Hintergrund undeutliches Geklimper. Ich meinte, das „Wohltemperierte Klavier" herauszuhören, was dem Kollegen sehr imponierte. Allerdings bewunderte er nicht mein scharfes Gehör, das aus dem Geräusch etwas zu interpretieren vermochte, sondern mein Wissen um das Musikstück. Na ja, wir Alten!!

„Und was sagt mir das nun?", fragte ich ihn. „Die Lebensdaten sind unvollständig und zu der Musikuntermalung gab es nicht den geringsten Hinweis. Es plätscherte eben nur." So anspruchsvoll, ließ der junge Mann mich wissen, dürfe ich nicht sein. Das sei doch nur ein allgemeines Lexikon. Mit meiner Bemerkung zur Förderung des „Häppchen-Wissens" konnte er nichts anfangen und ich dachte zum tausendsten Male nach 30 Jahren Umgang mit jungen Menschen, dass sie alle nur noch mit Häppchenwissen und Schlagworten beschallt und beschult worden sind.

Nach Bach präsentierte er mir den Zweiten Weltkrieg, von dem er meinte, der würde etwas mehr hergeben. Der war auch nicht überzeugend, aber – so lernte ich – es gibt doch „Links" zum Weitersuchen. Dann sollte ich mal ein Stichwort eingeben, weil ich von seiner Wahl so gar nicht zu überzeugen war. Ich versuchte es mit „Jugendbewegung". Die gab es nicht, nicht einmal mit „Links". Meine nächste Wahl, die Reformpädagogik, hatte die CD-ROM auch nicht zu bieten. Und weil der Kollege so nervös wurde, als sei er für den Inhalt dieses Wunderwerkes selber verantwortlich, erbat ich mir „Wien". Er atmete erleichtert auf und wir genossen gemeinsam Wien in kleinen Portiönchen Wort und Schrift und natürlich Johann Strauß.

Nein, ich fand es nicht überzeugend und ich versammelte diese Neuerung in der großen Kiste (der virtuellen, natürlich!) der Dinge, auf die ich auch in Zukunft locker verzichten kann.

Heute nun durchforste ich einen der zahllosen Buchkataloge, die mir in schöner Regelmäßigkeit ins Haus flattern. Ich kann nie widerstehen, obwohl die Regale überquellen und die Fußböden auch schon voll belegt sind. Aber ich finde Trost! Die Anfechtungen (auch diese!!) werden wohl mit zunehmendem Alter abnehmen. Schon ein Drittel der Angebote sind elektronische Medien. Über Unvollständigkeit kann man in diesem Falle wirklich nicht klagen. Für 9,90 Euro kann ich mir „100 Romane, die jeder haben muss“ bestellen – „Schlüsselwerke der deutschen Literatur auf über 60000 Bildschirmseiten“. Alles auf einer kleinen Scheibe!! Und da soll ich dann an meinem Schreib-, Küchen- oder Wohnzimmertisch sitzen und einen 260 Seiten langen Roman von Achim von Arnim lesen? Vom bläulich flimmernden Bildschirm in vorgebeugter Körperhaltung ablesen?

1000 Liebesgedichte von 125 Meistern bekomme ich schon für 10,- Euro – ein Gedicht von Heinrich Heine also für 10 Cent. Ob ihn diese Art der demokratischen Literaturvermittlung wohl glücklich gemacht hätte? Und ich stelle mir vor, wie ein Liebender zu seiner Angebeteten am Flussufer sitzend sagt: „Wenn du das System 16 MB RAM hast, dann kann ich dir bei dir zu Hause ein Gedicht von Erich Fried vorlesen. Sonst müssten wir zu mir gehen, auf meinem Computer kann ich dieses System spielen.“ Das wäre dann die moderne Fassung des ewigen „Gehen wir zu dir oder gehen wir zu mir?“ Wir entschieden in grauer Vorzeit diese überaus wichtige Frage nach der Abwesenheit der Eltern und in zweiter Linie danach, bei wem es noch was zu essen und zu trinken gab.

Falls ich ein bisschen mehr Geld anlegen will, schreibt mir der Prospekt, kann ich für nur 25 Euro den „Kunstwürfel“ erstehen: sechs CD-ROMs mit über 4000 Abbildungen, 1000 Zeichnungen, 1000 Grafiken und drei Bilddatenbanken zu drei verschiedenen Stilrichtungen. Und was mache ich damit? Heute Abend setze ich einen Kunstabend an und klicke mich durch Turner, Macke, Picasso und die Gotik?

Bei der einzigen Erbschaft, die ich je machte, habe ich ein 6-bändiges Kunstlexikon und rund 100 Künstlerbiographien erhalten – zu jedem Maler und Bildhauer ein Buch mit viel Text, mit klaren Abbildungen, mit Darstellungen in brillanten Farben. Damit kann ich mich abends gemütlich in meinen alten Omasessel setzen, mir den Kamin anmachen (der im Computer-Bildschirm nur zu unerwünschten Flackereffekten führen würde), mir ein Glas Weißwein danebenstellen (ohne Angst, dass es umkippt, die Maus ersäuft und einen Kurzschluss im ganzen Haus verursacht) und ich kann mit den Fingern die Beschaffenheit des Papiers erfühlen und das tun, was mich an Büchern jeden Alters stets so entzückt – ich kann am Papier schnuppern und seinen jeweils einmaligen Geruch in mich aufnehmen und mit dem Gelesenen und Angeschauten verbinden. (Wie nennt man das heute? Multisensitiv?)

Wenn ich Miegels „Frauen von Nidden“ oder Carossas „Alten Brunnen“ lesen oder mich einmal hineinfinden will in die wunderschönen Liebesgedichte von Brecht, dann hole ich mir das entsprechende Büchlein aus dem Regal – schon allein dieser Suchvorgang ist nicht zu vergleichen mit dem tippenden, klappernden Gesuche auf der Tastatur.

Was geht diesen technischen Generationen nur verloren an Gefühlen, das sich mit den jeweiligen Inhalten verbindet und Erinnerung ausmacht!?

Falls ich einmal einen Enkel haben werde, der für die Schule ein Gedicht von Nikolaus Lenau sucht, während sein Computer mal wieder Festplattenprobleme hat, dann werde ich würdevoll zu meinem Bücherregal schreiten, meine Finger suchend an den Bücherrücken entlanggleiten lassen … und dann werde ich es ihm vorlesen: „Lieblich war die Maiennacht …“, und er wird sagen: „Oma, was du alles für Schätze hast! Was steht noch in diesem Buch?“

Generativität
oder: Wenn mal der Strom ausfällt

„An der Bucht von Gitche Gumee
An dem glitzernd großen Wasser
Stand das Wigwam von Nokomis
…
Dort liebkoste die Nokomis,
Runzelig und alt geworden,
Einst den kleinen Hiawatha
…
Viel erzählte ihm Nokomis,
Von den Sternen hoch am Himmel
…
Zeigte ihm den Tanz der Geister
…
Zeigte den weißen Pfad am Himmel
„Was ist das?“, rief er voll Schrecken
„Was ist das?“, rief er, „Nokomis?“
Und Nokomis, gütig, sprach …
…
Und der kleine Hiawatha
Lernt die Sprache aller Vögel
…
Lernt die Sprache aller Tiere …
(Henry Wadsworth Longfellow, Hiawatha)

In dem großen Indianer-Epos von Longfellow (1807–1882), das die Biographien der großen Indianerführer der Geschichte in der Figur des Hiawatha bündelt, spielt die Großmutter Nokomis eine herausragende Rolle. Sie ist es, die das Kind mit der Geburt in ihren Wigwam aufnimmt, nachdem ihre Tochter, die Mutter des Kindes, gestorben ist. Nokomis, „runzelig und alt geworden“, gibt all ihr Wissen über das Wasser, den Himmel, die Geister, die Tiere … weiter an den Enkel. Sie lehrt ihn zu leben und mit ihren Kenntnissen und Fähigkeiten zu überleben. Als Hiawatha ins Jugendlichenalter kommt, schenkt ein Freund der Nokomis dem Jungen Pfeil und Bogen, und Hiawatha geht wohlgerüstet ins Leben hinaus. Die Rolle der Alten in Beziehung zu ihren Enkeln hat in vielen alten Geschichten, Sagen und Mythen einen hohen Stellenwert. Sie waren es, die ihr Wissen weitergaben, von Eltern ist selten die Rede. Mich berührt die Geschichte um Nokomis und Hiawatha immer von Neuem. Es ist die *gütige, alte* Frau, die lebenserfahren und geduldig das Kind alles lehrt, was sie selber weiß und kann – und was ihn befähigen wird, sein Leben zu gestalten und zu meistern.

Fast gehört es zum Allgemeinwissen, dass Großeltern – falls vorhanden und bereit – mit ihren Enkeln anders umgehen, als sie es mit ihren Kindern taten (konnten!), und eben auch anders, als die Eltern es mit ihren Kindern tun. Sie haben meistens nicht nur mehr Zeit und deshalb mehr Geduld, sondern sie können sich und den Kindern den Luxus leisten, Dinge gemeinsam zu tun, die nichts mit Zielerreichung, Leistungssteigerung und (Schul-)Wissensvermittlung zu tun haben. Sie brauchen auf keinen „Lehrplan“ zu achten, sie bieten nicht die Pflicht, sondern die Kür. Sie haben – wahrscheinlich gerade deswegen – einen hohen Stellenwert und eine große Glaubwürdigkeit bei den Kindern. Sie können „lehren“, ohne abfragbares Wissen zu vermitteln, und sie sind die Vermittler von Werten, die die Kinder ab einem bestimmten Alter von den Eltern nicht mehr anzunehmen bereit sind … allerdings nur dann, wenn sie vorgelebt und nicht vorgeredet werden.

Irgendwann in grauer Vorzeit hat die Evolution die Großmutter erfunden! Die Biologen sind der Meinung, dass der

Mensch vom Affen abstammt. Wie dem auch sei – Primaten zeigen durchaus menschliche Züge im Sozialverhalten (leider nicht umgekehrt!!), in der Fortpflanzung, der Brutpflege und der Lebenserwartung. Hier stellte sich dann immer wieder die Frage, wieso weibliche Tier noch lange nach der Menopause am Leben blieben: Welchen Sinn macht das postreproduktive Überleben? Die Natur „denkt" sich bei allem etwas und ist in sich sinnvoll. Vor allem ist sie nicht verschwenderisch! So hat der Anthropologe Volker Sommer gemeinsam mit indischen Kollegen Languten-Affen beobachtet. Zu ihrer Überraschung entdeckten sie Affen-Großmütter mit vollen Oma-Funktionen.

„Für ältere Frauen (‚Frauen' schreiben sie - nicht ‚Affen'!) kann es aus gesundheitlichen Gründen vorteilhafter sein, für bereits vorhandene Nachkommen der Kinder zu sorgen und deren Fortpflanzung zu unterstützten, als weitere eigene Babys in die Welt zu setzen (…) Eigenes Erbgut wird ja nicht nur über die eigenen Kinder verbreitet (…), sondern auch über Enkelkinder, in denen im Mittel immerhin noch ein Viertel der eigenen Gene steckt (…)" Im Wesentlichen geht es dabei um die weitere Sicherung der vorangegangenen Aufzuchtserfolge! (Das ist dann wiederum sehr menschlich.)

Die Forscher beobachteten zwei Omas unter den Affen – zu alt für eigene Kinder. Sie standen in der Rangordnung der Horde ganz unten (ach ja, dort auch!?). Sie waren sehr mager, ließen den Jüngeren die besten Futterbrocken und hatten „einen sehr unruhigen Lebensabend". Die Forscher mutmaßten, dass sie sich nicht mehr richtig durchsetzen konnten, stellten dann jedoch fest, dass die Alten „streitbar, mutig und tatkräftig" das Areal der jüngeren Generation bewachten und verteidigten. Sie übernahmen die Fellpflege der Kleinen und hüteten und trösteten sie bei Unterlegenheit im Streit. Sie hatten also wichtige Funktionen innerhalb der Familie und stellten mit ihrem aktiven Einsatz sicher, dass die Eltern der Kinder dem Nahrungsbeschaffung, also ihrem Berufsleben, aktiv nachgehen konnten.

Was die Forscher nicht berichteten, wohl weil sie es der Evolution noch nicht hatten entreißen können, war die Frage, ob die alten Affen-Omas nur deswegen die kleinen Affenkinder umsorgten, damit man sie selber am Leben ließ, oder ob es sich andersherum verhielt. Es ist immer wieder erfreulich, wenn Naturforscher anhand von Regenwürmern oder Menschenaffen nachweisen können, dass (auch) der alte Mensch – speziell weiblichen Geschlechts – noch so etwas wie eine Daseinsberechtigung hat. Im Übrigen kann von einer Erfindung des Großvaters in der Evolution keine Rede sein. Die Männchen sterben, wenn sie sich bis ins hohe Alter hinreichend vermehrt haben. An Enkeln sind sie nicht interessiert. So haben wir doch zumindest auf diesem Gebiet der Entwicklung einen Sprung zu vermelden: Menschen-Opas kümmern sich – wenn sie erst einmal Geschmack an der Sache gefunden haben und richtig eingewiesen wurden – (fast) ebenso gut wie die Menschen-Omas. Großeltern sind aber nicht nur kostenlose Babysitter und später Taschengeldaufbesserer, sondern sie sind ein Fenster in die Vergangenheit und somit in die Genealogie des Kindes.

Die Geschichte ist voller Geschichten über den prägenden Einfluss der Menschen aus vorangegangenen Generationen – insbesondere der Großeltern. Im 1. Buch seiner „Selbstbetrachtungen“ schreibt Marc Aurel (römischer Kaiser, 121–180 n. Chr.): „Meinem Urgroßvater, nach dessen Willen ich die öffentlichen Schulen nicht besuchen sollte, verdanke ich es, dass ich zu Hause den Unterricht tüchtiger Lehrer genoss (…) Mein Großvater Verus gab mir das Beispiel der Milde und Gelassenheit (…)“

„Erzähl mir, wie es früher war“, war über einen langen Zeitraum eines der Lieblingsbücher meines Sohnes. Dabei ging es um das längst vergangene Leben auf dem Dorfe … das für Kinder sehr viel ansprechender und interessanter ist als das „frühere" Leben der arbeitenden Schichten in den Fabrikhallen der Großstädte. „War es bei dir genauso?", fragte mein Sohn stets. „Und wie ging es weiter? Und die Großeltern? Und bei euch im Kindergarten?" ... Es waren vordergründig nur Gesprächsaufhänger – aber das personalisierte Interesse an der Vergangenheit und der eigenen Herkunft war identitätsbildend und zugleich lehrreich. Der Großvater hatte dann natürlich noch viel Spannenderes zu bieten – wie Fotos von seinem ersten Motorrad, Kriegserlebnisse (fürs kindliche Gemüt entschärft) und Schilderungen aus seiner Jugend. Vor allem hatte er mehr Zeit und Geduld ... und vermutlich war er froh, dass jemand ihm zuhörte.

Für mich ist das Weitergeben von Wissen und Erfahrungen (der eigentliche Inhalt des Begriffes der „Generativität") wohl die wesentlichste Aufgabe „alter" Menschen. Unser Können und unsere Fähigkeiten – über 60 oder 70 Jahre angesammelt – nutzbar zu machen für eine Generation, der „Altes" sonst nicht mehr vermittelt würde, weil es immer nur weiter und weitergehen muss, ist unsere verpflichtende Aufgabe. Wir müssen dem entgegenwirken, dass mit jeder Generation die Fülle ihres Wissens und somit ein Teil der Kultur stirbt.

Wir haben die Zeit dazu – unsere Überlegung muss nur sein: wie bieten wir es an, ohne uns aufzudrängen, ohne wichtigtuerische Verhaltensweisen bei der Vermittlung zu entwickeln.

Eine mögliche „Lösung" wäre das Miteinander-Leben, in dem sich jede Vermittlung durch Zuschauen und neugieriges Mittun von alleine ergibt: Angebote machen – wo auch immer – und ohne Gereiztheit abwarten, ob sie angenommen werden, oder einfach das Tun, das Interesse weckt, weil die Ergebnisse schön sind oder brauchbar oder weil sie gut schmecken.

Im vorigen Winter hatte ich Besuch von einem jungen Paar. Sie wollten mich zum Spazierengehen abholen und anschließend gemütlich bei mir Kaffe trinken. Während der Kaffee durchlief und die beiden fröstelnd auf dem Sofa saßen, machte ich Feuer im Kamin. Die junge Frau gesellte sich zu mir, sah interessiert zu und sagte dann: „Ich wüsste überhaupt nicht, wie man Feuer macht!"

Es entspann sich daraufhin ein Gespräch, das den jungen Leuten die Erkenntnis bescherte, sie haben in den Schulen viel gelernt, können damit im praktischen Leben jedoch nur wenig anfangen. Die junge Frau konnte es hersagen: „Zum Feuermachen und -erhalten gehören Materie, Sauerstoff und Hitze" ... aber wie man diese drei zusammenbringt, damit es wirklich warm wird und auch ein bisschen anhält, konnte sie nicht sagen.

Noch im selben Winter erlebte ich eine sehr hübsche Geschichte, die wie ein Puzzleteil in meine Erfahrung gehörte, dass junge Menschen zu viel an Kenntnissen vorenthalten wird.

Der Staat als mein Brötchengeber hielt ab und zu Geld für eine Viertel-Hilfskraft für mich bereit (sonst machte ich teuer und überqualifiziert meine Hilfsarbeiten selber, was dann die Arbeitszeit locker auf eine 55-Stunden-Woche anheben konnte). Mit meiner langjährigen Fritzi arbeitete ich gelegentlich bei mir zu Hause an den ausufernden Dokumentationen. Während wir diese Materialschlachten schlugen, hörten wir auf ihren Wunsch hin Bach (Bach zum Beplätschern!) und tranken literweise Tee. Eines Tages fragte sie mich: „Warum liegen hier eigentlich überall so viele Kerzen herum?" Und ich – ohne viel nachzudenken – antwortete wahrheitsgemäß: „Das ist, wenn mal der Strom ausfällt!"

„Wenn waaas? Wenn der Strom ausfällt? Wieso sollte denn mal der Strom ausfallen? So was hab ich ja noch nie gehört!" Während sie sich vor lauter Lachen gar nicht mehr beruhigen konnte (über meine Schrulligkeit?), dachte ich nur: Ja, wo soll sie es auch herhaben ... hineingeboren in eine Zeit, in der es nichts gab, was es nicht gab, und wo der Strom endlos aus der Steckdose fließt.

Meine Erfahrungen aus meiner Kindheit nahm sie mit einer gewissen Nachsicht entgegen. „Aber das ist doch 60 Jahre her! So was kommt doch nie wieder! Das war nach dem Krieg!" … Und ich dachte: Ja, es sei dir und deiner Generation gewünscht, aber verlasst euch nicht drauf. Ihr seid auf nichts dergleichen vorbereitet!

Unser nächstes Treffen brachte die Fortsetzung dieser Geschichte. Fritzi war über Neujahr mit Freunden in eine wohlausgerüstete Hütte nach Schweden gefahren. Sie wollten gemeinsam kochen, feiern, Ski laufen, saunen … am dritten Tag fiel der Strom aus!!!

Erst fanden sie das „unheimlich romantisch", suchten und fanden Kerzen (!) und machten es sich gemütlich. Dann wurde es kalt, denn die Heizung hing auch an der Elektrizität. Dagegen, meinten sie, könne man viel heißen Tee und einen großen Topf Suppe setzen. Aber der fehlende Strom stand auch dieser Form des Aufwärmens entgegen. Die Wasserpumpe tat es auch nicht, weil elektrisch, natürlich war auch die Saunafrage damit geklärt. Dass die Toilettenspülung mangels Wasser nicht funktionierte, war noch das kleinste Übel … schließlich war rundherum Wald.

Zu ihrem Glück gehörten der Gruppe zwei ehemals aktive Pfadfinder an, die wussten, wie man selbst im kältesten und nassesten Umfeld noch ein wenig Lebensqualität erreichen kann. Es wurde Schnee im großen Suppentopf über mehreren Kerzen (!) erhitzt, um wenigstens etwas Warmes zu haben, und die findigen Jugendbewegten setzten sich alsbald in Bewegung um Birkenrinde zu suchen. Dies ist so ziemlich das Einzige, was man auch bei großer Nässe schnell zu einem flackernden Feuer entfachen kann. Die Nacht war eisig, die Romantik dahin und mit Abenteuer hatten es auch nicht alle unter diesen abenteuerlichen Bedingungen.

Als spät am nächsten Tag der Strom „wiederkam", waren alle froh, ihren Urlaub nach gewohntem westlichen Standard fortsetzen zu können. Und sie hatten etwas gelernt über die Zuverlässigkeit von Technik und über die menschlichen Fähigkeiten, mit deren Unzulänglichkeiten notfalls fertig zu werden.

Meine Fritzi war nach Rückkehr immerhin so aufrichtig, mir von den Erlebnissen zu erzählen und ein ganz winziges bisschen Abbitte zu leisten. Sie habe sehr an mich gedacht … und an meine Kerzenvorräte!

Was bleibt im Informationszeitalter eigentlich an Kommunikation übrig … wenn mal der Strom ausfallen sollte? Das ist nicht nur eine Metapher, sondern die Frage an jedwedes „Weitergeben". Telefon, Fax, E-Mail, SMS, Internet, Übertragung von Minifotos über das „Handy" während des Telefonierens, CDs, DVDs, Videos, Clips, MCs, TV … womit beschäftigen Eltern ihre Kinder, wenn es mal keinen Strom gibt … oder wenn (auf Reisen zum Beispiel) vor Ort viele dieser Möglichkeiten nicht vorhanden sind? Die Elternschelte, sie würden ihre Kinder vor dem Fernsehgerät parken, weil sie keine Lust oder Zeit haben, sich mit ihnen zu befassen, hängt sicherlich auch damit zusammen, dass viele Eltern gar nicht mehr wissen, wie man Kinder beschäftigt.

Ich habe jahrzehntelang mit jungen Menschen gearbeitet und sie „gelehrt" in verschiedenen sozialen und pädagogischen Berufen. Sie wollten mit Kindern und Jugendlichen ihre Berufstätigkeit gestalten – aber über die Jahrzehnte fehlte ihnen zusehends das „Handwerkszeug": Kinderlieder, Kindergedichte, Spiele für drinnen und draußen, handwerkliche Fähigkeiten, Basteln, Werken, Handarbeiten … alles war über ein bis zwei Generationen den Bach hinuntergegangen, weil es niemand mehr vermittelt hatte. In den Schulen (insbesondere auch in den Fachschulen und Pädagogischen Hochschulen) galt all dieses als unernster Spielkram, und da Lehrer mehr und mehr „vollakademisch" ausgebildet wurden, konnten diese „Medien", die erst den Zugang zu Kindern schaffen, nicht mehr vermittelt werden. Ich erinnere mich noch sehr genau an den Übergang zwischen den beiden Zeiten: Ausbildung zur Gestaltung des Alltags von Kindern, und Ausbildung mit ausschließlich theoretischer Orientierung in der Hoffnung, dass die Pädagogen in der späteren Praxis den „Transfer“ schon irgendwie schaffen würden. Aber woher sollten sie?

Wozu soll denn noch jemand heutzutage klöppeln lernen? Nähen und stricken braucht man bei der Fülle der Textilien aus China auch nicht mehr. Das Sockenstopfen entfiel, als die Plastiksocken im Neuzustand billiger waren als das Knäuel Stopfgarn. An Holzarbeiten fällt in einem normalen Haushalt seit Jahrzehnten nur noch das Zusammenbauen von IKEA-Möbeln an. Einwecken, Gurken einlegen, Sauerkraut machen, Kartoffeln lagern, Marmelade kochen … wozu? Der nächste Supermarkt ist gleich um die Ecke und so viel billiger. Wozu muss ein Kind lernen, wie man eine Flöte schnitzt, einen Zaun errichtet oder eine Hütte baut?!

Diese Beispiele ließen sich endlos fortsetzen – und die Gegenargumente „stimmen“ teilweise ja auch! Aber es geht um den Verlust von Fähigkeiten, von Wissen und Können, das nicht nur in „Notsituationen“ abgefragt werden müsste.

Ich habe im Laufe der Jahrzehnte an vielen Diskussionen teilgenommen, in denen behauptet wurde, es sei für die jüngere Generation wichtiger zu wissen, was Bits und Bites seien, als Schillers „Glocke“ zu kennen, zu wissen, wie ein Holzschnitt entsteht, oder ganz simpel Ball-, Murmel- und Kreiselspiele zu können … vom Geschichtenerzählen, Zeichnen und Singen ganz zu schweigen. In diesen Diskussionen wurde so getan, als ob das menschliche Gehirn die Beschaffenheit eines 300-Liter-Fasses habe: Wenn es mit Bits und Bites angefüllt ist, passt nichts anderes mehr hinein.

„Es ist doch wichtig, dass ein älterer Mensch das, was er weiß, weitergibt und es den Jüngeren leichter zu machen versucht, das Leben und seine Regeln zu verstehen“, schrieb Janusz Korczak 1930 in den „Regeln des Lebens“.

Erhalten und weitergeben zur Erweiterung des Horizontes

der nächsten Generationen, zur Hilfestellung, zur Bereicherung des menschlichen Alltags … und zum Erhalt eines Stückes Kultur muss die Aufgabe der „Alten“ sein, die (noch!) über die Möglichkeiten verfügen.

In loser Folge präsentiere ich nun Beispiele, wie sie mir „über den Weg laufen“, ich sie höre, lese und selber mitgestaltete … auch um zu zeigen, dass es „Alltag“ ist und nicht die gewaltige Initiative zur Rettung westeuropäischer Kultur.

- Auf Teneriffa ist seit Jahren ein Volkskundler unterwegs, der den Erzählungen alter Menschen lauscht. Er trifft sie in Bussen, auf Marktplätzen und in kleinen Cafés, die nur von Einheimischen und nicht von Touristen besucht werden. Er sammelt die überkommenen Geschichten von Hexentanzplätzen ebenso wie die Schilderungen über die Bedeutung alter, aber noch gebräuchlicher Hochzeits- und Beerdigungsriten. Er tut Ähnliches wie seinerzeit die beiden Brüder Grimm, die in Deutschland über Land zogen und die Geschichten der Menschen aufschrieben, die sich über die Generationen hinweg in Spinnstuben und am Lagerfeuer erzählten. Sie sicherten altes Wissen … und Generationen von Kindern und Erwachsenen hatten und haben seither ihre Freude an den Märchen der Gebrüder Grimm. Der Volkskundler von Teneriffa nennt die erzählenden Alten „die Lehrmeister der Erde“!!
- In den Südstaaten der USA machen Indianer den Touristen ein besonderes Angebot. Es sind die „Story-Teller“, die in besonders gestalteten Räumen am offenen Feuer die Geschichten ihrer Vorfahren erzählen. Dieses touristische Angebot ist vor allem eine Möglichkeit, am Reichtum der Weißen zu partizipieren, aber die Story-Teller sind in der Indianerkultur fest verankert. Bei Festen und rituellen Handlungen haben sie ihren festen Platz. Die Geschichten sind ihr kulturelles Erbe, das auf besondere Weise und von „besonderen“ Männern weitergegeben wird.

- Die „Story-Teller“ in Deutschland sind die professionellen Märchenerzähler, die sich mehr und mehr etablieren und ganz offenbar auch einen Bedarf decken. Man kann sie „buchen“, und ich habe schon von mancher Kindergesellschaft oder einem 60. Geburtstag gehört, für die man eine Märchenerzählerin als Höhepunkt des Festes kommen ließ.
- Eine abgewandelte Form – noch mehr im Sinne von Weitergeben – habe ich an einer Familienbildungsstätte erlebt. Dort bot eine Märchenerzählerin ihre Fähigkeiten in einem Kurs für Mütter, Großmütter und Erzieherinnen an. Für die mittlere Generation, die selber nicht mehr in den Genuss des Erzählt-Bekommens kam, sondern mit „Bibi Blocksberg“ und „Pumuckel“ auf Musikkassetten abgespeist wurde, ist es die Chance, etwas nachzuholen, um es weitertragen zu können. Die Kurse sind sehr gefragt.
- Inzwischen gibt es eine ganze Anzahl Schulen in Deutschland, die so etwas wie „Patenschaften“ zwischen Schülern und alten Menschen aufgenommen haben. Die Jugendlichen verpflichten (!) sich für ein Jahr, wöchentlich ein bis zwei Mal bei ihrem „Alten“ vorbeizuschauen. Nach ersten Berichten scheint dieses Programm überall ein voller Erfolg zu sein. Die Schüler (14 bis 16 Jahre alt) zeigen ein besonderes Interesse an besonders Alten – vermutlich, weil sie diese sonst in ihrer Umgebung nirgends mehr antreffen. Sie lassen sich gerne „von früher“ erzählen. Leider legen manche Lehrer den Schwerpunkt der Inhalte fest: das Dritte Reich – als Illustration für den Geschichtsunterricht. Andere Schulen betrachten diesen Austausch mehr von der sozial-kommunikativen Seite: sich über erhebliche Altersgrenzen hinaus kennen zu lernen, die jeweilige Biografien auszutauschen und sich unter Umständen auch mit altem und neuem Wissen zu konfrontieren. Jugendliche machen Computerkurse für Alte und die Alten gehen in die Schulen und zeigen den Schülern Kinderspiele von früher, die heute keiner mehr kennt.

Bei den Alten besteht so etwas wie „Leistungsfreiheit" auf Gegenseitigkeit – keiner muss, alle dürfen! Für die älteren Menschen hat dieser Austausch eine große Bedeutung: Sie sind noch wichtig, sie werden gefragt, ihr Wissen ist deutlich erwünscht und wird sogar erbeten.

- In Deutschland gibt es nach wie vor und völlig unbeachtet eine hoch aktive Szene der Jugendbewegung im weitesten Sinne. Es sind Wandervögel, Pfadfinder, kirchlich gebundene Jugendgruppen und freie Gruppen, die sich keiner Organisation verpflichtet fühlen, aber nach den Maßgaben der alten Jugendbewegung leben. Das Interessante daran ist für Außenstehende die Altersmischung. Als ich mir aus beruflichem Interesse dieses Treiben ein ganzes Wochenende lang auf einer Jugendburg ansah, traf ich alles im Alter zwischen 6 und 91 (!). Sie wirkten in friedlicher Koexistenz miteinander (die Reibungen erledigen die Jugendlichen zu Hause!). Überzeugend war die Selbstverständlichkeit des Umgangs miteinander – auch wenn junge Männer manchmal über die „alten Indianer" spotten, die nicht abtreten können. Das hatte aber mehr den Charakter von Platzhirschgehabe.

  Das Morgensingen und das tägliche Chorangebot leitete ein pensionierter Lehrer von Anfang 70. Es waren all die alten Fahrten- und Landsknechtlieder, die sich so gut am Lagerfeuer und auf dem Tippel singen lassen. Ein pensionierter Studiendirektor gab Gitarrenunterricht und leitete die Gruppe mit alten Volkstänzen. Die neuen und die internationalen Tänze wurden von einer Hausfrau und Mutter angeboten. Puppenspiel, Kabarett, Theater, Töpfern, Holzschnitzen, Arbeiten mit Speckstein … alles gab es im Angebot – kostenlos und freiwillig … und die Kurse waren alle inklusive des Morgensingens um 7 Uhr in der Frühe voll.

„Opas Geschichten erzählt das Kinderfernsehen, Omas Kochrezepte stehen in der Illustrierten und statt zum Großvater in den Meisterbetrieb geht der Lehrling in die Berufsschule. Die moderne Gesellschaft gibt ihren Alten kaum noch Gelegenheit, für die Nachkommen von Nutzen zu sein. Doch manche Ältere finden Nischen und sogar neue Handlungsfelder", schreibt Meister in einem Artikel über die Aktivitäten Alter für Junge.

- Der Oma-Hilfsdienst ist in vielen Großstädten längst etabliert. Da, wo es keine leibliche Oma in greifbarer Nähe gibt, engagierte man sich eine zu festen Regeln … und stellte alsbald in nicht seltenen Fällen fest, dass man sich eine ganz echte Oma für einen langen Zeitraum ins Haus geholt hatte.
- „Zeitzeugen" gehen in den Geschichtsunterricht an Schulen und vermitteln Kindern Geschichte aus erster Hand.
- Pensionierte Seeleute haben sich in einer Stiftung zusammengeschlossen und ermöglichen Jugendlichen das Segeln unter professioneller Anleitung auf einer historischen Dreimastbark.
- Ein Altenclub bietet einmal wöchentlich für Kinder aus einer benachbarten Schule gut vorbereitete Bastelstunden an.
- Kleine Museen arbeiten mit „Betagten" zusammen, die ihre Kenntnisse von alten Gerätschaften und ihrer Anwendung den Besuchern erklären und damit auch an Schulen vermittelt werden.
- Ein pensionierter Prokurist übernimmt für einen regionalen Sportclub, mit dem ihn eigentlich nichts verbindet, die gesamte Buchhaltung. Gleiches tut ein ehemaliger Verwaltungsangestellter für einen Pfadfinderstamm.
- Führungskräfte aus Industrie und Wirtschaft beraten als „e.V." junge Existenzgründer, die viele gute Ideen, aber oft noch nicht das entsprechende Fachwissen und die Wegweiser durch den Verwaltungsdschungel haben.

So ganz nebenbei wird bei diesem Engagement aber auch noch etwas ganz anderes vermittelt: Menschen tun etwas für andere ohne gezielten Auftrag, ohne dafür Geld zu bekommen (nicht selten bringen sie noch etwas mit, damit alles klappt!). Sie tun es ganz uneigennützig, denn „Karriere“ lässt sich beim Basteln mit Schülern auch nicht mehr machen. Dort, wo Eltern wegen ihrer Mehrfachbelastung ein soziales oder sozialpolitisches Engagement nicht erbringen und ihren Kindern somit ein Beispiel für das Arbeiten für Gemeinwohl nicht geben können, übernehmen diese Aufgabe Ältere. Kinder und Jugendliche müssen irgendwo erfahren, dass kein Gemeinwesen ohne freiwilliges Engagement seiner Mitglieder funktionieren kann. Wenn Alte etwas für sie tun, was auch noch Freude macht, ist das das beste Lernen in die Zukunft hinein, ohne den pädagogischen Zeigefinger heben zu müssen. Auch Engagement für andere und für Gruppierungen ist ein Stück gelebte Kultur!

Früher dachte ich immer, dass das Wissen und Können mit den Alten stirbt. Heute denke ich: Wir mehr oder weniger Alten müssen hervortreten und unsere Angebote machen … nicht etwa aus einer Position der Schwäche heraus, die sich politisch gewollt (?) abzuzeichnen beginnt, sondern aus Verantwortung für die nächsten Generationen. Nicht vorweisen, wie wichtig wir doch in Wirklichkeit noch sind, obwohl wir angeblich durch das Verschleudern unserer hohen Renten der nächsten Generation die Lebensbasis nehmen – sondern aus unserer Erfahrung heraus Wege aufzeigen, wie das Leben anders als mit vorgefertigter Unterhaltung im Schlichtniveau zu gestalten wäre.

„Mir tut es allemal weh, wenn ein Mann von Talent stirbt, denn die Welt hat dergleichen nötiger als der Himmel“, hat Georg Christoph Lichtenberg einst geschrieben. Natürlich übersah er seinerzeit und seinem Geschlecht entsprechend, dass es auch Frauen von Talent gibt – aber er sah natürlich auch, dass Talente in sich und für andere verlorengehen, oft bevor sie genug „gelehrt“ und weitergegeben haben von dem, was ihr Leben ausmachte.

In Anbetracht der wirtschaftlichen Lage, die sich mit Sicherheit in den nächsten Jahrzehnten nicht mehr verbessern wird, weil wir die Zeichen an der Wand übersehen haben, schiene es mir auch angebracht, dass wir Alten, die wir noch Kriegs- und Nachkriegsjahre miterlebt haben, den folgenden Generationen etwas mitgeben über Sparsamkeit … oder besser, um niemanden zu sehr zu schockieren, über den Abbau der maßlosen Verschwendung und Verwöhnung.

Im Hinblick auf deren Zukunft betrachte ich mit wirklicher Sorge die Kinderzimmer und Spielkisten von Kindern. Da gibt es *alles* und zwar jeweils in mehrfacher Ausführung. Geschont wird nichts – man kann alles billig wieder kaufen. Ich verleihe inzwischen keine Kinderbücher mehr, obwohl ich meine, andere Kinder könnten an den Büchern meines Sohnes und an meiner Sammlung Freude haben. Eher trenne ich mich ganz und verschenke sie, denn der Zustand nach Rückgabe zeigt nur: Gleichgültigkeit, Nicht-Schätzen und Ex-und-hopp-Mentalität.

Neuerdings wohne ich auf dem Lande und kann die Verschwendung von Obst und Gemüse einfach nicht glauben. Fallobst wird grundsätzlich nicht aufgehoben („Das ist doch runtergefallen“ – „Das macht doch nichts, das kann man doch trotzdem essen“ – „Aber da können Würmer drin sein“ - „Die kann man doch rausschneiden“ …). Angebautes Gemüse bleibt auf den Beeten stehen, bis der Frost es sich holt. Beete werden eingeebnet und zu Rasen umfunktioniert, weil es zu viel Arbeit macht. Äste und Zweige werden nicht für den Kompost geschreddert oder als Kleinholz zum Anzünden getrocknet, sondern mit einer kostenpflichtigen Marke gebündelt zum Abholen an die Straße gestellt. Schlehen, Holunder, Brombeeren an den Wegrändern vergammeln … falls sie nicht von spielenden Kindern mit Stöcken abgeschlagen werden. Und ich frage mich, ob sie vielleicht alle nicht mehr wissen, was man wie zum eigenen Nutzen verarbeiten kann?!

Betrachtet man den Buchmarkt, kann man einen „Boom“ feststellen, was die Kulturen der Alten anbelangt … der alten Indianer, notfalls noch der alten Klöster. Hildegard von Bingen wird in neue Kochbücher gepresst und die schamanischen Heilweisen der Ureinwohner Amerikas werden publiziert. Das alte Kräuterwissen Tibets wird beschworen – nach dem Motto „Fernerliebe ist leichter als Nächstenliebe". Und das, was unsere Alten schon wussten, gerät in Vergessenheit!

Vielleicht erobert Altbewährtes bald seinen Platz zurück – weil es schön ist, weil es Spaß macht, weil es wirtschaftlicher ist, weil man mit ihm heilen kann ohne Nebenwirkungen, weil es nicht mehr nur als rückschrittlich gegenüber der neuen Kultur angesehen wird, weil es dem Menschen gut tun wird!

Altes braucht oft mehr Zeit – das Herstellen, die Heilung, das Beibringen und Einüben. Aber es wird eben auch Zeit, dass wir die Zeit wieder neu entdecken, vor allem aber die Langsamkeit, die Gemütlichkeit, das Abwarten-Können. Vielleicht sind nur wir Alten es, die etwas davon vermitteln können?

Alte gelten als „zu langsam", und das ist in der schnellen Zeit eine Todsünde! Vielleicht machen wir die Langsamkeit mit allem Guten, das sie beinhaltet, zu unserem Programm?

Weitergeben muss unsere Aufgabe werden – um Können und Wissen zu lehren, um Schönes weiterzugeben, um Fingerfertigkeiten üben zu lassen, um Zugang zur eigenen Geschichte zu bekommen, als Ausgleich zu High-Tech und Unterhaltungsberieselung, um unabhängiger von Strömungen und Angeboten zu werden, um das arme Gehirn auch mit seiner zweiten Hälfte zu beschäftigen ... und um sich selber zu behelfen – wenn denn wirklich mal der Strom ausfällt.

Etwas ganz Besonderes ist die Weitergabe der Familiengeschichte und -geschichten. Es ist eine Arbeit für dunkle Wintermonate. Es ist eine Arbeit des sich Erinnerns und es ist eine Arbeit, mit sich selber einig zu werden, was vom eigenen Leben für andere Menschen offen gelegt werden kann. Es ist keine Arbeit des „Tippens", sondern des Bilanzierens und Auswählens, des Trauerns und der Freude. Für die Nachfahren geht es um Fakten – wer mit wem wann wo ... und was geschah? Aber wenn man sich ihnen verbinden will, geht es auch um Emotionen. – Ich kenne solch eine Arbeit, eine junge Frau hat sie mir geliehen. Sie wurde von der Großmutter geschrieben, vom Vater getippt und alle halten jetzt dankbar eine rund 60 Seiten starke Kopie in Ehren.

Ein Weitergeben sollte es auch im materiellen Bereich geben. Unseren „Alten"-Haushalten täte es vermutlich ganz gut, wenn sie nicht nur entrümpelt würden, sondern auch durchgesehen auf schöne Dinge, die jemand anderen – speziell die nachfolgenden Generationen – erfreuen könnten. Nach Jahrzehnten der Familienphase oder in Partnerschaften hat sich unendlich viel angesammelt, das zwar ansehnlich ist, aber nicht in seiner Vervielfachung gebraucht wird/werden kann. Früher nannte man es: „lieber mit der warmen Hand geben als mit der kalten". Das hatte den Effekt, dass man selber nach Gutdünken verteilen konnte und dass man sich darüber auch noch selber freute. Vor einiger Zeit brachte das Fernsehen eine Sendung über die Tätigkeit eines (Zwangs-)Versteigerers. Dabei wurde gezeigt, wie eine komplette Wohnungseinrichtung einer alleinerziehenden Mutter mit zwei Kindern unter den Hammer kam. Der Erlös betrug 150,– Euro ... und ich überlegte, was dereinst Haushaltsauflöser mal für meine Ansammlungen zahlen würden, bevor sie alles Stück für Stück auf dem Flohmarkt verscherbelten.

Mindestens ebenso begehrt wie Einrichtungsgegenstände aus den 60er und 70er Jahren, die inzwischen sowohl von der Enkelgeneration wie von Museen geschätzt werden, sind Barmittel! Auch wenn man nicht die Absicht hat, sich in die Herzen seiner Nachfahren einzukaufen, so gibt es doch zahlreiche sehr gute Gründe, sich beraten zu lassen, was man selber behalten will oder muss, und was bei den Kindern und Enkeln in engen Zeiten sinnvoller aufgehoben ist.

Wir alten Schmarotzer

„Soll das Leben etwa seine Energie darauf verschwenden, Gene für eine schöne Seniorenzeit zu erfinden?"
(Susanne Paulsen)

Eigentlich hatte ich es nie ernst genommen, dieses Gerede über Alte, die den Jungen ihre Zukunft wegfressen und sich mit den Renten vergnügen, die keiner mehr bezahlen kann. Ich hatte es für dummes Gerede gehalten, bis ich eines Tages die 68-jährige Editha über ihr Rentnerdasein sprechen hörte.

„Nein, ich schäme mich nicht, dass ich jetzt Rente bekomme, und ich möchte auch kein schlechtes Gewissen haben deswegen", sagte sie fast trotzig in einer Art, die deutlich machte: und genau das hat sie – ein schlechtes Gewissen. Bei ihr hatte es also schon gewirkt!

Sie war ihr Leben lang sozial tätig gewesen. Mit 15 Jahren kam sie aus der Schule, besuchte die Krankenpflegevorschule, machte ihre Ausbildung als Krankenschwester und Hebamme und ging anschließend nach Schwarzafrika in eine Missionsstation. Dort blieb sie 40 Jahre lang, arbeitete in Slums, in Krisengebieten und mit Aidskranken, bildete Schwestern und Hebammen aus, hatte kaum je Heimaturlaub und war mit 65 Jahren „fix und fertig". Und jetzt kämpfte sie tapfer gegen die Scham an, dass sie möglicherweise irgendwen in seiner materiellen Entwicklung behindern könnte!

Mit Sicherheit ist dies kein Einzelfall – ältere Menschen mit einem hohen Grad an Verantwortlichkeit für das, was um sie herum geschieht, können schon recht empfindlich getroffen werden. Was wirft man uns Rentnern vor? Wir sind zu viele, werden immer mehr und werden immer älter! Also teurer! Was mich bei diesem Szenarium viel mehr interessiert, sind zwei Fragen, um dessen Beantwortung sich offenbar niemand ernsthaft bemüht:

1. Was machen die Rentner und Pensionäre eigentlich mit ihren Ruhestandsbezügen (außer dass sie sie auf Kreuzfahrten verschleudern, natürlich!)?
2. Was tun die Rentner mit ihrer vielen freien Zeit, die von anderen finanziert werden muss?

Ich verabscheue es, Menschen auf ihre Nützlichkeit hin zu betrachten – aber die Diskussion um die zu teuren Rentner kann offensichtlich nicht (nur) geführt werden mit dem Hinweis auf die Würde eines jeden Menschen, mit seinem Recht auf ein adäquates Leben und damit, dass er ein Ebenbild Gottes sei. Ein Mensch ist wert, weil er ist – unabhängig von Alter, Gesundheitszustand oder materiellen Potenzen. Dennoch stelle ich ein paar rein materielle Beispiele zusammen:

Ich schaue mich zu diesen Fragen in meinem Freundes- und Bekanntenkreis um ... und sehe: Es gibt niemanden, ob Männlein oder Weiblein, ab 60, 68 oder 73, der nicht konsequent für die nächste Generation sorgt.

Wir haben fast alle unserer Fortpflanzungspflicht Genüge getan ... oder zumindest Steuern gezahlt, aus denen die kommenden Generationen versorgt wurden. Nach Sicht der Evolution (die über Steuern allerdings nichts aussagt), haben wir damit die stammesgeschichtliche Entwicklungslinie fortgesetzt und waren also erfolgreich. Eigentlich könnten wir abtreten (das finden die Kritiker, die uns unsere Belohnungsphase nicht gönnen, ja auch!) – aber da setzt sogar die Genealogie etwas dagegen: Alte sichern durch ihre Fürsorge für Kinder und Enkel den eigenen Fortpflanzungserfolg ab! (Schröder 2004)

Die Genealogen führen diese Behauptung weit aus – im Übrigen decken sich ihre Erkenntnisse voll mit denen der Evolutionsbiologen, die Affengroßmütter beobachtet haben. Mit anderen Worten: Offenbar liegt es in der Natur höherer Wesen wie Affen und Menschen, sich im Alter nicht egoistisch zurückzulehnen und nur für sich selber zu sorgen, sondern sie sorgen in vollem Umfang weiter und weiter und weiter zu sorgen.

Ein Blick in die (Neu-)Rentnerszene des höheren Wesens Mensch zeigt die Vielfalt der Absicherung dessen, wofür sie 20 und mehr Jahre gearbeitet haben:

- Ehepaar B. hat drei Kinder großgezogen. Beide sind 63 Jahre alt und seit kurzem verrentet. Als der älteste Sohn sich entschließt, das auf der Abendschule das Abitur nachzumachen, und dann mit 31 Jahren beginnt zu studieren, übernehmen sie die gesamte Finanzierung, soweit und solange er kein BAFöG bekommt. Das Studium wird mindestens sechs Jahre dauern. Für die Eltern sind diese Zahlungen eine Selbstverständlichkeit, obwohl sie dadurch auf vieles verzichten müssen. Dass der Sohn ein zufriedenstellendes Berufsleben haben wird, ist ihnen wichtiger.
- Das Ehepaar P., er 65, sie 58, sind sehr spät Eltern geworden. Ihre beiden Kinder sind, als die Mutter jetzt unfreiwillig in ihren vorzeitigen Ruhestand verabschiedet wurde, 17 und 18 Jahre alt. Beide besuchen ein Gymnasium, werden Abitur machen und wollen studieren. Bei Abschluss werden die Eltern Ende 60, Mitte 70 sein und sie werden für ihre Kinder auch dann noch zahlen, wenn diese keine Anstellung finden.
- Das Ehepaar L. hat vier Kinder. Der Mann ist 67, die Frau 63 Jahre alt. Zwei Kinder befinden sich noch im Studium und werden alimentiert. Die Zeit der Zahlung schien absehbar … im Prinzip! Ob es anschließend Stellen geben wird, auf die die beiden sich bewerben können, ist offen.

  Aber der zweitälteste Sohn – noch auf befristeter Stelle – ist jetzt Vater geworden. Seine Frau, in der Altenhilfe tätig, möchte zunächst zu Hause bleiben, weil Ganztagsarbeit und Schichtdienst sich mit einer Baby-Erziehung schwer vereinbaren lassen. Für die Großeltern ist es keine Minute unklar gewesen, dass sie diese junge, materiell ungesicherte Familie finanziell unterstützen werden, weil sie die Argumente der jungen Mutter zu ihren eigenen machen können.

- Wolfgang ist mit 16 Jahren und der Mittleren Reife aus der Schule entlassen worden. Sowohl sein als auch Vaters Wunsch war es, die kleine Firma des Vaters zu übernehmen und weiterzuführen: Sanitär- und Heizungsbau.

Wolfgang machte seine Lehre, arbeitete dann zwei Jahre in einer großen Firma und musste – den deutschen Innungsgesetzen entsprechend – seinen Meister machen. Für diese Ausbildung hatte sein Vater über mehrere Jahre gespart und konnte sie also dem Sohn bezahlen. Als dieser eine gute Meisterprüfung abgelegt hatte, stellte sich heraus, dass die Werkstatt des Vaters recht veraltet war und der Sohn mit vielem nichts mehr anfangen konnte. Gleichzeitig fehlten Gerätschaften, die den modernen, elektronisch gesteuerten Heizungen entsprachen.

Wolfgang war an modernster Technik ausgebildet worden und konnte mit Vaters Einrichtung nicht mehr viel anfangen. Der Vater war zutiefst gekränkt, fast wäre es zu einem Bruch zwischen Vater und Sohn gekommen. Als er sich dann umstimmen ließ – es war für ihn in besonderer Weise ein Abschied von seinem Leben, das der Sohn eigentlich nahtlos hätte fortführen sollen –, erklärte er sich bereit, dem Sohn dessen ausgefallene Idee zu finanzieren: eine rollende Werkstatt. Da ohnehin fast alles hätte ersetzt werden müssen, sah der Vater die Chance: Er nahm eine Hypothek auf sein Haus auf und stattete gemeinsam mit dem Sohn einen Lieferwagen als Werkstatt aus – überzeugt davon, dass Mobilität in diesem Beruf heute einen ganz anderen Stellenwert hat als noch zur Zeit seines eigenen Aufbaus.

Und nun zahlt der inzwischen 69-jährige Vater die Hypothekenzinsen so lange, bis die neue Geschäftsidee des Sohnes so viel abwirft, dass dieser selber tilgen kann. Allerdings ist seine Frau nun mit Zwillingen schwanger …

- Elisabeth war kinderlos verheiratet, ist inzwischen verwitwet und wird eine Kombination aus ihrer eigenen und der Witwenrente beziehen. Als sie bei Eintritt in den Ruhestand die Aufrechnung erhält, ist sie zufrieden, will das Geld aber nicht für sich alleine verbrauchen. So bespricht sie mit ihrem jüngsten Bruder und mit einer Cousine, für deren jeweilige Kinder sie einst die Patenschaft übernommen hatte, dass sie ab sofort bis Beendigung der jeweiligen Ausbildung einen festen monatlichen Betrag überweisen wird. Garantiert! Und wenn die beiden „Patenkinder" es wollen, lädt sie sie jeweils einmal jährlich ein, sie auf einer Reise zu begleiten, die sie, die Patentante, bezahlen wird.
- Das Ehepaar B., 67 und 61 Jahre alt, braucht für seine vier erwachsenen Kinder nicht mehr zu zahlen. Keines hat die langwierige Tortur von Abitur und Studium bis zum 28., 30., 32. Lebensjahr erlitten. Alle vier kamen mit 15 oder 16 Jahren aus der Schule, haben einen Beruf erlernt, geheiratet und Kinder bekommen. Inzwischen sind es neun Enkel! Der älteste Sohn hat alleine schon vier im Alter zwischen 3 und 14 Jahren und dementsprechend ist er „Alleinverdiener". Als der Sohn dieser Kinderschar wegen ein kleines Haus mit Grundstück kaufen wollte, sind die Eltern mit ihrer einen Rente (Frau B. war aufgrund der vier Kinder nie berufstätig) voll in die Finanzierung eingestiegen. Und zweimal im Jahr fährt die Großmutter mit ihrer ältesten und ersten Enkelin in die nächste Großstadt und kleidet sie neu ein.

Diese Aufzählung ließe sich endlos fortsetzen. In Aus- und Weiterbildungen der längst erwachsenen Kinder wird ebenso investiert wie in deren Hausbau, Geld geht in Bausparverträge der Kinder und in Sparbücher oder Ausbildungsversicherungen der Enkel. Besondere Ereignisse werden stets zusätzlich finanziert – ob Hochzeiten, Geburten, Ausstattungen, Umzüge ins Ausland oder Studienabschlüsse.

Eine Studie zum Verbleib der Rente hat vor einiger Zeit das alle verblüffende Ergebnis erbracht, dass rund ein Drittel des gesamten Geldes von Rentnern an die nachfolgenden Generationen zurück-(!)fließt!!

In gleicher Weise ließen sich endlose Aufzählungen vornehmen zu den (selbstverständlich kostenlosen) *Hilfen* der Alten bei ihren Kindern und Enkeln. Beim „Babysitten" geht es nicht nur darum, dass die Eltern ab und zu mal alleine ins Kino können – sondern vielmehr darum, dass Großeltern es Hunderttausenden von Müttern, Vätern und vor allem alleinerziehenden Elternteilen überhaupt erst ermöglichen, berufstätig zu sein. Der Großvater, der über Jahre hinweg morgens die Enkelin zum Kindergarten bringt und mittags wieder abholt, weil kein Betrieb einer Mutter einen Halbtagsjob anbietet, bei dem sie um 8.20 Uhr kommen und um 11.40 Uhr schon wieder gehen darf, weil der Kindergarten nur von 8 bis 12 Uhr geöffnet hat, hat der Volkswirtschaft einen großen materiellen Nutzen erwiesen: Mutter und Kind sind nicht von staatlichen Zahlungen abhängig, sondern die Mutter sorgt für beide und durch ihre Steuern und Sozialabgaben gleichzeitig für weitere Menschen.

Solange weder die (Familien-)Politik noch die Wirtschaft eine leichtgängige Regelung zur Vereinbarkeit von Beruf und Familie zustande bekommen, sind Eltern und Großeltern von existentieller Bedeutung für den Staat, die Wirtschaft und nicht zuletzt die Kindererziehung!

Und als Allerletztes sollen, um die wirtschaftliche Effizienz von Rentnern zu belegen, die angeblich das Versicherungssystem und den Staat in den Ruin treiben, noch ein paar nachdenkenswerte Hinweise gebracht werden:

- Wie viel Prozent aller Ehrenamtlichen in Deutschland sind Rentner, die in sozialen Organisationen, Heimen, Kirchen,

Sportvereinen, freien Wohlfahrtsverbänden, Hospizen … ihre kostenlosen Dienste anbieten? Welche Organisation könnte unbeschadet auf sie verzichten?

- Wie viele Rentner versorgen neben ihren Kindern und Enkeln auch noch ihre uralten Eltern, damit diese nicht (Kosten!) ins Heim müssen? Menschen zwischen 60 und 70 sind wie die Scheibe Käse im Sandwich der Generationen – solange sie selber irgendwie können, sorgen sie materiell, ideell, pflegerisch und erzieherisch für die Generationen in auf- und absteigender Linie.
- Wie viele *Stunden* leisten Rentner ohne Vergütung, die nicht ihnen, sondern nur anderen Menschen (und Institutionen!) zugute kommen – und *wen* würde dieser Zeitaufwand *wie viel* kosten, müsste er honoriert werden?
- Wenn 2000 Bundeswehrangehörige inklusive Familienmitgliedern an einen anderen Standort verlegt werden, rechnet die betroffene Region mit einem jährlichen Kaufkraftverlust von 15 Millionen Euro.

  Würden wir 20 Millionen Ruheständler mit einem Schlag von der Bildfläche verschwinden, um den Jungen das Futter zu überlassen … hätten sie keines mehr!!
- Und als letzte Idee – auch diese Aufzählungen könnten beliebig fortgesetzt werden und sollten von der Gerontologie und den sozialpolitischen Forschungen einmal systematisch angegangen werden – wäre zu überlegen, wie viele Arbeitslose es zusätzlich gäbe, würden sich alle (teuren!) Alten- und Pflegeheime plötzlich leeren. Was würden dann nur die Wohlfahrtsverbände machen, die nicht schlecht an den Alten verdienen? Und die Mediziner, die Pharmaindustrie, die Reha-Kliniken und weitere ebenso.

Wie dem auch sie: Alte Menschen, die scheinbar auf Kosten der Jungen leben und als „sozialer Ballast“ gehandhabt werden, haben jedes Argument *für sich* – uneingeschränkt und auch bei Menschen, die nur in wirtschaftlichen Kategorien denken!!

Keine Option

Nicht nur Bücher, Reisen, Enkel, Garten, Ehrenamt, Zeithaben und Genießendürfen machen den Übergang von der Berufsphase in den Ruhestand aus. Es scheint eine der vielen Illusionen zu sein, dass nun die Zeit der Muße, des immerwährenden Friedens und der Gelassenheit anhebt, die nur recht gut strukturiert zu werden braucht, um dem kommenden Alter paradiesische Züge zu verleihen.

Zwischen Rente und Tod kann viel geplantes Schönes kommen, aber die Realitäten sehen für manche von uns auch andere Themen vor: krank, behindert, auf Hilfe angewiesen, ja, anderen Menschen ausgesetzt zu sein, abgeschoben zu werden … gehören zu den Themen, die keiner von uns von sich weisen kann – und die wir nicht nur in den Bereich der 85-Jährigen verbannen sollten.

Es trifft alle Altersgruppen, aber mit zunehmendem Alter ist die Gefahr statistisch größer und möglicherweise sind die Folgen dramatischer.

Mitten heraus aus meiner neuen Rentner-Besinnlichkeit, die ich gerade sacht zu verplanen beginne, holt „es“ mich ein – „es“, das ist das, was nicht in die Rubrik „Pläne – Wünsche – Träume“ gehörte und noch nicht einmal zum Zauberwort Optionen.

Der Blick in den Abgrund

Es gibt Dinge, auf die man nicht besonders scharf ist. Es gibt Erfahrungen, die man gerne nie oder wenn nötig, dann doch so spät wie möglich machen möchte. Aber man kann es sich nicht aussuchen … und wer weiß, wozu es letztendlich gut ist.

Nach einer Operation und längerem Liegen soll ich wieder auf die Beine kommen – im wahrsten Sinne des Wortes. Für mich ist das eine erfreuliche Angelegenheit – „Reha“ mit viel Bewegung, Schwimmen und allen guten Angeboten, die die Physiotherapie auf Lager hat.

Aber die Realitäten, sie sind nun mal nicht so! Es waren keine Pannen und es waren keine bedauerlichen Zufälle: Ich war plötzlich in der Realität der alten Alten angekommen, von der ich immer glaubte, sie würde mich nicht treffen. Es war die Wirklichkeit der auf fremde Hilfe angewiesenen Alten.

Ein Liegendtransport bringt mich in die „Klinik für medizinische Rehabilitation“. Dass sie auch eine Klinik für Geriatrie ist, erfahre ich bei Ankunft am Fahrstuhlwegweiser. Mein Erschrecken ist tief – doch schon? – aber es ist nicht tief genug für das, was dann kommt. Auf der Station angekommen, werde ich wie ein Frachtgut angenommen: „Kann sie sitzen?“, fragt die Pflegekraft die beiden Transporteure. „Nein, kann sie nicht“, antwortet einer von ihnen. Nicht nur, dass es nicht stimmt – aber wieso werde nicht *ich* gefragt?

Dann werde ich von den beiden Männern im Flur in ein Bett gehievt, an die Seite neben ein Regal voller altem Papierramsch geschoben … und da stehe ich nun. Keiner begrüßt mich, keiner spricht mit mir. Irgendwann kommt eine Schwester, ob ich Wasser wolle? Ja bitte, aber vor allem möchte ich nicht länger auf dem Flur abgestellt sein. Das ginge im Moment nicht anders, mein Zimmer sei noch besetzt. Nach anderthalb Stunden – ich habe die Stationsuhr vor Augen – schlendert ein Weißbekittelter heran, der schon die ganze Zeit über den Flur geschlurrt ist. Er murmelt seinen Namen samt Doktortitel und sagt mürrisch ohne Begrüßung: „Sie müssen noch warten. Ihr Zimmer ist noch nicht frei.“ Ohne eine Antwort abzuwarten, dreht er sich um und geht. Mit meiner Frage hat er nicht gerechnet: „Und wie lange noch?“ Noch unfreundlicher sagt er über die Schulter im Weitergehen: „Noch zwei bis drei Stunden!“

Ich bin ein geduldiges Schaf, aber selbst für mich gibt es Grenzen. Geradezu elektrisiert fährt er herum, als ich mit Donnerstimme sage: „Mit hundertprozentiger Sicherheit nicht!“ Eine Alternative war mir zwar auch noch nicht eingefallen, aber es wirkte verblüffend.

Wortlos verschwindet er. Irgendwie habe ich das Gefühl, dass dieser Ton auf dieser Station ein absolutes Novum ist. Er muss meine Akte eingesehen haben, denn plötzlich beginnt ein hektisches Treiben. Ich bin zwar nicht Chef-Patientin (weil man sich das nach der Gesundheitsreform nicht mehr leisten kann), aber ich habe einen Titel … sogar einen besseren als er und das wirkt in der hierarchiesüchtigen Medizinerkaste stets wie ein Granateneinschlag. Was dann kam, hatte ich nicht gewollt. Ein uralter Mann, der sich lautstark und heftig beschwert („Ich habe dieses Zimmer für den ganzen Tag bezahlt!“), wird im Flur an den Tisch gesetzt, sein Gepäck neben ihn gestellt und ihm wird mitgeteilt, dass seine Tochter erst in drei bis vier Stunden käme, ihn abzuholen. Einer von uns beiden muss also auf den Flur. In Hotels nennt man das Doppelbelegung und der Tourist hat Anspruch auf Entschädigung. In der Geriatrie hat niemand Ansprüche zu haben!

So komme ich also zu meinem Zimmer. „Wird es nicht noch geputzt?“, frage ich. Nein, es wird nicht.

Nach zwei Stunden erscheint nämlicher Griesgram – der sich als Stationsarzt entpuppt. Ich bin nicht sein Typ. Ich habe bereits nach anderthalb Stunden so was wie Rechte versucht einzufordern. Er flätzt sich ungezogen in den Besucherstuhl (nicht etwa dass er fragt, ob er das dürfe!!) und lässt mich wissen: „Sie sind hier am falschen Platz. Sie sind für uns zu jung. Für Ihr Alter haben wir keine Angebote. Ich nehme es Ihnen nicht übel, wenn Sie nächste Woche wieder gehen. Sie können sich ja umverlegen lassen.“ Spricht's und verschwindet.

War das seine kleine billige Rache oder ist das hier der Stil, frage ich mich. Dann kommt der Pastor. Ich horche ihn etwas aus … und er versteht nicht meine Intention. Das ist gut so, denn so erfahre ich wenigstens etwas. Ja, es sei sehr schade, dass man habe die Reha hinzunehmen müssen. „Es war immer so eine schöne Altersabteilung" – aber aus finanziellen Gründen sei es nicht mehr gegangen. Aber wer hierher zur Reha käme, habe lange Tage vor sich – für jeden Patienten stünden pro Tag 30 Minuten zur Verfügung, mehr Personal habe man nicht. „Und da wird der Tag sehr, sehr lang …"

Als Nächstes klärt mich eine Pflegekraft auf: „Wer hierher zur Reha kommt, ist geschnitten. Hier passiert doch gar nichts mit den Leuten."

Zum Abendessen um 17 Uhr bekomme ich eine bunte Mischung Tabletten. Ich frage, was das alles sei. Noch ein Novum! „Das hat der Arzt verschrieben!", „Ja, das habe ich mir gedacht", sage ich, „dennoch wüsste ich gerne, was das ist." Sie geht fragen.

Als sie zurückkommt, weiß sie von jeder Pille den Namen, nicht jedoch, was sie bewirken soll. Bei einer weiß ich es: Es ist ein starkes Beruhigungsmittel. „Wozu soll ich das nehmen?", frage ich. „Das ist gut für Ihre Psyche", sagt die junge Frau. Und ich denke: „oder für eure Ruhe auf Station".

Morgens – ich habe schon viel herumtelefoniert, wohin ich so schnell überwechseln könne – kommt das Frühstück. Meine Genussfähigkeit ist ob der Ereignisse stark eingeschränkt und ich weine, weil mir alle Befragten geschildert haben, wie schwierig es sein wird, hier herauszukommen (zumal ich mich nicht einfach entlassen kann, denn ich kann mich noch nicht alleine versorgen). Ich weine auch über die erste Nacht, in der ich alle zwei Stunden mit Taschenlampenkegel im Gesicht geweckt worden war. Auf die Frage, wozu das gut sein solle, war ich angeherrscht worden: „Ja glauben Sie, es ist für das Personal einfach, wenn der Tote morgens schon steif ist!"

Mein Weinen ruft das Pflegepersonal auf den Plan. Eine Dicke pflanzt sich neben mich auf die Bettkante – Pobacke an Pobacke –, legt mir den Arm um die Schulter und … erzählt mir ihre komplette Leidensgeschichte inklusive aller Operationen und Krankenhausaufenthalte. Als sie damit fertig ist, tätschelt sie mich plumpvertraulich und sagt: „Und nun essen Sie mal schön! Ich habe Ihnen extra ein schönes Nutella mitgebracht!"

Als Nächstes passiert gar nichts, denn mich hat das Virus erwischt. Am ersten Abend hatte ich gefragt, warum es allüberall nach Durchfall riechen würde. „Weil hier alle Durchfall haben", wurde mir kundgetan – lachend. In jedem Zimmer, auf allen Stationen, im ganzen Gebäude grassiert ein hochinfektiöses Brechdurchfallvirus … und ich als neue Patientin nach einer langwierigen Operation werde bedenkenlos aufgenommen. Es trägt niemand Handschuhe, niemand Mundschutz, die Besucher werden nicht gewarnt, die „Schieber" nur sooft gereinigt wie sonst auch. Strafrechtlich ist das Körperverletzung – vorsätzliche wahrscheinlich, fahrlässige auf alle Fälle.

So „feiere" ich – überm Papierkorb (!!) hängend – meinen Geburtstag. Meiner Bitte, mir ein bestimmtes Medikament intravenös zu spritzen, damit das extreme Erbrechen nachlässt, wird nicht nachgekommen. Warum auch? Seit wann wissen Patienten, was für sie gut ist – und dann noch alte!

Irgendwann – die ersten Tage sind schon verloren – geht es dann los. Mir werden die Möglichkeiten vorgestellt. Ich verlange „volles Programm", weil ich wieder auf die Beine kommen will. Aber „voll" geht nicht – mein Personal arbeitet nur bis 12 Uhr mittags. In der Folge bekomme ich dann alles bzw. einiges in zweieinhalb Vormittagsstunden gepackt. Der notwendige Wechsel zwischen Anspannung und Entspannung ist nicht gegeben, es sei denn, ich verzichte auf eine von drei Anwendungen.

Täglich schwimmen – das ginge nicht. So viel Personal habe man nicht, um mich zu beaufsichtigen. „Ich brauche keine Aufsicht, ich bin im Schwimmen durchtrainiert" – „Und wenn was passiert, haben wir die Polizei im Haus", sagt der sonst sehr geduldige Oberarzt. „Ich gebe es Ihnen schriftlich, dass ich selber alle Verantwortung übernehme", sage ich. „Außerdem kenne ich im LKA einen Kripobeamten sehr gut, der würde sich sicher freuen, wenn er mich zum Abschied wenigstens noch als schöne Wasserleiche sehen könnte." Er gibt's auf – aber klappen tut es deswegen noch lange nicht alle Tage.

Der nächste Punkt: „Ich will keine Psychopharmaka, ich habe Wirbelsäulenprobleme und sonst nichts." Auch da geben sie seufzend nach. „Das ist doch nur, damit Sie sich beruhigen", sagt der Arzt, und ich sage ihm ebenso deutlich, dass ich mich hier nicht beruhigen wolle, ich wolle mich aufregen! Ja und das ist es wohl auch ... eben das soll nicht sein, das tut hier niemand, und wer es dennoch tut, bekommt das kleine rosa Pilleken für die Seele.

Nachdem ich mich eine Woche lang mühsam durch die Anforderungen an den Gehorsam gekämpft habe (ich bin im Übrigen mit einer Ausnahme die Jüngste hier – der Altersdurchschnitt liegt bei 82 Jahren), blase ich zur nächsten Attacke. An fünf von sieben Tagen gab es zum Mittagessen Matsche. Hirnloser Matsch für zahnlose Omis: Milchreis mit Kirschsaft, Milchreis mit Schokoladenpampe (erstarrt), Nudeln mit Zwiebeln in Fett schwimmend, Milchreis mit Apfelmus, Matschkartoffel mit Matschsoße drüber ... Ich sei doch selber schuld, höre ich, ich wolle doch vegetarisch essen und das sei eben vegetarisch! Aber ich könne gerne aus der Küche die Diätassistentin anfordern, die käme ans Bett.

Es kommt: ein Lichtblick! Sie versteht mich!!! Aber sie versteht nicht, warum ich mir nichts anderes aus den täglichen fünf (!!!) Wahlgerichten aussuchen würde. ????? Es gäbe doch für alle Patienten einen Wochenplan, nach dem sie bestellen dürften. Und das käme dann auch! Aber, schränkt sie ein, bei dieser Station sei es immer ein wenig schwierig.

So frage ich die Stationsleitung, warum hier so schwierig sei, was doch in allen Kliniken gang und gäbe wäre. „Ach wissen Sie", sagt die Dame, „das machen wir hier nicht. Unsere Patienten wissen heute doch sowieso nicht mehr, was sie gestern bestellt haben!"

Die Chefarztvisite folgt dem gleichen Muster. Um mein Bett herumstehend berichtet erst der Arzt, dann die Krankengymnastin darüber, wie es mir geht. Letztere wird dann gefragt, welches ihr Endziel mit mir sei. Sie formuliert es – und dann wendet sich der ganze Pulk zum Gehen. „Wollen Sie denn gar nicht wissen, welches *mein* Endziel in dieser Klinik ist?“, frage ich in den Rücken der Entschwindenden. Ruckartig und mit verschrecktem Blick wenden sie sich um wie ein Mann. Keiner sagt oder fragt was. Sie starren mich an, als hätte ich gesagt: „Unter meiner Bettdecke liegt eine scharfe Bombe. Wenn einer von Ihnen mit der Wimper zuckt, geht sie hoch.“

Der Chefarzt fängt sich dann doch und fragt mich wie ein völlig ungezogenes Kind, dem man noch eine Chance zu geben bereit ist: „Und was wäre das?“

Nein, sie können mit mir nichts anfangen. Ich *will* noch was (ich will meine Rechte, mehr nicht!). Ich *bin* noch wer (ich möchte über mich selber bestimmen) und ich zahle für das, was „versprochen“ wird. Alleine meine Zuzahlung für das Zimmer liegt höher als der Aufenthalt in einem Renommierhotel im Herzen einer attraktiven Großstadt.

Aber es ist alles eben nur für Alte! Die Wände sind schadhaft, die Resopalmöbel verlieren ihre Umleimer. Die sündhaft teure Nasszelle (ohne Dusche!) stinkt wie ein öffentliches Pissoir. Die Putzfrau geht durch alle Zimmer mit demselben Lappen in der Hand. Es dauert bis zu 20 Minuten, bis jemand aufs Klingeln hin kommt. („Wenn ich einen Herzinfarkt bekäme, wäre ich hier schneller tot als wenn mir das auf offener Straße passieren würde!“ „Ja, da haben Sie Recht!“) Die Essentabletts sind altersgrau und zum Teil splittern sie. Das Geschirr ist angeschlagen. Die Bettwäsche ist schadhaft: Die eingezogene alte Wolldecke quillt durch die aufgeplatzte Seitennaht, das Bettlaken ist mehrfach geflickt. Der Schaumstoff, der mir zur Entlastung des Rückens unter die Beine geschoben wird, ist nicht bezogen. Er ist uralt, schmuddelig und „mehlt“ mir das ganze Bett voll. Die orthopädischen Hilfsmittel stammen aus der Ära der 70er Jahre. Mein Rollstuhl ist „nicht sicher“, wie selbst der Arzt feststellt – da man aber keine sichereren hat, bleibt es bei der Feststellung. Um eine feste Bandscheibenmatratze bitte ich exakt 10 Tage lang. Mal hat das zentrale Matratzenlager schon zu, mal ist Wochenende, mal wurde sie zwar verordnet, aber vergessen weiterzugeben … Außerdem: „Auf dieser Station ist schon eine Spezialmatratze!“

Deswegen also Beruhigungsmittel!

Wie man über das Klientel denkt, wird mir gleich am ersten Therapietag klar. Ich könne – wird mir gesagt – an der Gruppengymnastik teilnehmen. Aber da seien nur Alte! (Das ist in geriatrischen Krankenhäusern meistens der Fall!) Da das Angebot ohnehin nicht überwältigend ist, sage ich zu. Am nächsten Morgen werde ich hingebracht. Ein paar Meter vor der Tür zum Gymnastikraum sagt die Krankengymnastin zu mir: „Aber erschrecken Sie nicht!“ Ich bin viel zu verblüfft, um nachzufragen. „Es sind alles sehr Alte“, fügt sie hinzu. Eine Mischung aus „...dann findet sie mich also nicht alt“ und „O Gott, was bekomme ich da zu sehen!“ beschleicht mich.

Und was bekam ich zu sehen? Eine muntere Gruppe von etwa zehn Senioren, die Bewegungsübungen machten! Zwei von ihnen waren deutlich sehr krank, und alle anderen waren genau so, wie ich sie von der Dorfstraße, vom Einkaufen, aus Alte-Damen-Cafés und von überallher kenne. Sie waren gepflegt gekleidet, hübsch frisiert und einige von ihnen waren entschieden beweglicher mit Armen, Beinen und Rücken als ich „Jüngste“. Als ob es nicht reichen würde, wurde ich am Tag darauf bei der Visite dafür gelobt, dass ich an der Gymnastikrunde teilgenommen hatte und es weiterhin so halten wollte.

Irgendwann – als ich endlich durchgesetzt hatte, dass mir nachts nicht ständig mit der Taschenlampe im Gesicht herumgeleuchtet wurde – setzten für mich ganz neue Schlafstörungen ein. Eines Abends hatte sich eine Krankenschwester entschlossen, mit mir ein kleines Gespräch zu beginnen. Sie gehörte zu den Pflegekräften, die mich nicht anzusehen pflegten, wenn sie mit mir sprachen, und stattdessen den rechten oberen Winkel des Raumes fixierten. So ein Gespräch war unüblich – die Verrichtungen wurden stets schweigend ausgeführt, manche grüßten nicht einmal, wenn sie das Zimmer betraten.

Wie sie auf das Thema kam, hatte ich vor Schreck vergessen. Jedenfalls sagte sie plötzlich: „Leider dürfen wir ja keine aktive Sterbehilfe leisten!"

„Leider" hatte sie gesagt und „aktive" – und es war dieselbe Pflegekraft, die mir täglich morgens eine Spritze gab, wenn sie Frühschicht hatte. Ihre latente Aggressivität hatte ich schon einmal zu spüren bekommen, als ich gegen den frühen Termin (6.05 Uhr) protestierte. Sie hatte mich scharf belehrt: „Wenn ich um 6 Uhr anfangen muss, können Sie ja wohl auch um 6.10 Uhr die Spritze kriegen."

Von diesem Tag an hatte ich einen Horror … vor der Spritze, vor dieser Frau, vor dieser geriatrischen „Reha"-Station. Bis zu meiner Entlassung – „Kein Tag länger!" – wurde ich ein mulmiges Gefühl nicht los, dass mir im Bett etwas passieren könnte, nachdem der Neurochirurg mich in stundenlanger Feinarbeit unter dem Mikroskop wieder zusammengeflickt hatte und nachdem der Oberarzt befürchtete, ich könnte im 1,20 m tiefen Schwimmbecken ertrinken.

Als ich – viel zu früh – nach drei Wochen ging, waren wohl alle erleichtert, nicht nur ich! Es war ein Blick in den Abgrund – und hoffentlich nicht in meine Zukunft. Vor vielen Jahren habe ich mich beruflich mit Altersselbstmord beschäftigen müssen. Dabei war es für alle immer ein unerklärliches Phänomen, dass alte Menschen sich am Tag vor ihrer Umsiedlung ins Heim umbrachten. Sie wollen nicht ihre vertraute Umgebung verlassen, war die Erklärung. Aber vielleicht wussten oder wissen sie darüber hinaus, was sie erwartet? Und noch ein Thema steht an: Über alle Freude über die erworbene Freiheit hinausgehend…

Das große Alterstabu ...

... heißt nicht Sexualität oder Tod. Es ist etwas so Tabuisiertes, dass darüber praktisch niemand spricht, nicht einmal – oder vor allem nicht – im engsten Freundeskreis.

Das Tabu heißt: Werden sich meine Kinder um mich kümmern, wenn ich es nicht mehr alleine schaffe? Werden sie mich zu sich holen? Darf ich bei ihnen in meinen letzten Jahren sein und an ihrem Leben teilhaben? Werden sie notfalls für mich bezahlen, wenn ich in ein Heim muss ... so wie ich 20 und mehr Jahre für sie bezahlt habe? Oder werden sie sich arm stellen, sich drücken, mich dem Sozialamt überlassen? Werden sie Verantwortung für mich übernehmen – so wie ich es jahrzehntelang getan habe? Oder wissen sie gar nicht, dass irgendwann auch Kinder für ihre Eltern verantwortlich sind?

Die Beantwortung dieser Fragen ist existentiell. Der Inhalt der Antwort ist so etwas wie eine Lebensbilanz: Habe ich jahrzehntelang versagt und werde im hilflosen Alter durch Nichteinbeziehung bestraft? Oder haben meine Kinder anerkannt, was ich für sie getan habe ... von den durchwachten Nächten über die endlosen Schulquerelen bis hin zur Finanzierung ihrer Ausbildung, ihrer Arbeitslosenzeiten, ihrer Autos und aller möglichen Besonderheiten? Werden sie dankbar sein und sich aus ganzem Herzen und gerne „verpflichtet" fühlen oder werde ich als Person und als Kostenerzeuger eine ungeliebte Bürde darstellen?

Die Beantwortung dieser Fragen zeigt den Ernstfall an! Sie zeigt uns unsere Illusionen auf ... über uns selber, über unsere Kinder, über das, was wir aus ihnen gemacht haben. Ernte oder Missernte? Einlaufen dürfen in einen sicheren Hafen oder der hohen See bei Sturm überlassen sein – soll sich doch die staatliche Rettungswacht um uns kümmern.

Zumal als Mutter (Väter sind ja so ziemlich konsequent aus allem, was Kinder anbelangt, ausgeschlossen) hat man über den ganzen Prozess der Erziehung eigentlich nur eines erfahren: Es war schlecht, es reichte nicht, fast alles war falsch. In den Augen Außenstehender hingen wir immer irgendwo zwischen Verwöhnung und Verzärtelung auf der einen und Härte und Lieblosigkeit auf der anderen Seite. Ich bin in 19 Erziehungsjahren zu der Überzeugung gekommen, dass es keinen Beruf auf der Welt gibt, in dem man (frau!) so permanent versagt und trotzdem weitermachen darf, soll, muss. Als Mutter *kann* man nichts richtig machen!

Die Psychotherapeutin Verena Kast spricht von „Schuld", wenn wir eine Verantwortung verfehlt haben. Aber es sei unvermeidbar, schreibt sie, dass wir schuldig werden, weil wir als Persönlichkeiten nie ganz mit den äußeren Normen und Gesetzen übereinstimmen. Ich füge hinzu: noch nicht einmal immer mit unseren eigenen, inneren Normen, weil wir gegenüber Aufgaben, die emotional besetzt sind – wie die Kindererziehung –, nicht immer eins mit uns selber sind.

„Schuldgefühle", sagt sie weiter, „sind immer vermischt mit Scham und Angst, bestraft zu werden." (Kast 1996).

Vielleicht ist es *das*, was im Alter virulent wird, wenn wir über unseren Verbleib in der Zukunft nachdenken (müssen)? Vor Augen steht uns eine ganze Reihe Situationen, in denen wir „versagt" haben – schuldhaft oder schuldlos, verantwortlich oder unbewusst. Und während wir unsere Zukunft im Falle der Hilflosigkeit bedenken, fallen sie uns wieder ein mitsamt der Frage: Wurde uns verziehen oder nicht?

Vielleicht haben wir nicht genug geliebt? Vielleicht haben wir es nicht ausreichend gezeigt oder zeigen können? Vielleicht waren wir zu streng, zu versagend in einem Umfeld sinnlosen Konsumrausches? Oder waren wir zu verwöhnend und unsere Kinder haben nie gelernt, dass irgendwann sie selber dran sind mit der Übernahme von Verantwortung?

„Meine Kinder sind an meinem Geld interessiert, nicht an mir", sagt Hermann scheinbar illusionslos, schaut dabei aber angelegentlich aus dem Fenster. „Wenn ich meine Rente im Heim abliefern werde, habe ich auch keine Kinder mehr." Auf vorsichtiges Nachfragen kommt dann: „Was ich falsch gemacht habe? Woher soll ich das wissen! Seitdem ich Rentner bin und Zeit habe, über so was nachzudenken, zerbreche ich mir den Kopf darüber. Aber was soll schon dabei rauskommen? Meine Frau und ich haben getan, was wir konnten. Wir haben uns krumm gelegt für die Kinder. Mehr konnten wir nicht tun! Einmal habe ich versucht, meine Tochter darauf anzusprechen. Mit meinem Sohn ginge so was gar nicht, sogar meine Tochter hat getan, als nerve ich sie, und hat gesagt: ‚Vater hör auf mit dem Quatsch!' Das war alles."

Mit den Kindern darüber reden? Im (Renten-)Alter befindet man sich dabei in einer Position der Schwäche. Da ist es schwierig, zumal wenn man sich der uneingeschränkten Sympathie seiner Kinder nicht sicher sein kann. Jahrzehntelanger Groll, nicht ausgetragene Konflikte und nie genannte Kränkungen können zu diesem Zeitpunkt bei diesem Thema massiv aufbrechen und alles zerschlagen.

„Eine Mutter kann zehn Kinder ernähren, aber zehn Kinder nicht eine Mutter", ist ein altes Sprichwort. Schon als Kind hatte ich darüber irritiert nachgedacht. Ich hielt es immer für eine Rechenaufgabe, die ich aber nicht verstand – ein nicht zu lösender Dreisatz.

Es liegt also nicht am Egoismus der verwöhnten Generation der 60er, 70er und 80er Jahrgänge des 20. Jahrhunderts, für die alles da war – „alles und zwar sofort". Es ist wie ein altes Gesetz und vermutlich ist es der große Schmerz alter Menschen seit Jahrhunderten, sich überlegen zu müssen: Nehmen sie mich oder lassen sie mich im Stich?

Im Krankenhaus lernte ich eine ältere Dame kennen, der der rechte Unterschenkel wegen Durchblutungsstörungen amputiert worden war. Sie übte zäh und fleißig mit ihrer Prothese. „Ich kann schon ganz gut, aber ob ich auf Dauer die drei Stockwerke zu meiner Wohnung schaffen werde? Ich hatte gehofft, dort bis zu meinem Tode bleiben zu können. Aber ich kann mich doch so nicht mehr richtig versorgen. Ich bin bis jetzt jeden Tag einkaufen gegangen. Da brauchte ich nicht so schwer zu tragen und hatte jeden Tag etwas vor. Ob ich das noch können werde? Ich glaube nicht. Meine Tochter lebt mit ihrem Mann einen Stadtteil weiter. Sicher wird sie mir helfen. Aber ich würde lieber zu ihr ziehen. Sie haben in ihrem Haus eine kleine Wohnung im Souterrain, die wäre ideal für mich. Bei ihrem letzten Besuch habe ich das schon mal angedeutet, aber ich glaube, sie hat mich nicht gehört." ... Dann machte sie eine lange Pause und sagte mit tiefer Resignation: „Ich habe Ersparnisse. Die sollte sie mal erben. Sie sollte sich freuen, wenn sie nach meiner Beerdigung alles in den Sparbüchern findet ..." Pause. „Vielleicht kann ich es ihr doch schon mal sagen? Oder ihr das Geld gleich geben?"

Freundschaft mit sich selbst

Was die Generation, die jetzt in den Ruhestand geht, mit Sicherheit nicht gelernt hat, ist, gut zu sich selber zu sein, sich zu mögen, sich zu lieben.

Viele von uns haben die Selbstzweifel unserer Eltern mitbekommen wie eine Familienneurose. Unsere Eltern – preußisch erzogen („Der Mensch ist nicht zum Vergnügen auf der Welt, sondern um seine Pflicht zu tun!") –, durch zwei Weltkriege, zwei Nachkriegszeiten, Hungersnöte, Weltwirtschaftskrise und unzählige Verluste geprägt, konnten sich vermutlich gar nicht vorstellen, dass man sich selber lieben könnte oder dürfte. Auf alle Fälle war das „kein Thema"!

Ganz offensichtlich schließt sich der Lebenskreis auch in Bezug auf das Erleben des Selbst. Die Zeit, die Selbstbesinnung und Selbstbestimmung überhaupt erst zulässt, holt ohne eigenes Zutun Verborgenes und Vergessenes wieder hoch und drängt auf Bedachtwerden und Erledigung.

Außenstehende sagen oft: Ältere Menschen leben im Gestern. Oder auch: Sie erinnern sich mehr an lang Vergangenes denn an Kurzfristiges. Mir fiel diese Zuschreibung in letzter Zeit häufig ein. Während ich früher Unkraut jätete oder den Rasen sprengte, dachte ich (zwangsläufig!) daran, was ich abends kochen müsste, wen ich vergessen hatte anzurufen und welchen Bus ich morgen früh nehmen sollte, um den einen bestimmten Zug zu bekommen. Heute brauche ich daran nicht mehr zu denken – dafür fällt mir das Unkrautjäten in meinen Jugendjahren ein … und daran schließen sich ganze, lange Assoziationsketten an Erinnerungen an.

Mir scheint, dass wir in der Belohnungs- und Erholungsphase des Lebens erstmals Zeit, Muße und Ruhe haben, Altes, Inneres, Unerledigtes überhaupt erst zu betrachten. Die Berufs- und Doppelbelastungsjahre haben keine freien seelischen Kapazitäten gelassen, sich erinnernd hinzusetzen und die alten Geschichten und Verletzungen zu sortieren. Vieles blieb nur dumpfes Gefühl und wurde auch bewusst nicht näher analysiert – wie sollte das auch gehen, wenn man nicht wusste, was sich hinter der Mauer des Schweigens verbarg … und am nächsten Tag musste man wieder einwandfrei funktionieren?!

Erst in den letzten Jahren – auch ausgelöst durch das Gedenken an „60 Jahre Kriegsende" – begann eine Diskussion über nie bedachte Opfer: die überlebenden Kinder. Es ist die Generation, die derzeit aus der Arbeitswelt ausscheidet. Krieg, Bombennächte, Angst, Panik, Flucht, Zeuge von Verbrechen, Armut, Barackenlager, Hungerszeiten … sind Begriffe, die von Nicht-Betroffenen stets so aufgezählt werden, als gehörten sie in dieser Kombination wie selbstverständlich dazu.

„Ärzte haben das Problem zu spät erkannt", schreibt Rainer Traub. „Die psychischen Langzeitfolgen von Krieg, Flucht und Vertreibung wurden einfach nicht zur Kenntnis genommen." Eine Aufarbeitung gab es auch zu diesem Thema nicht. „Das drückende Bewusstsein deutscher Verantwortung hat lange Zeit die Beschäftigung mit den Opfern und ihren seelischen Spätschäden verhindert." Auch war die Traumatherapie noch kein gängiges Verfahren.

Hartmut Radebold, Psychologieprofessor des Geburtsjahrgangs 1935, befasst sich mit der Erforschung und Behandlung psychischer Erkrankungen bei älteren Menschen. „Er schätzt, dass etwa die Hälfte der Angehörigen der Jahrgänge 1930–1947/8 unter beträchtlichen bis schwerwiegenden und dazu anhaltenden Folgen des Zweiten Weltkrieges und der Nachkriegszeit leiden." (Traub)

„Der Körper vergisst nichts", sagt die Traumatherapeutin Luise Reddemann (ebenfalls ein Kriegsjahrgang), „und wir wissen inzwischen, wie eng er mit dem Gehirn oder der Seele verbunden ist." Der Körper erinnert sich „zum Beispiel bei Angehörigen der Kriegskindergeneration dann, wenn sie sich nicht mehr durch viel Arbeit von allem ablenken können, vielleicht auch nicht mehr so fit sind... Es ist sicher kein Zufall, dass in Deutschland nur noch jeder Dritte 59-Jährige berufstätig ist."

Die „dauerhaften Erschütterungen von Selbst- und Weltverständnis" (Treichel) zu Beginn unseres Lebens tragen wir, die wir heute versuchen wollen und müssen, Freundschaft mit uns selber zu schließen, und die wir für die Nachberufsphase eine Harmonisierung anstreben, in uns. Wir sollten das nicht vergessen und uns nicht selber überfordern mit Erwartungen an ein fröhliches Funktionieren.

Irgendwann stellt man sich die Frage: Wie kann ich gut zu mir sein, wenn ich mir nicht gut bin?

Selbstliebe lässt sich ebenso wenig verordnen wie Nächstenleibe. Was sich aber „verordnen" ließe, wäre das *Handeln*, über das sich – sozusagen auf Umwegen – Liebe oder Zuneigung einstellen kann. Wen ich für mich gewinnen will, dem tue ich Gutes ... und hoffe, dass es wirkt. Warum sollte dieses Rezept nicht auch bei einem selber funktionieren? Warum sollte der Mensch nicht für sich selber eine positive Spirale in Gang setzen können ... so wie wir es ein Leben lang für andere getan haben?

... Ich tue mir etwas Gutes ... damit teile ich mir meine prinzipielle Zuneigung mit ... die wiederum meine Seele erfreut und wärmt ... mir geht es besser, ich fühle mich wohler ... und weil ich mich wohl fühle, kann ich aktiver, offener anderen gegenüber sein ... erreiche somit ein kleines bisschen mehr Akzeptanz, die mich der Überzeugung näher bringt, dass ich doch eigentlich ein ganz liebenswerter Typ bin ... für den es sich lohnt, etwas Gutes zu tun ...

Zur Entfaltung und Pflege der Selbstakzeptanz gehören mehrere Elemente:

- Das *körperliche Wohlbefinden*, ohne das ein Missbehagen ins ganze Sein ausstrahlt. Ernährung, Schlaf, Bewegung sind die wichtigsten zu beachtenden Fakten, wobei mit Sicherheit die Bewegung an erster Stelle steht! Für „die ältere Generation" gibt es unzählige Vorschläge und Vorschriften für eine gesunde Ernährung – als ob man mit 60 immer noch nicht wüsste, was einem mundet und bekommt. Essen und Trinken ist Lebensqualität und sollte genossen werden mit Dankbarkeit. Ein Fasten- oder Entlastungstag pro Woche macht manchen Ernährungs„fehler" wett und ansonsten sollte man sich mit der Ernährung drei bis vier Mal täglich Freude bereiten.

  Die „Schönheitspflege" tut ein Übriges. Auch das hat unsere Generation nicht von Kindesbeinen an gelernt (man steht nicht vor dem Spiegel/Eitelkeit ist Sünde …). Das Sich-selber-ansehnlich-Finden, die Sicherheit des Gepflegtseins fügen dem körperlichen Wohlbefinden die Ausstrahlung hinzu, die wir alle brauchen, wenn wir auf andere Menschen zugehen. Dabei ist alles gut, was *wir für uns* mögen – und es ist alles fragwürdig, was wir (wieder!) nur tun, weil „man es tut" oder weil andere es erwarten! *Das* Stichwort des alternden Menschen auf der Suche nach sich selbst ist „Echtheit" (heute sagt man eher Authentizität!).
- Die „Echtheit" erlangen wir insbesondere durch die *geistig-seelische Selbstbestimmung*, die überhaupt erst die Möglichkeit eröffnet, sich selber wahrzunehmen und gut zu sich selber zu sein. *Ich* bestimme über mein Leben und niemand anderes. *Ich* suche mir die Rollen aus, die ich spielen will, und *ich* übernehme Aufgaben, die *ich für mich selber* für wichtig erachte!
- Das Wissen um *Dinge, die mich* prinzipiell zu *erfreuen* in der Lage sind, ist eine Brücke in dunkleren Zeiten. Für jeden sollte es eine Positivliste erfreulicher Dinge und Handlungen – möglichst an der Pinnwand – geben, von denen man weiß, dass sie „wirken": der Blumenstrauß, der Spaziergang, das

Glas Wein, ein Bildband, ein Sonnenbad, ein Wochenendbesuch aktiv oder passiv, ein für sich selber (!) schön gedeckter Tisch, ein Friseurbesuch, ein heißes Bad …

- Und sehr wichtig: Das prinzipielle *Akzeptieren der eigenen Lebens- und Alternssituation*, des „So ist es … und so ist es gut". Im Rückblick auf ein Leben, das unter schwersten Ausgangsbedingungen begann und durch die Jahrzehnte zahllose Probleme (neben vielem Schönen!) brachte, fällt es unserer Generation vielleicht nicht schwer, mit Dankbarkeit festzustellen, dass man „es bis hierher geschafft hat" … und dass nun eine gute Phase von Ruhe und Selbstbelohnung einsetzt.

Diese Elemente haben nicht bloß mit Rentnerdasein oder Altern alleine zu tun. Sie gehören in das Leben eines Menschen einer jeden Altersstufe. Im Alter gewinnen sie allerdings einen höheren Stellenwert, weil die Anerkennung von außen, der Erfolg im Beruf und manchmal auch die körperliche Attraktivität abnehmen. Wenn dann nicht wenigstens vom Menschen selber etwas kommt, was seine Seele streichelt, ist er arm dran.

Erst spät in unserer Generation kam durch die Psychotherapiewelle ein ganz neuer Text in unser Leben: „Du sollst deinen Nächsten lieben wie dich selbst!" Das klang fast wie eine Aufforderung – du sollst, du darfst gut zu dir sein und du darfst dir selber dein Leben schön machen!!

Noch immer liebe ich Brechts „unwürdige Greisin", die alte Frau, die die beiden letzten Jahre ihres Lebens zwischen dem Tod ihres Ehemannes und dem eigenen selbstbestimmt gestaltete zum Enzsetzen ihrer Kinder und der Nachbarn.

„… Aber die Greisin verhielt sich abweisend zu den Vorschlägen" … „Die Kinder schrieben ihr, sie könne doch nicht alleine leben" …" „Sie ging ins Kino, in das sonst nur junge Liebespaare gingen, und das bedeutete „hinausgeworfenes Geld und Geld hinauszuwerfen, war nicht respektabel …" Sie aß jeden zweiten Tag im Gasthof ... Sie begleitete ihren Sohn nicht zum Grabe ihres verstorbenen Mannes, sie fuhr zu einem Pferderennen – zwei Stunden Bahnfahrt entfernt -, sie lud den Pfarrer, dessen Aufgabe das Trösten der Armen und Alten war, ins Kino ein, trank am helllichten Tag mit dem Schuster Rotwein und am Ende hatte sie *„die langen Jahre der Knechtschaft und die kurzen Jahre der Freiheit ausgekostet* und das Brot des Lebens aufgezehrt bis auf den letzten Brosamen".

Die unwürdige Greisin hat ganz am Ende ihres Lebens zu sich selber gefunden, sich selber Gutes getan und nur noch auf sich selber gehört. Wenn das kein Ziel ist!

Epilog: Das Allerletzte

„Wer niedergeschlagen wird, der erhebe sich.
Wer verloren ist, kämpfe!
Wer seine Lage erkannt hat, wie soll er aufzuhalten sein?
(Bertolt Brecht)

„Wie bringt man Gott zum Lachen?" … „Indem man ihm von seinen Plänen erzählt!" Mir fallen noch ähnlich schöne und bezeichnende Sprüche ein: „Gestern noch auf stolzen Rossen, heute in die Brust geschossen." Das ist ein Spruch eher für humanistisch Gebildete! Der folgende gehört mehr in die Graffiti-Generation: „Als Löwe gesprungen, als Bettvorleger gelandet." Wie auch immer – sie sagen beide dasselbe: Es kommt alles anders, als man denkt.

Zwei Jahre nach Beginn meiner Belohnungsphase und ein halbes Jahr, nachdem ich folgenschwer ein Kopfkissen aufschüttelte (ich habe schon immer was gegen Hausarbeit gehabt!), habe ich meine Prognose bekommen: „Es wird nicht mehr besser. Sie haben ein Riesenglück gehabt. Wir haben nicht damit gerechnet, dass Sie es so weit bringen würden!"

Wie weit habe ich es nach einem komplizierten Wirbelbruch gebracht?

Im Haus und auf der Straße schiebe ich einen Rollator vor mir her – besser bekannt als AOK-Shopper! Treppen und Mini-Spaziergänge bewältige ich auf Krücken (euphemistisch: „Unterarmgehhilfen"!). Sie sind türkis! Meine grandiosen Fortschritte: Ich kann mir wieder alleine die Schuhe anziehen! Ich steige ohne Hilfe in die Duschwanne! Sitzen kann ich auch schon zwei Stunden am Stück. Wäsche aufhängen und abnehmen dauert inzwischen nur noch dreimal so lange wie früher und kann mit nur einer Sitzpause absolviert werden. Mit Nachhilfe war ich schon im öffentlichen Freibad und habe versucht, mein Betonbein in Bewegung zu bekommen. Ich steige zwei Stockwerke hoch, ohne runterzufallen, und abwärts geht's rückwärts.

Und dann betrachte ich mindestens einmal wöchentlich dieses Desaster mit der uralten Frage des krisenanfälligen Menschen an einer Grenzstation: „War's das?"

Einen Monat habe ich gebraucht, um mich zu entscheiden, ob's das war. Vielleicht hatte mir das Schicksal einen sehr ruhigen Ruhestand zugedacht und ich war ihm immer noch zu aktiv, so dass ich zur Räson gerufen werden musste? Wüsste ich, dass ich nur noch zwei Jahre „habe", dann würde ich alles gelassen angehen und der Ruhe pflegen. Aber falls mir noch 20 Jahre zustehen (und das tun sie nach statistischer Wahrscheinlichkeitsrechnung), dann wäre nur Sitzen und Lesen und Schreiben und Malen doch ein bisschen wenig. Dann würde ich gerne noch ein wenig mitspielen.

Ich habe das Schicksal befragt, aber es hat nicht geantwortet. So habe ich einen Kompromiss vorgeschlagen: ein bisschen weniger von allem, ziemlich viel langsamer (zwangsläufig), „Nein"-Sagen üben und Forderungen stellen. Und so gehe ich nun die nächste Lebensphase an, die so weder geplant noch gewollt war und eher erst in 25 Jahren hätte beginnen können.

Meine Gartenbaumethoden sind ein bisschen unkonventioneller geworden. Mit der Krücke wird ein Loch in die Erde gebohrt, dann erfolgt ein gezielter Kartoffelweitwurf und dann wird mit der Krücke alles wieder zugescharrt und festgedrückt. Zweige und Zapfen sammele ich mit einer Greifzange auf. Das erinnert an die Müllaufsammler im Park. Die Ernte der grünen Bohnen, die nach der gleichen Methode wie die Kartoffeln gelegt worden waren, besteht aus einem Herausziehen der ganzen Pflanze, die dann im alten Strandkorb sitzend abgezupft wird.

Manchmal finde ich das ganz lustig. Zur Sicherheit gab es einen rutschfesten Kiesweg und zwei neue Treppengeländer und zur Faulheit eine Haushaltshilfe für zwei Stunden pro Woche.

Bei der ersten Anfrage, ob ich weit weg einen Vortrag halten würde, habe ich mir vor Schreck erst mal 24 Stunden Bedenkzeit ausgebeten. Dann fiel es mir unendlich schwer, Farbe zu bekennen und zu sagen: „Ja, aber ich bin inzwischen schwerbehindert. Ich komme, wenn Sie mir einen Wagen an die nächste ICE-Station schicken." Er hat „Äh, ja äh ..." gesagt und dann: „Ja klar, machen wir, kein Problem!" Na bitte, es geht doch!

Den nächsten Strauß habe ich mit einem jungdynamischen Fernsehjournalisten ausgefochten, der mir klarmachen wollte, dass ein Behindertenrequisit wie eine Krücke oder eine Halskrause nicht mit ins Bild dürfe. (Wann hatten wir das bekenntnisreiche „Jahr der Behinderten", in dem sie alle ihre Solidarität beschworen?) Ich zieh ihn der Diskriminierung, erzählte ihm was von Menschenwürde und wünschte ihm das Glück, dass es ihm in 30 Jahren so gut gehen möge wie mir heute. Wir fanden einen Kompromiss ... aber nachdem mir Gleiches bald darauf noch einmal passierte, bestieg ich mein Streitross und brachte Grundsatzfragen und Beschwerden auf höchster Ebene auf den Weg. „Wer mit einem Fuß im Grab steht", hat François Mauriac gesagt, „muss sich nicht noch auf den anderen treten lassen!"

Meine Ehrenämter habe ich wieder aufgenommen. Sie bestehen im Wesentlichen aus Sitzen und Reden – das kann ich. Bedingungen an die Nutznießer meiner kostbaren Arbeit: Abholung vom Bahnhof. Auch das klappt.

Im öffentlichen Nahverkehr mache ich meine ersten Erfahrungen im öffentlichen Nahkampf. Ich probe, mich gegen junge unhöfliche Schnösel und alte aggressive Männer durchzusetzen im Kampf um einen Sitzplatz. Als mir ein griesgrämiger Alter voller Wucht gegen die Krücke trat, damit er vor mir in die Bahn steigen konnte, setze ich ihm drinnen meine Krücke (ganz aus Versehen natürlich!) mit voller Gewichtsbelastung auf seinen Fuß. Auge um Auge, Krücke um Krücke!

Pläne – Wünsche – Träume: sie müssen neu bedacht werden, ihr Koordinatensystem hat sich verschoben. An meine Wunsch-Reiseziele denke ich erst mal lieber nicht. Venedig, die Stadt der Treppen, Brücken und Kanäle scheint kontraindiziert. Die dreiwöchige Wanderung über den Tasman-Trail verschiebe ich ins nächste Leben (hätte ich sowieso nicht geschafft!) und mein Traum, mit einem Planwagen, einem alten Gaul und einem zotteligen Hund ab Santa Fe durch den Wilden Westen zu ziehen, lasse ich auch erst mal auf Eis liegen ... obwohl ... da bräuchte ich doch gar nicht so viel zu laufen?!

Was ich wirklich gut gebrauchen könnte, wäre ein äußerst bequemes Auto mit einem gutaussehenden, nervenstarken und schweigsamen jungen Chauffeur, der mich durch die schönsten Gegenden Europas kutschiert, den Quartiermacher spielt, mir die Türen aufreißt, die Souvenirtüten trägt und sich zurückzuziehen versteht, wenn ich meditierend in die Fluten des Tejo starre. Ich werde es mal mit Lottospielen versuchen müssen.

Zeit meines Lebens begleiten mich zwei gehaltvolle Sinnsprüche, die auf alle Lebenslagen passten. Der eine diente der Enttäuschungsprophylaxe. Er lautet: „Das Leben ist eine Kette verpasster Gelegenheiten." Der andere ist dagegen sehr hoffnungsfroh, wenngleich theologisch nicht ganz einwandfrei, vermute ich. Er heißt: „Wem Gott eine Tür zuschlägt, dem öffnet er ein Fenster!" Irgendwie hat das immer geklappt.

PS 1: Ein alter Bekannter ruft mich an und erzählt von einer Schiffsreise, die er gerade bewältigt hat. Als er von meinem Desaster hört, weiß er Rat. Ich sei somit die klassische Nutzerin von Kreuzfahrten – Urlaub von der Art also, auf die alte Rentner die Zukunft der kommenden Generationen verplempern.

PS 2: Ich habe meine Kandidatur für den regionalen Seniorenrat angemeldet. Die werden hoffentlich keine Einwände gegen Krücken haben (türkis!).

Literatur

Ackermann, Diane: Die Seele meines Gartens. Hamburg 2002

Andersen, Hans-Christian: Bilderbuch ohne Bilder. Leipzig 1943

Bayley, John: Elegie für Iris. München 2000

Ehmer, Josef: Sozialgeschichte des Alters. Frankfurt/M. 1990

Halter, Hans u.a.: Land der 100-jährigen Frauen. In: SPIEGEL 44/2003, S. 182 ff.

Kaschnitz, Marie Luise: Griechische Mythen. Hamburg 1943

Kast,Verena: Die Dynamik der Symbole. München 1992

Kohelet: Der Prediger Salomo. Zürich 1983

Levine, Robert: Eine Landkarte der Zeit. München 1998

Longfellow, Henry Wadsworth: Hiawatha. München 1984

Massow, Martin: Neu anfangen. Reinbek 1989

Meister, Martin: Wie Alte Jungen auf die Sprünge helfen. In: GEO-Wissen vom 4.3.1991, S. 116 ff.

Paulsen, Susanne: Lebenswege. In: GEO 08/2002, S. 42 ff.

Peters, Uwe Henrik: Wörterbuch der Psychiatrie und medizinischen Psychologie. Augsburg 1997

Radisch, Iris: „Ich war immer müde". Gespräch mit George Tabori. In: DIE ZEIT vom 19.5.2004

Roth, Eugen: Neue Rezepte vom Wunderdoktor. München 1959

Schreiber, Hermann: Die Welt in der Anekdote. Wien 1961

Schröder, Jens: Die Spur der Ahnen. In: GEO 09/2004, S. 130–156

Schulte/Tölle: Psychiatrie. Berlin 1975

Sommer, Volker: Die Erfindung der Großmutter. In: GEO-Wissen vom 4.3.1991, S. 135 ff.

Sonneck, Gernot: Betreuungsmodell für Suizidgefährdete. In: Reimer, Christian: (Hg.): Suizid. Berlin 1988

Stewart, Stanley: Auf den Spuren von Dschingis Khan. München 2003

Student, Johann-Christoph (Hg.): Sterben, Tod und Trauer. Freiburg 2004

Swientek, Christine: Mit 40 depressiv, mit 70 um die Welt. Freiburg 1991

Traub, Rainer: Die gebrannten Kinder. In: SPIEGEL-Spezial: Als Feuer vom Himmel fiel. Nr. 1/2003, S. 124 ff.

Traub, Rainer: Der Körper vergisst nicht. Interview mit Luise Reddemann, a.a.a.O. S. 126 ff.

Treichel, Hans-Ulrich: Das Schweigen. In: GEO-Epoche: Deutschland nach dem Krieg 1945-1955, S. 100 ff.